新世纪应用型高等教育
旅游管理类课程规划教材

旅行社计调业务与管理

LÜXINGSHE JIDIAO YEWU YU GUANLI

新世纪应用型高等教育教材编审委员会 组编

主 编 赵爱华 姜文宏
副主编 谢春山 吴良勇
主 审 何忠诚

大连理工大学出版社

图书在版编目（CIP）数据

旅行社计调业务与管理／赵爱华，姜文宏主编. —
大连：大连理工大学出版社，2012.12
新世纪应用型高等教育旅游管理类课程规划教材
ISBN 978-7-5611-7058-8

Ⅰ. ①旅… Ⅱ. ①赵… ②姜… Ⅲ. ①旅行社－企业
管理－高等学校－教材 Ⅳ. ①F590.63

中国版本图书馆 CIP 数据核字（2012）第 143319 号

大连理工大学出版社出版
地址：大连市软件园路 80 号　邮政编码：116023
发行：0411-84708842　邮购：0411-84703636　传真：0411-84701466
E-mail：dutp@dutp.cn　URL：http://www.dutp.cn
大连力佳印务有限公司印刷　　大连理工大学出版社发行

幅面尺寸：185mm×260mm　印张：16.25　字数：373 千字
印数：1～3000
2012 年 12 月第 1 版　　2012 年 12 月第 1 次印刷

责任编辑：白　璐　　　　　　　　　　责任校对：刘　爽
　　　　封面设计：张　莹

ISBN 978-7-5611-7058-8　　　　　　　定　价：35.00 元

前　言

　　《旅行社计调业务与管理》是新世纪应用型高等教育教材编审委员会组编的旅游管理类课程规划教材之一。

　　旅行社运营是否成功，在很大程度上取决于计调工作的水平，计调工作在整个旅游接待工作中起着重要的协调中枢作用。可以说，旅行社是通过计调人员的有效运作，使各部门形成完整、互动的经营体系。在旅行社的业务构成部分中，最受社会关注的是接待部的导游人员，因此大部分旅游院校开设的专业课基本是"旅行业经营管理"和"导游实务"，而对在旅行社业务中起到核心作用的计调人员及计调业务却甚少关心。旅游业与其他行业相比，一个很重要的特点是理论与实践并重，需要既懂理论又懂实践的应用型人才。面对新的形势，旅游管理专业学生不仅要学习专业知识，还要有更强的社会适应能力和更高的综合素质，这也是对高校旅游管理专业所提出的直接要求。我们要培养出适应旅游企业需要的，既有技术专长又有经营管理才能的人才，这样才能使学生具有较强的岗位适应能力，这样的毕业生才是社会真正需要的人才。由此，"计调业务与管理"应该成为旅游管理专业的一门主干课。

　　本教材正是基于这样的教学需要，从计调工作的实际出发，以旅行社计调人员所需的专业知识和操作能力为着眼点，融理论性、知识性和实践性于一体，紧扣旅行社对基础管理型人才的需求，直接为培养学生的计调业务操作和管理能力服务，使学生通过对计调业务知识的学习和技能的掌握，不断提高旅行社业务操作能力和管理水平，实现知识技能的即时实用性。

　　本教材在基本理论够用的前提下，把重点放在实务操作的介绍上，在行文中尽量多使用图表、实例，以增加内容的形象性和直观性，这样的设计有利于提高学生对知识的理解和把握。

　　本教材共分为六章，在内容编写上力求将理论框架设计得简明，并穿插典型的案例，深入浅出、由表及里地系统介绍计调业务的专业知识。每章后有案例分析、名词解

新世纪

释、简答论述和实训项目等内容,能够帮助学生巩固所学知识,增强学习的兴趣。

　　本教材由辽东学院赵爱华、姜文宏任主编,辽宁师范大学谢春山、广东白云学院吴良勇任副主编。具体编写分工如下:辽东学院赵爱华编写了第三、四、五章及附录部分,辽东学院姜文宏编写了第六章,辽宁师范大学谢春山编写了第二章,广东白云学院吴良勇编写了第一章。丹东中青国际旅行社有限公司总经理于双鹏参与了本教材大纲的修订和确立,并为本教材提供了重要的素材和资料,辽宁师范大学何忠诚审阅了全部书稿,在此一并表示感谢。

　　在本教材编写过程中,参考、借鉴了有关专著、教材的资料,在此向相关作者表示深深的谢意!

　　教材中如有疏漏或不当之处,恳请广大读者及同行专家指正,以期进一步修改完善。

编　者

2012 年 12 月

所有意见和建议请发往:dutpbk@163.com

欢迎访问教材服务网站:http://www.dutpbook.com

联系电话:0411-84708445　84708462

目录

计调概述

学完本章,学生要在掌握旅行社相关知识的基础上,了解计调的产生与发展历史,理解计调的概念,掌握计调业务的内容,熟悉计调部的设置及职能特点,掌握计调人员的职责和素质要求。

内容结构

```
              计调概述
    ┌──────────┬──────────┬──────────┐
旅行社相关知识   计调业务      计调部      计调人员
```

计调、计调业务。

导入案例

　　韩国某旅游团一行 16 人原计划乘坐 5103 次航班于 19∶00 由沪抵京后,急转 20∶40 的 6104 次航班飞沈阳。18∶35 分,5103 次航班提前到达北京,地陪找遍了机场也不见该旅游团踪影,与上海方面也没联系上。时间一分一秒地过去了,办理 6104 次航班登机手续的最后期限到了,地陪只得退票。谁知,刚办完退票手续,此旅游团的全陪突然出现,说全团改乘了另一航班,现刚下机,仍想转 6104 次航班。地陪急忙去找该航空公司值班主任商量,但由于航班乘客全部到齐,6104 次航班已提前 10 分钟起飞。全陪一时间急得满头大汗,不知所措。

　　怎么办?该旅游团赴沈阳是为赶次日 10∶00 飞延吉的航班,而现在若改坐汽车,路上需花 12 个小时,无论如何也赶不上次日的航班。赶不到延吉,该旅游团游览长白山的游程就耽误了,而韩国人视长白山为神山,游览长白山是必不可少的行程安排。地陪将情况告知计调人员小张,问他是否能找航空公司再想想办法。小张查看了航班表,告知地陪第二天早上有飞长春的航班,地陪说:"只要飞到长春就有办法了。"小张找到 A 航空公司国内部的金主任,请求帮忙,同时又找到 B 航空公司票务部的李主任,请他出面协调,后经两位主任一起努力,才买到 16 张飞机票。另一方面,小张又赶紧与延边的接待旅行社取得联系,让他们安排长春到延边的机票以及入住的饭店。当把一切安排好后,已是翌日凌晨了。早上,韩国旅行团全团 16 人全部登机,飞赴长春。

【案例点评】 计调人员不仅应具备为旅游者着想的服务意识,还应建立广泛的社会关系,有良好的应变能力,能够在短时间内为旅游团解决各种突发问题,保证旅游团正常运行。

第一节　旅行社相关知识

一、旅行社的定义

2009 年 2 月 20 日国务院颁布的《旅行社条例》第二条规定:"本条例所称旅行社,是指从事招徕、组织、接待旅游者等活动,为旅游者提供相关旅游服务,开展国内旅游业务、入境旅游业务或者出境旅游业务的企业法人。"

2009 年 4 月 3 日国家旅游局颁布的《旅行社条例实施细则》第二条规定:招徕、组织、接待旅游者提供的相关旅游服务,主要包括安排交通服务;安排住宿服务;安排餐饮服务;安排观光游览、休闲度假等服务;导游人员、领队服务;旅游咨询、旅游活动设计服务。

旅行社还可以接受委托,提供下列旅游服务:接受旅游者的委托,代订交通客票,代订住宿和代办出境、入境、签证手续等;接受机关、事业单位和社会团体的委托,为其差旅、考察、会议、展览等公务活动,代办交通、住宿、餐饮、会务等事务;接受企业委托,为其各类商务活动、奖励旅游等,代办交通、住宿、餐饮、会务、观光游览、休闲度假等事务;其他旅游服务。

(一)国内旅游业务

国内旅游业务,是指旅行社招徕、组织和接待中国内地居民在境内旅游的业务。

(二)入境旅游业务

入境旅游业务,是指旅行社招徕、组织、接待外国旅游者来我国旅游,香港特别行政区、澳门特别行政区旅游者来内地旅游,台湾地区居民来大陆旅游,以及招徕、组织、接待在中国内地的外国人,在内地的香港特别行政区、澳门特别行政区居民和在大陆的台湾地区居民在境内旅游的业务。

(三)出境旅游业务

出境旅游业务,是指旅行社招徕、组织、接待中国内地居民出国旅游,赴香港特别行政区、澳门特别行政区和台湾地区旅游,以及招徕、组织、接待在中国内地的外国人、在内地的香港特别行政区、澳门特别行政区居民和在大陆的台湾地区居民出境旅游的业务。

二、旅行社的基本业务

旅行社的服务对象是旅游者,这一特定的服务对象决定了旅行社的业务必然是围绕着旅游者的相关需求展开的。尽管在不同的国家和地区,旅行社的类别、规模、目标市场以及经营方式等有所不同,决定了旅行社业务的差异。但是,通过剖析旅游活动从产生到结束的全过程,至少可以看出,旅行社的基本业务还是有共同之处的。

旅行社的基本业务大体上可以归纳为前台业务和后台业务两类。

(一)前台业务

所谓前台业务,是指旅行社的工作人员直接向旅游者提供的服务。包括旅游信息咨询、旅游产品销售、旅游接待、售后服务等业务。

1. 旅游信息咨询

旅行社具有提供旅游信息的职能。潜在旅游者在产生旅游动机或旅游需求之后,将会通过各种渠道寻找相应的旅游信息。其中旅行社就是一条相对安全且高效的旅游信息获取渠道,旅游者预订旅游产品往往也是从向旅行社提出旅游信息咨询开始的。

2. 旅游产品销售

旅游产品销售业务是旅行社的关键性业务。在竞争日趋激烈的市场条件下,如果没有行之有效的销售策略,没有畅通的销售渠道,产品的价值和使用价值均无法得到实现。旅游产品具有生产与消费一致性的特点,决定了旅游产品销售对销售渠道的依赖较其他产品的销售更为明显。

旅游产品销售业务主要包括谋划产品销售战略、选择产品销售渠道、制定产品销售价格和开展产品促销等四项内容。旅行社根据产品成本、市场需求、竞争状况等内外因素制定产品的销售价格,然后根据所选择的目标市场来确定适当的产品销售渠道,最后旅行社还需根据其经营实力和目标市场来确定与实施旅行社的促销战略,并甄选适当的促销手段,最大限度地将旅行社产品的信息传递到旅游客源市场,以便促进更多产品的销售。

3. 旅游接待

一次旅游活动的完成,组团旅行社(旅游客源地的旅行社)和接待旅行社(旅游目的地的旅行社)分别担当着不同的角色,履行着各自的组织与协调作用。因此,旅行社的接待服务业务也主要由两块构成:一块是组团旅行社的接待业务;一块是接待旅行社的地接业务。旅行社的接待服务主要是由计调人员和导游人员来共同开展的。

旅游产品生产与消费一致性的特点,决定了接待服务过程也就是旅游产品的消费过程,也就是说,是旅行社提供旅游服务、实现旅游产品价值的过程。因此,旅行社接待服务水平的高低决定着旅游者对旅游产品质量评价的高低,关系到旅游者需求的满足程度,反映了一个旅行社经营管理水平的高低,也势必影响到旅行社的发展。

4. 售后服务

在竞争激烈的市场环境条件下,售后服务已成为提高旅游者满意度、获取市场需求信息以改进产品,从而提高企业竞争实力的有效手段。于是,旅行社为适应市场发展的要求,越来越把售后服务作为旅行社前台业务的重要组成部分,纳入整体经营管理之中。

综上分析可以看出,旅行社前台业务的开展形式多种多样,既可以由旅游者亲自到旅行社进行咨询、预订,也可以由旅行社的工作人员亲自上门服务;既可以由旅游者通过其他间接方式进行旅游产品购买,也可以由旅行社通过其他间接方式销售产品。在我国,旅行社目前最普遍的前台业务操作方式是通过电话、传真等通信手段与旅游者进行联系。近年来,国际互联网的广泛应用为旅行社前台业务的拓展提供了更为便利的条件。

(二)后台业务

所谓后台业务,是指在旅行社内部进行的、不需要旅游者参与的业务活动。后台业务的开展主要是为了维持旅行社的业务运营和辅助前台业务。

1. 旅行社产品设计与开发

旅行社产品设计与开发是旅行社的基础性业务。旅行社在激烈的市场竞争中能否立于不败之地,在很大程度上取决于旅行社产品的竞争力。

旅行社产品的设计与开发包括产品设计、产品试销、产品投放市场和产品效果检查评估等内容。首先,旅行社在市场调研的基础上,根据对旅游市场需求的分析与预测,结合自己的业务特点、经营实力以及各种旅游服务的供应状况,设计出能够对旅游者产生较强吸引力的产品。其次,旅行社将设计出来的产品进行小批量的试销,以考察产品的质量和旅游者对其喜爱的程度。再次,如产品试销成功,旅行社便将产品批量投放市场,扩大销路,以便加速产品投资回收、赚取经营利润。最后,旅行社定期对投放市场的产品进行检查与评估,并根据检查与评估的结果对产品做出相应的完善和改进。

2. 旅游服务采购

所谓旅游服务采购,是指旅行社为组合旅游产品而以一定的价格向其他旅游企业或与旅游企业相关的其他行业与部门购买相关旅游服务项目的业务行为。与其他旅游企业、相关行业和部门,既是旅行社的客户,又是旅行社的战略伙伴。协作网络的建立与维护,是旅行社旅游服务采购的基础与保障,直接关系到旅行社产品的质量与成本。

旅行社的旅游服务采购业务主要涉及餐饮、住宿、交通、游览、娱乐等行业或部门。为保证旅行社和相关旅游企业各自利益的实现,旅行社与各相关企业和部门之间应做到互利互惠、友好合作,保证旅行社能采购到高质量的旅游服务项目。

3.旅游服务质量控制

对旅游服务质量的控制是旅行社经营管理工作的重要组成部分。导游人员服务是旅行社对客户服务的主要组成部分,导游人员服务的特点又使服务质量难以控制,因此,对导游人员服务质量的控制是旅游服务质量控制的重点所在。

4.财务管理

旅行社是营利性的企业,财务管理在旅行社经营管理中具有不可或缺的重要作用。旅行社的财务管理,不仅是旅行社从事各项经营管理活动的前提条件,也是旅行社经营管理的重点。旅行社的经营管理过程,从价值形态上表现为资金的运作过程。从实质上说,旅行社经营管理过程的资金运动及其所体现的经济关系就是旅行社财务。因此,财务管理贯穿于旅行社一切经营管理活动的始终,它利用货币形式对经营管理活动进行全面的综合管理。

三、旅行社的类型

(一)按照分工体系划分

不同国家和地区的旅行社行业发展水平和经营环境不同,使世界各国、各地区在分工体系和分类制度上都存在着较大的差距。目前世界范围内主要存在三种分工体系:由市场经济体制的内生力量经过自发演进而形成的垂直分工体系;由政府行政管理部门主导分割而形成的水平分工体系;由市场因素和政府主导共同作用而形成的混合分工体系。不同国家和地区的旅行社分工体系方面的差异,决定了旅行社分类制度方面的区别。

1.垂直式分工的旅行社

垂直分式分工的旅行社是指那些在经营范围上分为旅游批发商、旅游经营商和旅游代理商,在时间上先后承接,并具有互补关系的旅行社结构。欧美国家的旅行社采用垂直式的分工体系,即不同类型的旅行社分为上游企业和下游企业。欧美国家的旅行社一般分为旅游批发商、旅游经营商和旅游代理商三大类型。

(1)旅游批发商

旅游批发商是一种从事旅游产品的生产、组织、宣传和推销旅行团业务的旅行社组织。根据旅游者的需求和相关部门的实际情况设计旅游产品,交给零售商去推销,一般不直接向公众出售旅游产品。

(2)旅游经营商

旅游经营商是指既通过其自身的零售机构

从事旅游产品的销售,也通过其他旅游代理商向公众销售其设计或组装的旅游产品的旅行社。相对于旅游代理商,旅游经营商属于上游企业,它们通过对旅游者和潜在旅游者的旅游需求、消费偏好、消费水平等的调查,预测出旅游市场对旅游产品的需求趋势,并据此设计和组装出各种包价旅游产品。旅游经营商一般通过旅游代理商向旅游者销售其产品,有时也直接向旅游者进行销售。

(3)旅游代理商

旅游代理商又称旅游零售商,是旅游经营商的下游企业。它们通过向旅游者销售由旅游经营商生产的各种旅游产品获得销售佣金。佣金是旅游代理商的主要收入来源。

2. 水平式分工的旅行社

水平式分工的旅行社以我国的旅行社为代表,其主要特点是各旅行社在同一操作层次上,并根据操作的不同特点进行分类。

(1)1985年我国把旅行社分为三类

1985年国务院颁布了我国旅游行业的第一部管理法规——《旅行社管理暂行条例》。该条例按业务范围把我国旅行社划分为一类社、二类社、三类社三种类型。这三类旅行社的分工明确,一类社经营对外招徕并接待外国人、华侨、港澳同胞、台湾同胞来中国、归国或回内地旅游业务;二类社不对外招徕,只经营接待一类社或其他涉外部门组织的外国人、华侨、港澳同胞、台湾同胞来中国、归国或回内地旅游业务;三类社经营中国公民国内旅游业务。

(2)1996年我国把旅行社分为两类

根据1996年国务院颁布的《旅行社管理条例》,我国旅行社按照经营的业务范围划分为国际旅行社和国内旅行社两种类型。

①国际旅行社:指经营入境旅游业务、出境旅游业务和国内旅游业务的旅行社。国际旅行社的经营范围包括出境旅游业务,并不意味着所有国际旅行社均可经营出境旅游业务。我国对出境旅游实行"有组织、有计划、有控制"发展的指导方针。未经国家旅游局批准,任何旅行社不得经营中国境内居民出境旅游业务和边境旅游业务。

②国内旅行社:指专门经营国内旅游业务的旅行社。具体业务是:招徕组织我国公民在国内旅游,为其安排交通、游览、住宿、饮食、购物、娱乐及提供导游人员等相关服务;为我国公民代购、代订国内外交通客票并提供行李服务;其他经国家旅游局批准的与国内旅游业务有关的业务。

(3)2009年取消旅行社分类。国务院2009年2月20日公布了新的《旅行社条例》,并于2009年5月1日实施,1996年颁布的《旅行社管理条例》同时废止。该新条例着眼于与国际通行规则全面接轨,取消了沿用 22 年的旅行社分类,统一了从事国内旅游业务和入境旅游业务的准入条件,规定取得旅行社业务经营许可后,就既可以经营国内旅游业务也可以经营入境旅游业务。旅行社取得经营许可满两年,未因侵害旅游者合法权益受到行政机关罚款以上处罚的,就可以申请经营出境旅游业务。

3. 混合式分工的旅行社

以日本为代表的旅行社一般采用混合分工体系。日本的旅行社行业由经营各种旅游业务的旅行社、专门经营国内旅游业务的旅行社和只经营旅游代理业务的旅行社构成。这种分工体系兼有水平式分工和垂直式分工的特点,是一种混合式的分工体系。根据 1996 年 4 月 1 日实施的《旅行业法》,日本以是否从事主要旅行业务(包价旅游)为主要标准,将旅行社行业划分为第一种旅行业、第二种旅行业和第三种旅行业三个类型。其中:

第一种旅行业,可以实施海外和国内主要旅行业务。

第二种旅行业,只能从事国内主要旅行业务。

第三种旅行业,作为前两种旅行业的零售代理店,不从事主要旅行业务。

日本关于第一种、第二种旅行业的划分属于典型的水平分工体系,而第一种、第二种旅行业与第三种旅行业之间又是垂直分工体系。

(二)按照接待过程划分

按照旅行社的接待过程,可以将旅行社所扮演的角色分为组团旅行社和接待旅行社两种。组团旅行社负责旅游产品的销售,组成旅游团,并将团队发送到异地接待旅行社处;接待旅行社负责由异地组团旅行社发来的旅游团在当地旅游行程的安排与接待。一家旅行社可以扮演不同的角色。

1. 组团旅行社

组团旅行社,是指接受旅游团或海外旅行社预订,制订和下达接待计划并可提供全程陪同导游人员服务的旅行社。组团旅行社是与旅游者签订合同的旅行社。组团旅行社负责旅游者参团报名工作,根据不同的旅游目的地,联系不同的接待旅行社来完成旅游项目。其业务内容主要包括接待旅行社的选择和接待计划的落实。

2. 接待旅行社

接待旅行社,是指在旅游目的地负责接待组团旅行社旅游者来本地进行旅游活动的旅行社。接待旅行社的主要任务,是根据组团旅行社不同旅游者、不同团队、不同服务要求,包括旅游要素的各个项目及一些特殊的要求提供接待服务。一般对于常规旅游团来讲,是简单的食、住、行、游、购、娱,但是随着现在旅游者的要求不同,接待旅行社负担的项目也随之增加,所以不能简单地说接待旅行社的工作就是完成组团旅行社下达的为客户服务的任务。

第二节　计调业务

一、计调相关定义

旅行社通过销售招徕旅游者后,为安排旅游者的接待工作,要与旅游交通部门、饭店、餐馆、游览景点及其他旅行社联系,形成综合接待能力。计调是旅行社业务中的重要组成部分,承担着与接待相关的旅游服务采购和有关接待、调度工作。

(一)计调的含义

计调就是计划与调度的结合称谓,是在旅行社内部专职为旅游团的运行走向安排接待计划,统计与之相关的信息并承担与接待相关的旅游服务采购和有关业务调度工作的一种职位类别。计调的主要任务是旅游服务采购和按接待计划落实旅游团的食、住、行、游、购、娱等方面的具体事宜,以确保行程、日程正常进行。

(二)计调业务的含义

计调业务主要是指旅行社在接待业务工作中为旅游团安排各种旅游活动所提供的间接服务,包括安排食、住、行、游、购、娱等事宜,选择旅游合作伙伴和导游人员,编制和下发旅游接待计划、旅游预算单,以及为确保这些服务而与其他旅游企业或有关行业部门建立合作关系等。

旅行社的计调业务有广义与狭义之分。广义的旅行社计调业务,是对外代表旅行社同旅游服务供应商建立广泛的协作网络,签订采购协议,保证提供旅游者购买的各种服务,并协同处理有关计划变更和突发事件;对内做好联络和统计工作,为旅行社业务决策和计划管理提供信息服务。狭义的计调业务,主要是指旅行社为落实旅游计划所进行的旅游服务采购,导游人员的委派,旅游接待计划的制订及为旅行社业务决策提供信息服务等工作的总称。

二、计调业务的产生与发展

(一)外国计调业务的产生与发展

旅行社计调业务是与近代旅行社同步产生的。18世纪60年代,英国开始工业革命,19世纪40年代工业革命基本完成。近代旅行社产生于19世纪中叶的英国,它是社会经济、文化发展的直接结果,也是旅游活动长期积累的产物。首先,交通工具的改进是近代旅游产生的标志。轮船的迅速普及和发展使北美和西欧之间的海上旅游盛行起来。但是,对当时旅游活动发展影响最大的还是铁路运输。这是因为乘火车旅行比当时盛行的乘公共马车旅行费用低廉,一些收入较低的人也有了旅游机会,而且乘火车旅行速度快,大大缩短了旅行时间。随着交通网络的不断扩大,运载能力的不断提高,大规模外出旅

游已成为可能。其次,产业革命造就了工业资产
阶级,使旅游人数增多,旅游阶层更加广泛,再加
上工人阶级要求加薪和带薪假期斗争的不断胜
利,广大劳动人民也有可能加入到旅游队伍中
来。此外,产业革命加速了城市化进程,也改变
了人们的工作性质。随着大量人口涌入城市,人
们工作和生活的重心从农村转移到城市,原来那
种忙闲有致的多样性农业劳动开始被单一枯燥
的机器工业所替代。这一变化最终导致人们会
强烈要求假日和外出旅游。

近代工业革命的成功,打破了旅游活动在历史上一直是以个人为单位的个体消费活
动,出现了有组织的旅游活动。正是在这种历史背景下,英国人托马斯·库克作为世界
上第一位专职的旅行代理商登上了历史的舞台。1841年,托马斯·库克创造性地包租了
一列火车,载运540人从莱斯特到拉夫巴勒参加禁酒大会,往返行程22英里,团体收费
每人1先令。这次旅游活动成为公认的近代旅游的开端。在这次旅游活动中,库克自始
至终随团陪同照顾,可以说是现代旅行社陪同的最早体现。此后,他又多次组织类似的
铁路旅行,并逐步认识到其中存在着巨大的商业机会。1845年,他在莱斯特正式成立了
托马斯·库克旅行社,开始专门从事旅行代理业务,从而成为世界上第一位专职的旅行
代理商。托马斯·库克旅行社的成立,使得旅游活动开始与交通运输业相结合,并以组
织的形式出现,面向大众,薄利多销,推动了旅游业的社会化,促进了旅游业的迅速发展,
标志着人类近代旅游活动的开端。

旅行社出现后,作为旅行社核心的计调业务也随之产生。旅行社通过旅游线路设计
和向提供单项旅游产品的经营者集中采购的形式,使以前旅游活动中旅游者必须多次分
散购买旅游服务变成了只需一次性购买,不仅降低了旅游成本,而且通过全球采购业务,
把世界各地的旅游者和经营者连接了起来,这是旅游活动发展史上一次重大的变革,奠
定了计调业务在近代旅行社业务中的核心地位。

继托马斯·库克旅行社之后,为满足人们不断增长的旅游需求,旅行社行业在世界
各地迅速发展起来,到20世纪初期,美国的运通公司、英国的托马斯·库克公司、比利时
的铁路卧车公司成为当时世界旅行社行业的三大巨头。第二次世界大战以后,世界范围
内旅游业的发展与繁荣更为旅行社行业的发展提供了前所未有的机遇,旅行社进入高速
发展时期,旅行社计调业务也受到空前的重视,电子化、网络化和全球化已成为当今世界
旅行社计调业务发展的趋势。

(二)我国计调业务的产生与发展

我国最早的旅行社出现于20世纪初期。1923年爱国人士陈光甫在上海商业储蓄银
行设立的旅行部,是我国最早的旅行社。1927年该旅行社独立,更名为中国旅行社。由
于战乱和经济的不发达,我国的旅游业规模很小,旅行社寥寥无几,旅行社计调业务发展

缓慢。新中国成立后，由于对旅游业认识上的偏差，旅行社业发展仍然迟缓，直到改革开放后，我国旅行社管理体制发生转变，旅行社业才真正开始市场化，计调业务也才进入全新的发展时期。

新中国成立以来，我国旅行社计调工作随着旅行社的变化与发展经历了下述四个不同的时期。

1. 附属时期（从新中国成立到改革开放前夕）

这个时期，我国的旅行社属于政府的行政或事业单位，由外事部门统一管理，全面负责友好国家来访者、华侨和港澳台同胞的旅华接待工作。20世纪50年代初期，我国旅行社是"统一招待外宾食、住、行事务的管理机构"，负责承办政府部门有关外宾招待的相关事宜。这种接待是一种政治接待，注重政治效果而不是经济效益。因此，当时的计调工作主要就是为外宾订车、订房、订餐和提供一些委托代办服务，这些工作一般由接待部门的后勤人员负责，在旅行社内部处于附属地位，所以通常称为后勤工作。它是一种间接的、最早的计调工作。

2. 业务独立时期（从改革开放到20世纪80年代末）

随着我国旅游业的迅猛发展，旅行社的规模逐渐扩大，旅行社接待能力也日益增加。原来那种处于附属地位的计调工作越来越无法满足需要了，于是各旅行社将计调工作从接待部门的后勤工作中独立出来，建立了专门的计调部。计调部对内要为旅行社各个部门提供接待的各项后勤保障服务，对外要与合作单位建立稳定的合作关系并代表旅行社与其签订协议。另外，计调部还是旅行社的信息中心，每天要把来自社内外的众多信息进行整理、统计和传递。

3. 职能多元化时期（20世纪80年代末到90年代中期）

当旅行社开始建立和完善计划管理时，计调部在原有的编制接待计划、联系协议单位等工作基础上，增加了为旅行社业务决策和计划管理提供信息、制订方案、进行可行性分析等工作，即在旅行社经营管理中担负起计划管理、质量管理和业务管理的职能。

4. 服务专业化时期（20世纪90年代中期至今）

20世纪90年代中期，旅行社规模进一步扩大，从而对计调业务的专业化也提出了更高的要求。计调部除继续承担计划管理职能外，业务重心更多偏向于对分项旅游产品的统一调控和购买，以争取批量优惠，增强旅行社的市场竞争力。这样计调业务得到了加强，过去一个计调部做的工作，现在细分到多个部门运作，业务上更加专业化、细分化了。如图1-1所示。

这个时期计调业务是整个旅行社业务运作的灵魂，它既包括计调部为业务决策而进行的信息提供、调查研究、统计分析、计划编制等参谋性的工作，又包括为实现计划目标而进行的统筹安排、协调联络、组织落实、业务签约、监督检查等业务性工作。

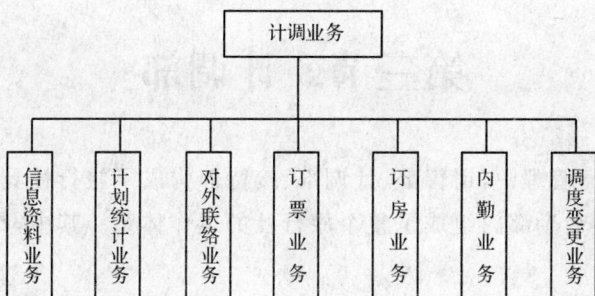

图 1-1　计调业务分类

三、计调业务的基本要求

旅游产品从某种程度上受到环境、气候、交通等诸多因素的制约,而且还会随着消费者的不同要求而变化,这就增加了计调业务的难度。成功的计调操作,往往可以弥补旅游产品的不足或其他原因造成的失误,起到鼓励更多旅游者购买旅游产品的作用。反过来也会因为计调业务的不严密、不细致而使旅游产品发生偏差,导致严重后果。因此要求计调人员要精通业务、一丝不苟,稍有疏忽,差错与损失就有可能接踵而至。

旅行社对计调部业务的基本要求主要表现在以下方面。

(一)线路制作的有效性

旅行社外联部人员在做业务时,经常需要设计一些新的线路,这时就要发挥计调人员的积极性,由他们准确地制作出一系列有效的线路和产品。

(二)产品报价的准确性及竞争性

计调人员不仅需要一系列有效的线路,还需要其线路或产品报价的准确性。这样他们在与其他旅行社竞争时,才有胜算的把握。对于潜在的旅游者来说,价格不能不说是一个比较敏感的因素,旅游者多半还是会选择低价位的旅行社。因此,旅行社计调部对各条线路或各种产品报价的准确性,或者说竞争性就显得非常重要了。

(三)与旅行社的协调性

作为接待旅行社的计调部,要协调好与组团旅行社的关系。组团旅行社组织客源要交给接待旅行社,而对同一目的地来说,有许许多多的接待旅行社,哪一家接待旅行社的报价适中,又能保证服务质量,就能在同行竞争中取胜。每一个接待旅行社不仅要自己明白,还要让导游人员明白,组团旅行社组织客源,是非常不容易的,是在与许多家旅行社的相互竞争中取胜的。所以接待旅行社要正确对待每一个旅游团,确保服务质量。此外,组团旅行社的计调部,也要协调好与接待旅行社的关系,不要因为自己是组团旅行社而摆出高高在上的样子,组团旅行社与接待旅行社虽然是两个不同的旅行社,有不同的利益分割,但都有一个共同的目标,就是通过自己的服务,使旅游者获得一次美好的经历,让旅游者满意,并以此来树立各自旅行社的品牌。所以组团旅行社与接待旅行社可以说是唇齿相依的关系。

第三节 计调部

在旅行社的经营管理中,销售部、计调部、接待部构成了旅行社具体操作的三大块,与财务部、人事部等后勤部门组成了整个旅行社的运作体系。其中,计调部起着联系各方的作用。

一、计调部机构设置的原则

各家旅行社在设置计调部时都必须遵循下述一些基本的原则。

(一)目标统一

任何组织都是为完成特定的目标而设立的,组织中的每一部分都应该与实现既定的组织目标有关,否则就失去了存在的意义。旅行社计调部设置的核心目标,是进行旅游产品的设计、组织和销售,以实现旅行社产品效益的最大化。

(二)分工协作

分工可以加强管理的专业化,提高工作效率。旅行社通过部门分工,把组织的目标分解为各级、各部门乃至个人的具体业务目标,并赋予其相应的职责和权限,从而达到专业化经营管理的目的。但旅行社不能因为分工而割裂旅游产品,部门分工必须建立在部门协作的基础之上,才能实现最优化的效率和效益。

(三)精干高效

旅行社计调部的设置应从本企业实际情况出发,遵循"人人有事做,事事有人做"的精干高效原则,使每个员工保持满负荷的工作状态,使企业的组织结构保持高速、高效的运转状态。

(四)责、权、利明确且对等

旅行社计调部一经建立,就必须根据岗位职务规定严格的职责,并授予这些岗位相应的权限,使每位管理人员都明晰自己的权与责。

尽责用权还必须与经济利益相结合。获取相应的经济利益是负责者不可侵犯的权利,也是约束用权者的条件。为此,在明确计调部各个岗位职务责、权、利的同时,还必须注意提高管理者个人的素质,并注意因事设岗、因能授权。

(五)统一指挥

旅行社计调部中,最基本的关系就是上级与下级的关系,或者说是权力与责任的关系。要处理好这个关系,就必须遵守统一指挥的原则。

统一指挥的原则规定,任何人只对自己的上级负责,任何人都不应接受两个或两个以上上级的直接指挥;上级不越级向下发命令。需要特别强调的是,在组织管理中,上级虽不得越级指挥下级,却可以越级检查下级的工作;下级虽不得越级请示,但可以越级上告或提出建议。

(六)稳定性与适应性相结合

旅行社计调部的设置需要保持稳定性,即要有既定的行动目标,有严密的组织结构,有强有力的领导班子,能承前启后,以过去的业绩为基础规划未来,进行再生产;工作具有相当的一致性和连续性,即使是在外部环境变化时仍能稳扎稳打地正常运转。组织的稳定是组织生存和发展的基础条件。但稳定不等于僵化,旅行社应有与时俱进的理念,善于根据市场动态及时调整部门设置,适应客观形势变化的需要。

二、计调部机构设置的类型

中小旅行社的机构设置一般是在总经理下设计调部,计调部有计调人员1～3名。因为在比较小的旅行社,计调人员身兼数职,他们既要做业务,又要做计调,还要做导游人员,有的甚至还要做门市接待。因此在比较小的旅行社同时设有几个计调人员,这是由中小旅行社人手少所决定的。如图1-2所示。

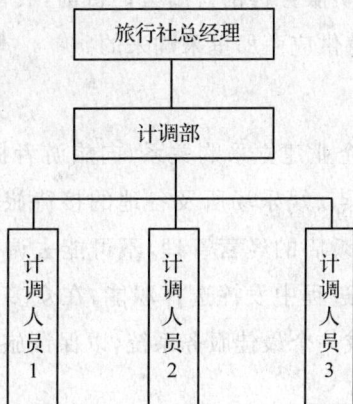

图1-2 中小旅行社计调机构设置

一些大型旅行社的机构设置一般是在总经理下设计调部,在计调部下分设国际部和国内部。国际部比较简单,下设欧洲部、美洲部、亚洲部等;而国内部却比较复杂,随着国内旅游业竞争的日益激烈,一些大型旅行社也纷纷涉足国内旅游业。国内部的计调业务主要是根据旅游线路来设置的,所以又常常分为省内部和省外部,一个计调人员管几条线路,负责接听电话、报价、签约、问询等。如图1-3所示。

就这两个计调机构设置而言,大型旅行社的机构设置要合理、科学一些。它是专人负责,而中小旅行社的计调机构设置则要混乱一些,常常会发生衔接不好的现象。

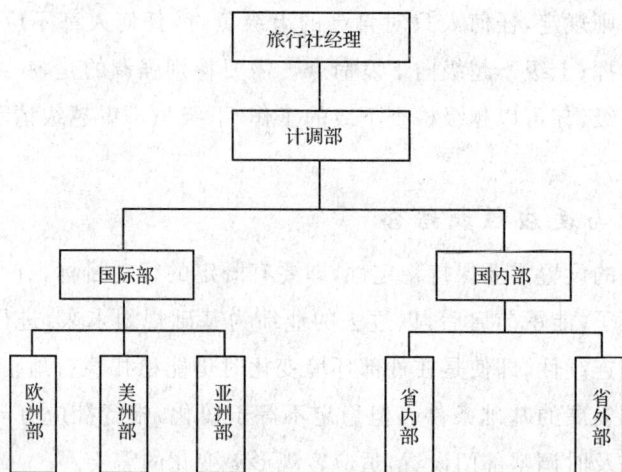

图 1-3　大型旅行社计调机构设置

三、计调部的职能

旅行社作为旅游行业的中介组织,向旅游者提供的食、住、行、游、购、娱等产品,大部分不是自己生产的,而是由其他旅游企业供应的,或者说是旅行社通过其他旅游企业采购的,然后加上自己的导游人员服务再销售出去。目前,我国旅行社除导游人员服务外,其余服务几乎都是从其他旅游供应商那里采购来的。

(一)选择职能

旅行社通过与许多旅游企业建立采购关系,向旅游者提供服务。例如,饭店、餐厅、航空、铁路、车船公司、游览景点、娱乐场所及各地的接待旅行社等。在采购旅游服务的过程中,旅行社不可能去干涉饭店的经营管理,不可能去调度航空公司飞机的飞行时间和线路,但却可以在采购业务过程中发挥选择职能,在众多的采购对象中选择最理想的合作伙伴,进行优化组合,构成一个最佳服务系统,以保证旅行社的最优服务质量。

(二)签约职能

一家旅行社在经营中要与许多旅游企业,如饭店、餐厅、车队和其他旅行社等,及相关行业,如交通、园林、娱乐、保险等,发生经济关系,通常采取签订经济合同的形式来保持这种关系的稳定。

旅行社采购业务的签约职能是必不可少的,要求旅行社对外统一签约,以便从旅游供应商那里得到更好的优惠价格。旅行社赖以生存的重要途径,便是通过批量采购获得价格和交易条件的优惠。如果一家旅行社能够集中内部所有的购买力,相对集中地投放到相关旅游企业,由此带来的利益比分散投放到众多的相关旅游企业中要大得多。

（三）联络职能

　　旅行社组织一个旅游团旅行的过程，本身就是一个比较复杂的历程。它的涉及面很广，碰到的问题很多，而在第一线的导游人员却没有足够的时间和充分的条件来处理旅途中遇到的棘手问题。这就需要旅行社在经营管理中有 24 小时不间断的值班联络中心，来及时、准确、无误地转达。如团队在旅途中发生车祸，在饭店被盗，旅游者在旅途中生病、死亡等重大事故，就需要向有关部门及保险公司联络通报，采取相应措施；发生航班或车、船时间的变更、取消，则需要马上与饭店、餐厅、车队联系并做出相应的安排，使采购的旅游服务保证供应，不至于各站之间发生脱节，给旅游者和旅行社造成不必要的损失，从而导致旅游者投诉事件的发生。

（四）统计职能

　　统计工作，是旅行社实现经营目标和提高经济效益的重要保证。其重点是对本旅行社旅游业务进行逐月、逐季、逐年的定量科学分析，绘制成月、季、年的统计表。通过对这些信息的统计和分析，可以检查旅行社经营业务的实际情况，从而发现新问题并及时设法解决，同时还能了解客源的流向及流量，作为旅行社进行经营决策的依据。

（五）创收职能

　　计调部在对外洽谈业务时，根据社会总的旅游供给能力的变化，在协议价的基础上做出价格调整，尽量争取最优惠价格，从而降低旅行社的经营成本，增加经济效益。因此，创收也是旅行社计调部一项重要的职能特点。

第四节　计调人员

　　计调是旅行社完成地接、落实发团计划的总调度、总指挥、总设计。可以说，"事无巨细，大权在握"，具有较强的专业性、自主性、灵活性，而不是一个简单重复的技术性劳动。计调岗位十分需要高素质、高水平的人员，一个优秀的导游人员或外联人员能直接给旅行社带来客源效益，计调人员的价值也同样重要。这位幕后英雄的优秀与否，是旅行社经营运作的一个重要元素。

　　计调人员是指从事计划组织旅游接待、整体进行旅游业务调度工作的人员。计调人员是旅行社重要岗位的工作人员。在从事国际旅游业务的旅行社中通常又称之为 OP（operator），意为"操作者"，主要负责旅游团所用车辆、导游人员、饭店、商店、景点等相关旅游要素的协调调度工作。

一、计调人员的分类

按照不同标准,可把计调人员分成不同的类型,主要分类方法如下。

(一)按照旅行社团队的组成和接待过程划分

按照旅行社团队的组成和接待过程,可将计调人员分为组团型计调和接待型计调两种,这是最基本的分类方法。

1. 组团型计调

组团,是指客源地的旅行社将通过各种招揽手段形成的本地旅游团体或散客,送往指定的旅游目的地游览,或委托当地接待旅行社负责完成所约定的旅行游览活动的过程。

组团旅行社通过各种招徕方式组团,向旅游者提供符合其需求的旅游产品,并就旅行中的有关事项与旅游者协商后,签订旅游合同,监督约束旅游目的地接待旅行社的接待活动,从而保障整个旅游活动顺利进行。换言之,组团旅行社是旅游者和接待旅行社之间的中介商,对旅游团负有管理和监督的责任。

组团型计调,是在组团旅行社内负责组成旅游团,并将团队发送到异地接待旅行社接待的专职人员。

按接待旅行社的地区差异,计调人员又分为国内组团型计调和出境组团型计调两种类型。

(1)国内组团型计调

主要包含两种,即中长线计调和短线计调。

①中长线计调。国内中长线,是指从客源地通过各种手段招徕本地旅游团或散客,向旅游者提供的游程通常在3天以上,需要通过飞机、火车等交通方式运达旅游目的地,委托当地接待旅行社完成所约定的接待项目,并在旅游目的地使用区间交通工具的旅游线路。负责这类线路操作的专职人员通常被称为中长线计调。

②短线计调。这里所说的短线,通常是指旅游目的地在客源地周边,游程在1~3天,以旅游汽车作为主要交通工具,通常由组团旅行社自己接洽或委托接待旅行社安排用车、用餐、景点游览、饭店住宿、派发导游人员等事宜的旅游线路。负责这类线路操作的专职人员通常被称为短线计调,又称作周边短线汽车团计调。

(2)出境组团型计调

中国公民出境游,是指从中国境内客源地通过各种手段招徕本地旅游团体或零散客,将其送往中国以外的国家和地区(含港澳台地区)游览,并委托境外旅游目的地的旅行社或接待机构负责完成所约定的旅行游览活动过程。负责操作这类出境旅游线路的人员被称为出境组团型计调。根据旅游目的地的不同，又可划分为欧美澳加地区、德法西葡地区、非洲地区、东南亚地区、日韩地区、俄罗斯北欧地区、伊斯兰中东地区、印巴南亚地区、拉美地区等不同的类别。

2. 接待型计调

接待旅行社通常是指受组团旅行社委托，按照组团旅行社的计划和要求来完成组团旅行社对旅游者承诺的接待内容标准的旅行社。

接待型计调是指在接待旅行社中负责按照组团旅行社计划和要求确定旅游用车等区间交通工具、用餐、住宿、游览、派发导游人员等事宜的专职人员。按组团旅行社的地区差异可分为国内接待计调和国际入境接待计调。

（1）国内接待计调

国内接待通常是以组团旅行社和旅游目的地来界定的，是指受中国境内组团旅行社（不含港澳台地区）委托，按照其要求在中国境内的旅游目的地（不含港澳台地区）完成其对旅游者承诺的接待内容和标准的过程。

国内接待计调是指在国内接待旅行社中负责操作这一流程的专职人员。

（2）国际入境接待计调

国际入境接待通常是指受中国以外的国家和地区（含港澳台地区）组团旅行社委托，按照其要求在中国境内的旅游目的地（不含港澳台地区）完成其对旅游者承诺的接待内容和标准的过程。

国际入境接待计调是指在国际接待旅行社中负责操作这一流程的专职人员。

（二）按照旅游者的组织类型划分

按照旅游者的组织类型，可把计调人员分为团队型计调和散客型计调。

团队型计调，是负责团队操作的专职人员；散客型计调，是专门操作自助或半自助类旅游事务的专职人员。

（三）按照专项类划分

随着经济的发展，旅游者对旅游的需求日益增大，这不仅反映在出行人数的增长上，也表现在旅游项目和种类的丰富及多变上。针对有别于传统旅游的需求及特定的旅游层次，产生了专事操作商务会展，修学游、摄影游、探险游等特种旅游，仅仅代订机票、饭店的自由人项目，专门和使馆接触负责签证事宜，以及针对学生团体、老年团体的专项类操作人员，称为专项类计调。按照专项类划分，可把计调人员划分为商务会展计调、学生游计调、老年游计调、特种游计调、机酒类计调、签证类计调和批发类计调等。

1. 商务会展计调

自我国加入 WTO 以来，各种学术交流、项目考察、投资洽谈、会展会务活动越来越多，很多组织机构往往在会务活动期间或结束后结合当地的旅游资源组织与会者参与会间或会后的游览活动。为满足这种需求，很多旅行社也开始设立会展部门，并设置专门的人员从事此项接待工作。商务会展计调有别于传统意义上的计调人员，是旅游界最高层次的计调，是指负责操作集团客户国内外会议、出境奖励旅游团、商务考察团的策划、市场推广与销售的专职人员。

其涉猎面和工作面也较为宽泛，牵涉会展需要的会展策划书的拟订、场馆选择、场地布置、用车用餐安排、人员接送、会间及会后参观游览活动等的接洽安排。对这一类型的计调人员素质要求也较高，除掌握传统意义上计调的操作职能外，也需有更强的统筹全局和谈判接洽能力。

2. 学生游计调

自国家教委解禁"学生春秋游"活动后，很多学校开始选择具有学生游营业资质，正规、合法，能提供安全责任险的旅行社来共同组织学生活动，在一定程度上分流了学校组织学生活动的压力和风险。学生游计调就是在这种前提下应运而生的，是指专门为大、中、小学校等教育机构，组织安排春、秋游活动及学生夏令营、冬令营的专职人员。学生游计调应和学校等教育机构及学生活动基地、场馆建立良好的合作关系，把握团中央、少工委的文件精神，应时推出迎合教育动向的学生游活动产品。

3. 老年游计调

我国的很多城市的人口结构已进入老龄化，随着生活条件的改善、经济的发展、思维的转变，老年人在出行旅游者中占据了相当的比例，甚至已成为一种潮流趋势。由于老年旅游团和学生团队一样属于特定层面，有其特殊性和适应性，不少旅行社针对其特殊要求设置了专门从事设计老年旅游活动产品、满足老年旅游者特殊需求的操作人员。老年游计调在游程安排上必须有别于一般旅游团，保证有充裕的游览时间和休息时间，要照顾到老年旅游者行动不便、突发状况多的特性；在饭店的选择上要干净舒适，房间必须有防滑设施等；在陪同人员的选择上要挑选有爱心、责任心及有经验的导游人员，提供的食物要清淡宜口等。

4. 特种游计调

随着生活水平的提高、社会意识的宽容，旅游者对旅游活动的需求也日益丰富多彩，产生了如学生在寒暑假前往国外进行短期语言进修、参观游览活动的修学游；艺术爱好者前往某地绘画写生、考察摄影的艺术游;探险爱好者挑战极限的探险游等诸多特种旅游项目。针对这种需求应运而生的特种游计调就是为这些特殊旅游者的特殊需求负责安排接待的专职人员。特种游计调往往是一团一议,根据旅游者的不同需求制定不同的安排计划。

5.机酒类计调

随着现代人旅游个性化需求的增大,仅需旅行社代订单程或往返机票与旅游目的地高星级饭店的新型自助旅游方式日益盛行。有鉴于此项旅游方式的兴盛之态,很多代订机票、饭店的自由人服务网站也不断涌出,不少旅行社也针对旅游者对旅游度假胜地的需求推出机酒自由人产品,提供机票+酒店+接送机的服务项目。专门从事这种接待操作的人员称为机酒类计调。

6.签证类计调

在从事出境旅游业务的国际社中,和使馆、签证处打交道的签证工作因为往往要牵涉大量的精力,一般都会交由专人负责,要求从业人员对目的国的签证手续和法规常识都有相应了解,对旅游者递交的资料要进行前期的审核和准备工作,要有很强的责任心,避免表格填写错误或资料遗漏所造成的拒签,或是遗失旅游者护照等造成的不必要的损失。在旅行社中专门从事签证事宜的人员称为签证类计调。

7.批发类计调

批发类计调,也称同业批发计调,是指针对本地区旅游业内同行定向收集客源,专事某类或某种线路操作,以优惠价格让利于旅行社同行,定期发团的专职人员。批发类计调是组团旅行社和接待旅行社之间的桥梁,也可以是接待旅行社在这一地区设置或委托的联络机构。批发类计调既熟悉旅游目的地的接待成本,又能按照组团旅行社的发团规律制订接待计划,解决了旅行社收到零散客难以成行的困扰。

二、计调人员的职责

计调部是旅行社的核心部门,计调部的工作直接影响和决定着旅行社的正常工作。为了提高工作效率,增加工作效益,计调工作人员应本着"尽心尽职、求实创新"的态度,履行如下岗位职责。

(1)负责对内接待、安排旅游团,对外计划、协调、发团,发布和落实旅游团的接待计划和变更通知。

(2)广泛收集和了解不断变化的旅游市场信息及同行相关信息。对其他旅行社推出的常规、特色旅游线路逐一分析,为本社常规线路的行程及具体安排的修改、完善提供借鉴,并力推本社特色线路及旅游方案。

(3)及时提出符合旅游者要求的旅游线路及报价建议,并根据客户要求协调、安排旅游团,配备团队所需要的各种服务。

（4）在协调、安排市郊及周边地区旅游团旅游时，对有关交通服务、导游人员服务等方面，尽量做到有备无患，在安排旅游者的食、住、行、游、购、娱等活动时，尽量考虑周到，在确保团队质量的前提下，力争"低成本、高效益"。

（5）及时掌握各条线路的成本及报价，以确保对外报价的可靠性、可行性及准确性。

（6）加强同外联人员的联系，及时了解、掌握、分析反馈的信息，然后进行消化、吸收、落实，提出合适的线路和价位建议。

（7）按规定整理团队资料，做好归档工作，包括旅游交易会的资料归档，以及日常业务中的传真件和接待旅行社或组团旅行社的宣传资料，以便今后制订线路计划时查找方便。

（8）完成上级交代的其他工作任务。

三、计调人员的素质要求

在当今世界，旅游业正朝着国际化、大型化、网络化发展，对计调人员素质的要求也越来越高。计调人员能否跟得上时代的潮流，能否组合出更具个性化的旅游产品，正日益成为旅行社之间竞争的焦点。

有人认为，计调人员成天坐在办公室里接打电话、收发传真，既轻松又惬意，根本不需要太多技能。这种看法其实是错误的。身为计调人员，不仅要具备一定的专业知识和专业技能等职业素养，还必须具备相应的职业意识、职业道德和职业态度，否则稍有不慎，都可能导致旅游团不能正常运行，造成接待质量下降。目前，高水平、高素质的计调人才实在难求。一方面是因为旅游从业人员门槛低，文化素质和经验不足。另一方面就是分工细化后，计调仅仅是熟练的流水线作业，而不关心其他业务工作，真正达到要求的人员很少。所以一个管理严格、完善的旅行社，会对计调人员的素质提出以下要求。

（一）职业意识

1.促销意识

旅行社从事的是旅游销售，因此从业人员必须具备促销意识。促销意识是以计调人员充分理解该业务在旅行社经营活动中的重要性为基础的。旅游销售实际上是一种服务承诺，旅游者购买的只是一种预约产品，旅行社能否实现销售承诺，旅游者对旅游消费是否满意，很大程度上取决于旅行社计调工作做得好坏。

计调业务通过对外采购和协调，保证旅游活动顺利进行，是旅行社做好销售工作和业务决策的前提。一旦计调工作出现失误，势必造成旅游服务链的断裂，引起旅游投诉，不仅会使旅行社蒙受一定的经济损失，还会影响旅行社的声誉，影响今后的市场促销。

因此,计调人员促销意识的重点,是树立质量意识和品牌意识,通过对每一个旅游团的优质服务,争取更好的市场口碑,以获得更多的客源。

2. 全局意识

旅行社是一个有机整体,由众多的部门组成,各部门担负着不同的职能,但每个部门都围绕着旅游服务展开工作,所以各部门工作既有分工,又有密切的联系。

计调部是旅行社的核心部门,计调人员拥有全局意识尤其重要。只有时刻以旅行社的工作大局为重,加强与各部门的联系与合作,才能实现部门效益乃至旅行社效益的最大化和最优化。

3. 服务意识

计调工作是旅行社服务工作的重要组成部分。计调人员应具备良好的服务意识,主动为旅游者提供优质旅游产品,为相关部门提供业务信息。

计调部的业务范围依旅行社的规模和发展不同而不尽相同。一般来说,对外采购包括变更后的采购,以及对内提供信息,都是旅行社计调业务的基本内容。计调部要按照旅游计划,代表旅行社与交通运输部门、饭店、餐馆和其他旅行社及其相关部门签订协议,预订各种服务,满足旅游者在食、住、行、游、购、娱等方面的需求,并随着计划的变更,取消或重订服务。计调部要及时把旅游供应商及相关部门的服务信息提供给销售部门,以便其组合旅游产品;同时要做好信息统计工作,向决策部门提供有关旅游需求和供应信息的分析报告。要做好这些工作必须具备服务意识。

4. 质量意识

质量意识是指计调人员在物质上、精神上满足旅游者需要的主观自觉性。强烈的质量意识是确保旅行社员工提供高质量旅游服务的先决条件。在服务过程中,计调人员要提高对服务质量的重视程度和自觉程度,树立"服务就是客源,质量就是效益"的观念,增强保证质量的责任感、使命感和紧迫感。例如,在工作时,计调人员一定要细致地阅读对方发来的接待计划,重点是人数、用房数,是否有自然单间,小孩是否占床;抵达大交通的准确时间,核查中发现问题及时通知对方,迅速进行更改。此外,还要看看人员中是否有少数民族,或宗教信徒,饮食上有无特殊要求,以便提前通知餐厅;如人数有增减,要及时进行车辆调换。

5. 协作意识

计调部在日常工作中经常要与有关部门直接发生各种联系,在旅行社内部,计调部需与接待部、票务部、销售部、财务部等部门发生频繁的业务往来,必须注意工作的协调;在旅行社外部,计调部还要与交通部门(航空、铁路、轮船、汽车)、饭店、旅游景点、商场等单位合作。因此,计调人员必须树立较强的协作意识,要善于与各部门、各单位合作,善于与他人沟通和交往,以便赢得各方的配合和支持。

6. 效率意识

尽管计调业务繁杂缭乱,但计调人员头脑必须时刻清醒,逐项落实,效率意识尤为重要。计调人员在工作时要做到耐心周到,还要特别注意两个字。第一个字是"快",答复对方问题不可超过24小时,能解决的马上解决,解决问题的速度往往代表旅行社的作业水平,一定要争分夺秒,快速行动。第二个字是"准",即准确无误,一板一眼,说到做到,不变化无常。回答对方的询问,要用肯定词语,不能模棱两可,似是而非。旅行社业务具有较强的时效性,计调人员安排团队接待计划时,应周密部署,及时完成各项业务预订,及时处理团队运行中的改订业务。旅游业务繁忙之时,计调人员往往同时面对多个旅游团接待任务,因此工作中必须规范操作,环环相扣,注重效率,才能避免差错,使每一个旅游团都能享受到保质保量的服务。

(二)职业道德

计调人员应具备一定的职业道德,在工作中,要遵纪守法,热爱本职工作,乐于为旅游者服务;认真钻研业务,熟悉业务知识,具有高度的责任心、严谨的工作作风、吃苦耐劳的工作精神和认真负责的工作态度;严格遵守工作纪律,重大事宜多请示汇报,千万不可擅作决定;尊重相关部门和合作单位,诚信待人,自觉维护旅行社的声誉;品德高尚,不徇私舞弊,不损公肥私。

(三)职业态度

1. 熟练的业务操作能力

计调人员必须对团队的旅行目的地情况、接待单位的实力及票务运作等都胸有成竹。一般来说,计调人员多是做过几年导游人员的,有着较丰富的带团实践经验,对计调部业务轻车熟路;业务熟练,报价准确、快速;承诺的事必须在期限时间内有答复;快事快办,分清轻重缓急,当日事当日清。

2. 认真细致的工作态度

旅游是个一环紧扣一环的活动,而负责将这些环节紧扣在一起的工作便由计调人员去完成。如果没有认真负责的工作态度,票务、用车、接送团队等其中任何一环没扣好或没扣上,就会出现一招不慎、满盘皆乱的失控局面。计调业务绝不能出现差错,稍有差池,就会给旅行社带来损失。因此,计调人员必须认真负责,做到一丝不苟。计调人员应保证发出或接收的信息(如向其他旅行社报价,接收组团旅行社的接团通知,预订旅游票据等)万无一失。在每个带团导游人员出发前,计调人员应把带团的详细资料、注意事项,以及在此线路中可能出现的问题和解决建议做出全方位的考虑并告知导游人员,尽可能做到防患于未然。

3. 较强的交际能力

旅游业是个与人打交道的行业,如果没有良好的沟通能力,不通晓一般的礼仪常识是不行的。计调人员大部分时间会与旅游者和旅游相关部门打交道,善于人际协调和沟通是做好计调工作的基本条件。在与有关部门、单位的协作中,要善于配合,谦虚谨慎、广交朋友,同时注意维护本旅行社的声誉。

4.严格的组织纪律观念

计调人员对工作中出现的重大问题,必须多向领导请示汇报,批准后再进行处理,千万不可擅自决定,否则后果不堪设想。遇到特殊事情应能冷静处理,既保住客户又使公司利益不致受损,有重大问题及时上报,共商对策。

5.较强的法制观念

计调人员要严格遵守财务制度和合作单位的各项规定,自觉维护国家和集体利益,绝不牟取私利。一个合格的计调人员应该熟悉各项旅游法规,包括《旅行社条例》《导游人员管理条例》以及合同方面的法规以及饭店管理、车辆运输、航空法规等相关行业的法律法规。

6.良好的计算机应用能力

网络化操作时代,计调人员必须具备良好的计算机应用能力,要能熟练打字和运用各种办公软件,MSN 和 QQ 作为办公辅助软件合理应用于工作,可为旅行社节约电话费用,有利于控制操作成本。

7.有一定的地理、历史知识及文案写作能力

国内外热点旅游城市的分布,自然景观的地域特性,人文景观的历史渊源以及相应的地理、历史常识,这些都是计调人员必须掌握的业务知识。设计行程时,恰如其分的修饰辞藻比干瘪无趣的行程单更加生动、更能激发旅游者在看到行程时的参团欲望;合作单位间的公文交流等同样要求计调人员具备一定的文学修养和文案写作能力。

(四)信息储备

1.组团型计调人员信息储备

(1)了解各条线路的价格、成本、特点以及可以影响这些因素的原因,还有各条线路的变化和趋势。组团型计调要具有一定的信息储备,就要时常调阅本社团队的卷宗,了解各条线路和各接待旅行社的信息反馈,编写各条线路接待旅行社的反馈总结,同时了解客户情况,对于自己所在的区域市场建立熟悉的人际关系,多渠道地了解客户信息。

(2)每天查阅传真和信息,在报价前再次落实核准价格、行程、标准,所含内容在签订合同前提前通知接待旅行社做好准备。

(3)确认文件,在确认件中必须要同时具有到达时间、行程安排、入住饭店的标准、景点情况、餐标、车辆标准、导游人员要求、可能产生的自费情况。建议细致到车型、车龄、饭店名称,还有可变化情况和变化后程序和责任情况。

(4)熟悉导游人员情况,了解每个导游人员的年龄、外形、学历、性格、特点、责任心,并了解社内导游人员的安排情况,以便针对客户做出最合适的导游人员安排。

2. 地接型计调人员信息储备

地接型计调人员应熟悉所有接待区和周边的宾馆、车辆、导游人员、景区、景点情况。

(1)车辆细致到车龄、车型、车况、驾驶员特点、所属公司的情况、经营者的特点、经营状况的好坏、事故的处理能力。各种不同行程和季节的车费及每条线路车辆所需要的油费、过路费以及该车所需要按月交纳的管理费的基本情况,以及每趟次可能产生自费购物收入的下限和平均情况。

(2)宾馆细致到位置、星级、硬件标准、软件管理水平、同级的竞争情况、经营情况,经营者的特点、经营状况以及沟通和讨价还价的能力,还有各宾馆各季节的价格及变化情况。

(3)了解地接范围内所有景区的门票、折扣情况,自费景点、索道的价格、资源品位以及特点,尤其要关注不同客源地旅游者对该景点的评价。

(4)熟悉本社导游人员的管理方法,熟悉本社导游人员的年龄、外形、学历、质量反馈、性格、作业特点、责任心、平常心、金钱观念、对突发事故的处理能力、适合的团型,并了解社内导游人员的安排情况,以便针对客户做出最合适的导游人员安排。

(5)熟悉本社的竞争环境,尽可能多地了解竞争对手的特点、报价、操作方式、优势和劣势。

(6)熟悉和本社相关线路的特点、下站或上站的操作情况、合作社特点、竞争情况、通常报价内容、浮动状况。

(7)熟悉所有客源情况以及客源地的旅行社状况、特点、竞争情况、信用程度。

3. 专线型计调人员信息储备

(1)熟悉自己所负责专线的航班、航空公司,以及航空公司的营销及相关工作人员。

(2)熟悉自己所负责线路的宾馆、车辆、景区情况和对应接待导游人员的情况,对这些情况的了解应该不逊色于任何一个接待型计调人员。

(3)了解自己所在市场的情况,也就是客户来源。通常专线型计调人员面对的是组团旅行社,要了解每个区域市场的组团情况,如组团旅行社的能力、信誉、负责人、计调人员的实力和要求、资金信用情况以及与自己长期合作团队的数量、质量。

(4)了解自己的竞争状况,与自己雷同和类似的竞争计调人员的优势、实力、营销优

势、诚信状况以及沟通和合作能力。尽可能和他们保持一种既竞争又友好的状态。

（5）了解自己的财务状况，包括垫支和资金回笼情况。

（6）了解自己的专线在时间和季节变化的情况下的团队量，能够合适地安排时间进行系统销售，通过走访了解自己客户的需要和市场潜力，储备客户资料，包括一些负责人的性格、爱好、实力、特点等。

（7）熟悉旅游合同的细节、注意事项和责任条款有可能产生的后果以及经常产生争议的地方。

（8）熟悉旅游意外险、责任险、航空保险的责任条款以及相关手续和办理办法，以及理赔的方式和程序。

（9）熟悉各种证件、护照、通行证等的办理程序和方式，以及需要证件的各线路、口岸的不同情况。

计调人员不仅要"埋头拉车"，也要"抬头看路"，要先学一步，快学一步，早学一步，以丰富的知识武装自己，以最快的速度从各种渠道获得最新的资讯，并付诸研究运用。如要掌握饭店上下浮动的价位，海陆空价格的调整，本地新景区、新线路的情况等。不能靠"听人家说"，也不能靠电话问，应注重实地考察，只有掌握详细、准确的第一手材料，才能沉着应战、对答如流，保证工作顺利进行。

思 考 题

一、名词解释

计调　计调业务

二、简答论述

1. 简述计调部的职能特点。

2. 简述计调人员的主要职责。

三、实训项目

旅行社计调工作调研

1. 实训目的

（1）了解计调人员的构成情况；

（2）掌握旅行社计调部的主要业务；

（3）掌握旅行社计调部的设置情况；

（4）掌握计调岗位的工作职责。

2. 实训地点

本地旅行社。

3. 实训步骤

（1）此调研工作以小组为单位进行，书面确定小组中每人在此项任务中的分工，为达

到目标每人及小组应做的各项准备,包括物质准备、形象准备、心理准备等;

(2)应做好调研的准备:相关信息、调查问卷、访谈提纲等;

(3)选择合适的旅行社,确定合适的调研时间,调研时应注意理解、沟通的技巧;

(4)按约定时间准时或提前到达旅行社,在不影响对方工作的情况下,有效率地完成每个人及小组的调研业务;

(4)向对方表示感谢,并表达可能要随时请教、进行补充调研的意思;

(5)小组按照分工,完成调研报告。

四、分析案例

小王等15人参加了S市某旅行社组织的"云南六日游"。10月25日这天,原计划乘飞机从西双版纳抵达昆明,但因大雾预订航班取消。S市某旅行社和西双版纳接待旅行社商量后决定,旅游团改乘旅游车到昆明,并给予旅游者一定的物质补偿。但小王等旅游者坚持要求按原约定乘飞机赴昆明,最后导致旅游团滞留西双版纳4天。行程结束后,小王等旅游者向旅游质检所投诉了S市某旅行社,要求对方承担违约责任,偿付滞留期间的食宿费及误工费等。

请问:

1.旅行社在这起投诉中是否承担责任?

2.计调人员应如何处理此类事件?

计调工作

学完本章,学生要了解计调工作在旅行社中的重要地位,熟悉计调工作的特点和作用,掌握计调工作的内容,熟悉和掌握食、住、行、游、购、娱等方面的基础知识及工作技巧。

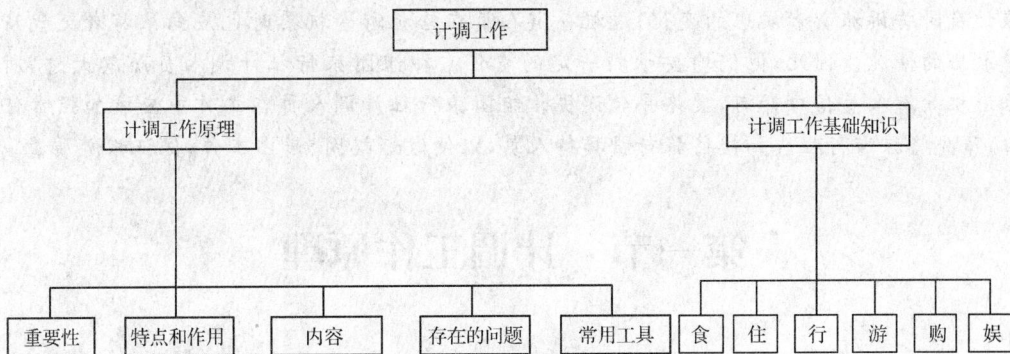

计调工作。

刘某等8名旅游者报名参加了北京某旅行社组织的"海南五日游"活动。双方口头约定:9月30日中午12:00乘飞机赴海南;10月4日下午3:00多乘飞机返京。旅行社派全程导游人员(全陪)服务。后因旅行社未买到全陪的机票,故未派全陪随团前往海南,但承诺已与接待旅行社联系好,保证接待质量。9月30日,旅游团乘机飞往海南。北京组团旅行社派导游人员送机,并将返程机票交给刘某,告知返京航班的时间为10月4日下午3:00多,晚上7:00之前就可以抵达北京。

10月3日,旅游团在从三亚返回海口的途中,地陪导游人员询问返京航班的时间,刘某答复是次日下午3:00。10月4日上午9:00多,刘某拿出机票查看航班的确切时间,突然发现机票上印的起飞时间是上午8:10,而并非组团旅行社所说的下午3:00多。刘某立即与北京组团旅行社交涉。由于北京组团旅行社购买的是不得转签、退换的优惠票,所以原票全部作废。

经过接待旅行社的多方努力,重新购买了10月4日中午12:05的返程机票。刘某等旅游者考虑到单位尚有急事须办理,只好先承担了误机的责任,支付了机票款共计12 600元。刘某回到北京后即与北京的组团旅行社交涉。

组团旅行社认为,返程机票已交给刘某,由其自行保管,并且,在旅游过程中,接待旅行社导游人员多次询问,刘某始终回答是10月4日下午3:00的飞机。这是由于刘某的疏忽造成的误机,其损失不应该由旅行社承担;但考虑到旅游者的实际利益,出于对旅游者的同情与安抚,旅行社愿意补偿机票款的10%。刘某等旅游者则持相反意见。双方各持己见,协商不能达成一致。

问题:该次误机事故的责任应该由谁来承担?为什么?组团旅行社计调人员在工作中应该吸取哪些教训?

【案例点评】 对该次误机事故,组团旅行社计调人员、送机导游人员、刘某、组团旅行社等均应该承担一定的责任。双方口头约定的是10月4日下午3:00多乘飞机返京,但机票上印的起飞时间是上午8:10,而并非组团旅行社所说的下午3:00多,计调人员就应该及时告诉旅游者航班的变化;送机导游人员在给旅游者机票时也应向旅游者交代清楚航班的情况。因此,他们均要承担一定的责任。即组团旅行社计调人员疏忽大意,所派送机导游人员信口开河,最终导致误机。组团旅行社计调人员在工作中应该加强责任心,事先将旅游行程告知接待旅行社接待人员,以便做好接团、送团工作,保证旅游质量。

第一节 计调工作原理

一、计调工作的重要性

(一)计调部是旅游行程中的命脉

旅行社计调部作为旅游供需之间的媒介,既可以对旅游者的流量加以调节,如与外联部、组团旅行社协商调整或变更旅游线路等,又可以对旅游供给部门所提供的产品与服务进行导向,如根据客流量的增减,与供给部门协商增加或减少航班、预订包机等,还可以与供给部门协调调整价格等,这些都是计调业务的重要工作。在上述诸多环节中,计调工作是承上启下、联系左右、协调四方的中枢环节。计调工作在旅行社接待中的中枢位置如图2-1所示。

从此流程图我们可以清楚地看到旅行社计调工作在整个旅游接待工作中所起的重要的协调中枢作用。如果这一环节出差错或运转不灵,那么整个接待工作的链条就将断裂、停顿,会导致整个接待工作的失败。计调工作的重要性是多方面的、全方位的和决定性的。

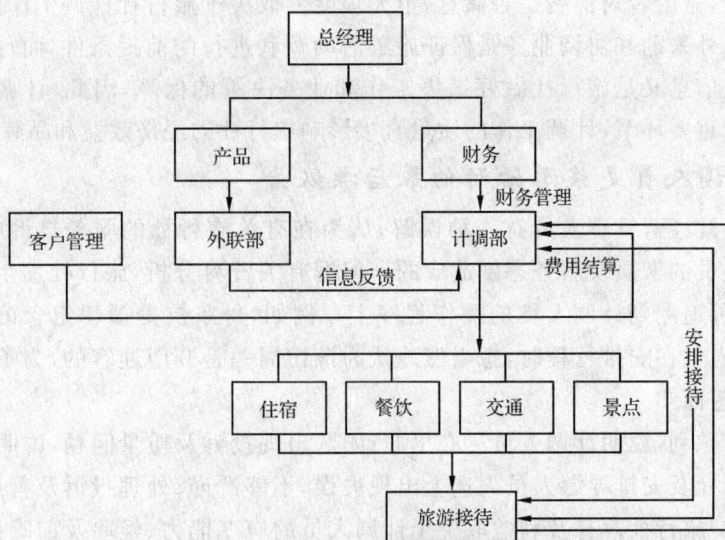

图 2-1　计调工作在旅行社接待中的中枢位置

在旅游行业中，一直就有"外联买菜，计调做菜，导游人员带游客品尝大餐"的说法。可见，外联人员、计调人员、导游人员各司其职，都是旅行社业务中十分重要的角色。外联人员和旅游团取得联系后，接下来就是计调部发挥作用的时候了。计调部会根据团队旅游者的特点和要求，进行用车的调配、行程的安排、饭店的落实、票务的预订、景点的确认等工作，然后交给接待部门，派导游人员去执行。可以说，旅行社是通过计调人员的有效运作，使各部门形成完整、互动的经营体系的。旅行社的发展往往取决于旅行计划的实施，而计划的实施在于计调部的贯彻和执行。计调部对上要配合旅行社发展计划，完成总经理和计调经理制订的工作计划；对中要核算成本、利润、毛利率，在团队开始前向财务支取备用款项，团队结束后整理报账；对下要和前台及销售人员沟通，保证产品线路的销售。可以说，旅行社是通过计调部的有效运作，使各部门形成完整的、互动的经营体系的。所以计调部是旅游行程中的命脉。

（二）计调工作的质量直接影响旅行社的经济效益和品牌形象

成本控制与质量控制是计调工作的两大核心内容。

成本控制，是指计调部直接与接待旅行社及接待旅游团的饭店、餐馆、旅游车队等接待单位洽谈接待费用的过程。计调部在对外进行相应采购时，应尽量争取获得最优惠的价格，以降低旅游产品总的成本。另一方面，旅游产品成本的降低，保证了旅行社在激烈的市场竞争中获得更多的市场份额。计调工作虽然不能直接创收，但降低采购价格无疑对旅行社的营业额和利润的实现具有重要意义。

质量控制，就是在细心周到地安排团队行程计划的基础上，还要对所接待旅游团的整个行程进行监控。因为导游人员在外带团，与旅行社最主要的的联系途径就是计调部，而旅行社也恰恰是通过计调部对旅游团的活动情况进行跟踪、了解，对导游人员的服务进行监督的，包括代表旅行社对旅游者在旅游过程中发生的突发事件进行灵活应变。

旅行社经营的是承诺销售，旅游者购买的是预约产品。旅行社能否兑现销售时承诺的数量和质量,旅游者对消费是否满意,很大程度上取决于旅行社计调工作的作业质量。计调人员的对外采购和协调业务是保证旅游活动顺利进行的前提条件,而计调人员对内及时传递有关信息又是旅行社做好销售工作和业务决策的保障,因此,计调业务是旅行社经营活动的重要环节,计调工作的质量直接影响旅行社的经济效益和品牌形象。

(三)计调人员是旅游活动的幕后操纵者

部分旅行社经营管理人员有一种误解,认为在有关旅行社的服务投诉中,很大部分是由于导游人员的素质及服务态度造成的。但据有关资料分析,旅行社发生的服务质量问题,其根源可追溯到计调人员的操作程序上。例如,丹东抗美援朝纪念馆周一是闭馆的,如果计调人员在安排行程时,想当然地认为该馆周一是开门迎客的,为了省事而不去确认,后果可想而知。

团队运作顺利,说明计调人员尽心尽职;团队出现投诉及质量问题,说明计调人员在选择接待旅行社及安排导游人员人选上出现失误,不够严谨;处理投诉及善后事宜,如何降低损失、维护旅行社声誉及利益取决于计调人员的应变能力、经验及前瞻性;重大团队谈判成功与否,取决于计调人员业务知识及谈判能力。一个尽心尽责的计调人员可以协助旅行社的前台、外联收客,让经理放心;一个粗心随意的计调人员会让所有员工提心吊胆。所以计调人员可以说是旅游活动的幕后操纵者。

二、计调工作的特点和作用

(一)计调工作的特点

1. 具体性

计调部要收集本地区的接待情况并向旅行社其他部门预报,要接受组团旅行社的咨询,要约定并编制接待计划,还要监督检查团队运行情况,这些都涉及非常具体的事务性工作。可以说,计调部总是忙于解决和处理采购、联络、安排接待计划等具体事宜。

2. 复杂性

首先,计调工作的种类繁杂,涉及采购、接待、票务、交通及安排旅游者食宿等工作,内容繁杂;其次,计调工作的程序繁杂,从接到组团旅行社的报告到旅游团接待工作结束后的结算,无一不与计调人员发生关系;第三,计调工作涉及的关系繁杂,计调部几乎与所有的旅游接待部门都有业务上的联系,协调处理这些关系贯穿了计调业务的全过程。

3. 多变性

计调工作的多变性,是由旅游团人数和旅行社计划的多变性决定的。旅游团的人数一旦发生变化,几乎影响到计调人员的所有工作,可谓"牵一发而动全身"。此外,我国的交通和住宿条件时常不能保证正常供给,也给计调工作带来许多的不确定性。

4.灵活性

计调工作的灵活性表现为旅游线路变更的灵活性。计调部在旅游旺季或者春运期间等,因火车票或其他交通票据紧张不得不改变行程、线路;有时候为了与其他旅行社竞争而灵活变更旅游线路;有时候为了满足旅游者的需求,灵活变换所乘交通工具,正所谓"条条道路通罗马"。

5.时效性

计调人员在获悉旅游者或旅游团的要求后,需要立即进行操作,包括制定线路、安排行程、采购各项服务、安排接待人员、与组团旅行社或接待旅行社联系等工作。计调工作对时效性要求很高,稍有延误就会影响与合作伙伴的关系和旅游团的正常运行。

(二)计调工作的作用

旅行社计调工作的作用主要体现在以下几个方面。

1.计划作用

当招徕到客源后,计调人员根据组团旅行社发来的接团要约,收集旅游团的各种资料,进行分析,并按照本社在一定时期内的客源数量,所需人、财、物及如何接待等情况,编制科学的接待计划,然后下发接待部门做好接待工作。

2.联络作用

计调工作的重要内容是将当地各旅游企业联系起来。当组团旅行社发来要约后,计调人员就要预订当地的食宿、交通等,并将本来松散的旅游企业和其他部门统一协调起来,围绕旅游团的运转而形成综合接待能力。同时,计调工作的另一个重要内容是完成旅游团在行程中各站之间的衔接工作,避免延误和脱节的发生。

3.参谋作用

旅行社决策层要编制计划,就要掌握全面而科学的统计资料,而这些资料大部分来自计调部。计调人员不仅要掌握旅行社接待旅游者的全部资料,而且还要掌握与其他旅游企业交往的资料。这些资料的分析和统计结果,就是旅行社决策层进行计划管理的依据。

4.结算作用

旅行社和饭店、餐厅、交通部门等接待单位的经济结算,是通过接待计划和合同来完成的,而这些接待计划往往会因为导游人员或其他人员人为的疏忽而产生差错,或由于交通、气候等因素的影响而发生变化。这就给财务结算带来了麻烦。在这样的情况下,计调部的旅游团原始资料,就成了团队财务结算的凭证。

三、计调工作的内容

计调工作的内容主要包括收集信息资料、计划统计、对外联络、订票业务、订房业务和内勤业务等方面。

(一)收集信息资料

计调部负责收集各种资料和市场信息,为有关部门决策提供参考。具体包括:

(1)收集、整理来自旅游业的各种信息;

(2)将汇编的信息资料下发给有关部门,并编号存档;

(3)向旅行社的决策层提供所需信息及资料分析报告;

(4)收集旅游团的反馈信息并制作列表。

(二)计划统计

计调部负责编制各种业务计划,统计旅行社的各种资料,并做好档案管理工作。具体包括:

(1)承接并向有关部门及人员分发旅游团的接待计划;

(2)承接并落实各地旅行社发来的接待计划;

(3)编写本社年度业务计划;

(4)统计本社旅游业务月、季报表,编写接待人数月、季报告;

(5)向旅行社的决策部门、财务部门提供旅游团流量、住宿、交通等方面的业务统计及分析报告。

(三)对外联络

计调部负责对外联络和信息反馈事宜。具体包括:

(1)选择和联络本部门的合作者,对外报价或接受报价;

(2)传播并反馈各种信息,向上级主管提供各种资料,协调与相关部门的关系;

(3)做好昼夜值班记录和电话记录,将相关信息准确无误地进行转达与传递;

(4)对本社的接待计划了如指掌,并在登记表上及时标出接待团的编号、人数、服务等级、订房情况、抵离日期、下一站城市、航班或车次时间等;

(5)掌握旅游团取消、更改情况,并及时通知有关人员做好接待调整工作。

(四)订票业务

计调部负责旅游团各种交通票据的订购,具体包括:

(1)落实旅游团的飞机、车、船等交通票据,并及时将落实情况转告有关业务部门或人员;

(2)在接到各业务部门有关旅游团人数、航班或车次的变更通知时,及时与有关合作单位联系,处理好更改、取消事宜;

(3)负责计划外旅游团的飞机、车、船票的代订业务,并根据委托代办的要求办理订座或再确认事项;

(4)根据组团旅行社的要求或旅游团的人数规模,负责办理申请包机/专列手续,代表计调部签订包机/专列协议书,并将情况转告有关业务部门,以便落实具体衔接工作;

(5)负责本社陪同导游人员和外地组团旅行社全陪的飞机、车、船票的代订工作;

(6)负责与合作单位做好旅游团票务方面的财务结算工作。

（五）订房业务

计调部负责旅游团的各种订房业务，具体包括：

（1）与饭店洽谈房价，签订订房协议书；

（2）根据接待计划中的住宿预订要求，为旅游团及陪同预订住宿；

（3）负责住宿预订的变更、取消事宜；

（4）负责包房的使用、销售、调剂工作；

（5）负责旅游团住宿流量表的制作及其单项统计；

（6）协同财务部门做好旅游团用房的财务核算工作。

（六）内勤业务

计调部负责部门内各种内勤工作，具体包括：

（1）与餐馆、车队洽谈并草拟协议书；

（2）根据接待计划，为旅游团订餐、订车，做好有关餐、车预订的变更或取消工作；

（3）安排宴请、自助餐会、大型招待会；

（4）为旅游团预订文艺节目票，负责落实专场演出等；

（5）安排特殊要求的参观、访问、拜会。

四、计调人员在工作中可能存在的问题

计调人员在工作中常常会出现以下的问题。

（一）与销售人员的沟通有误

没有与销售人员充分沟通，没有充分了解旅游者的要求，诸如团队中旅游者的组成、旅游者对行程首站及末站的要求等。在操作中过分地看重了计调人员个人主观甚至是想当然的东西，总以为这样安排，旅游者通常都不会有意见。结果行程是安排出来了，却不符合旅游者的要求。

（二）计调人员与接待人员沟通不足

没有完整、清晰、准确地向接待部门阐明接待的细则和要求，尤其在常规线路的操作上面，以为已驾轻就熟而导致麻痹大意，认为不用说都明白了，结果，自以为是的主观臆断往往导致意想不到的问题发生。

（三）对行程松紧安排不当

把行程安排得时紧时松，弄得旅游者时而疲于赶路以到达某预定的饭店入住，时而又百无聊赖地在某餐厅待上很长一段时间以便在该指定餐厅用餐。松紧不当的活动安排，容易导致旅游者的体力分配不均，产生不安情绪，这样容易使旅游者对旅行社及导游人员的安排产生不信任感。

（四）对合作社情况了解不明

不管是组团旅行社还是接待旅行社，对于合作单位的资质、情况、实力、信誉都应有

足够的了解,双方基于平等互利、诚信相待的立场才能确保合作顺利。计调人员在选择合作社的时候要慎重权衡,不能草率,最好有合作协议。

例如,上海有几名散客前往北京旅游,某旅行社计调人员将这些旅游者交由北京某旅行社接待,因为是散客,所以提前将团款汇给了对方旅行社。但旅游者抵达当日却无人接待,计调人员再与该社联系时电话无人接听。原来这只是北京某旅行社的一个挂靠部门,在席卷了大量团款后已经逃逸了,当时与该社确认时加盖的也只是部门章,这在法律上是没有支持依据的。

(五)对交通工具的监控不力

很多计调人员操作时在交通工具调用上不够规范和严谨,比如,用车方面,向用车单位下订单时,仅就用车时间、接车地点、座位数进行落实,而忽略了对车容车貌、车况的了解;在航空票务方面仅对票务中心报了计划,而忽略了对机型、航空公司、航班时间等进行跟踪。

(六)对住宿饭店了解不足

预订饭店方面,仅强调了饭店的星级选择,而忽略了对饭店的位置、服务设施、周边环境、使用年限等进行进一步的了解,或者说过于依赖接待旅行社的安排,缺乏跟进,以致在团队的实际运作中有可能产生不良的效果。

对于接待旅行社提供的饭店,组团旅行社可以了解具体饭店名称。现在通信网络都很发达,计调人员不能片面听信接待旅行社的推荐,可以借助网络对该饭店情况进行查询或者直接拨打该饭店电话了解该饭店的位置、星级、房间设施等情况,做到心中有数,才不会因为缺乏对饭店情况的了解、饭店情况不符合向旅游者的承诺而引发投诉。

(七)对操作流程审核不严谨

旅行社工作环节中普遍存在对操作流程审核不严谨这样一个现象。由于计调工作繁忙,特别是在旅游旺季的时候,很多团队交叉在一起,往往会忽略一些本该注意和重视的环节而造成失误。俗话说"好记性不如烂笔头",计调人员除了应该对委托的事宜做口头说明外,还应该再留存书面材料,将所要预订的车次、日期、时间及备注写明,给出一个书面依据和参考,委托执行者依章操作,这样就可以避免一些事故的发生。

(八)对财务基本制度了解匮乏

计调人员在操作团队时经常要和钱款打交道。比如在接洽大型旅游团上门收取团款的时候如果没有验钞机,就要具备识别假币的能力;团队操作所有用车、用房、用餐产生的钱款支出都要有发票以备向财务报账之用;组团旅行社向接待旅行社支付团款后要向接待旅行社索要发票等。

(九)对突发事件的估计不足

无论是旅游者,还是旅行社或导游人员,都不希望在旅游过程中发生任何事故。因为事故一旦发生,不仅给旅游者带来烦恼,甚至是灾难,而且还会给旅行社造成损失,甚至影响国家或地区旅游业的声誉。为了保证提高旅游服务的质量,不出或少出事故,计调人员应认真做好事故的预防工作。但是,在实际接待过程中,往往由于计调人员对突发事件估计不足、工作责任心不强等因素,导致旅游过程中问题与事故的发生,或发生事故后,由于计调人员的应变能力差,加大旅游者的损失。一旦事故发生首先要做最坏的打算并迅速想出应急对策,这是一个优秀的计调人员所应该具备的素质。

综上所述,很多问题的根源其实是在计调工作中已经产生的。可见,计调工作在旅行社运作中是举足轻重的,提高计调人员的职业意识,规范操作流程,规避团队操作中可能出现的问题及风险,是团队运作顺利的成功保证。

五、计调工作的常用工具

"工欲善其事,必先利其器",计调人员,无论是刚入门的新人还是从业多年的资深人员,都必须掌握好计调常用工具。

(一)电话

电话是目前最方便的一种沟通方式,具有省时、省力、快速的优点,计调工作离不开电话,计调人员有很多时间都是处于接电话、打电话的过程中,所以计调人员一定要会正确使用电话。

1.了解电话的种类和功能

电话包括固定电话、移动电话、本地通电话等,各种电话的功能有一些差异,包括呼叫转移、来电显示、电话录音、语音信箱等功能。

2.记住相关合作部门的电话号码

计调人员要掌握饭店、餐饮、交通、景区、娱乐、购物店、合作旅行社、导游人员等合作部门相关人员的电话号码,便于及时跟他们联系。计调人员的电话也要告诉相关部门,计调部的电话最忌变换,如遇动迁,应千方百计保留原始号码。

3.打电话的技巧

(1)打电话之前要做好准备工作

一是心理准备,计调人员只有对待所拨打的每一通电话都有一个认真负责和坚持的态度,才可以使自己有一种必定成功的积极动力。二是内容准备。在拨打电话之前,要先把自己所要表达的内容准备好,最好是先列出几条在手边的纸张上,以免对方接电话后,自己由于紧张或者是兴奋而忘记要讲的内容。

(2)打电话一定要注意时机

要避免在用餐的时间与客户联系,如果把电话打过去了,也要礼貌地征询对方是否有时间或方便接听。如果对方有约会恰巧要外出,或刚好有旅游者在,应该很有礼貌地与其确认再次通话的时间,然后再挂断电话。

(3)通电话注意事项

将你的姓名告诉接电话者。让接电话的人知道你是谁,就好像你在和他面对面交谈一样。应对着话筒微笑,在某些情况下,人们能够通过话筒感受到对方的微笑。打电话的过程中,要让接电话者时时刻刻知道你在做什么。例如,打电话时,假如需要查阅信息,应把自己的做法告诉对方,不要让对方手握着话筒却不知道你究竟是否还要与他通话。引导接电话者切入正题,详细告诉接电话的人你要做些什么,及你将于什么时间再和他进行联系。对接电话的人表示感谢。这样做会让接电话者意识到你们之间的谈话马上就要结束了。

4. 接电话的技巧

(1)自报家门

计调人员接通电话后,一定要向对方问好,然后自报家门;接听电话前一般要让电话响一两个长音,切忌让电话一直响而缓慢地接听。

(2)记录电话内容

在电话机旁最好摆放纸和笔,这样可以一边听电话一边随手将重点记录下来。通话结束后,应该对记录下来的重点妥善处理或上报领导。对于食、住、行、游等内容一定要详细问清楚具体标准。

(3)重复重要内容

当客户打来电话购买旅游产品时,一定会说产品名称或旅游线路、旅游时间等。这时不仅要记录下来,还应该向对方复述一遍,以确定无误。

(4)充满感情

计调人员在接电话时应客气、礼貌、谦虚、简洁、利索、大方、善解人意、体贴对方,养成使用"多关照""马上办""请放心""多合作"等谦词的习惯。每个电话、每个确认、每个报价、每个说明都要充满感情,以体现合作的诚意。

(二)计算机

计调人员应该能够熟练操作 Office 等办公软件制作各种表格,使用 E-mail、QQ、MSN 等工具进行有效沟通,熟练使用计算机,如通过网络搜索信息。

1. 能正确使用 Office 等办公软件

计调人员在工作中要制作团体报价单、导游人员行程单、传真询价单、传真确认件、订房单、订车单、导游人员报账单、意见反馈单、月统计表、年统计报表、各种统计资料,要做好这些工作,计调人员就必须掌握 Excel 的使用方法和技能。

计调人员要起草各种订房、订餐、订车的传真件,与旅游者联系的各种应用文,制作旅游行程,草拟各种旅游协议,就必须掌握好 Word 的使用方法,并且能制作出优美的文案。

计调人员在很多时候还需要向旅游者宣传本旅行社的产品,因此,必须掌握 Power-Point 的使用方法,能制作内容丰富多彩、图文并茂的旅游线路宣传课件,供旅游者使用。

2. 能应用 E-mail、QQ、MSN、飞信等工具与客户进行有效沟通

旅行社的竞争十分激烈,旅行社的利润不高,旅行社对成本的控制就比较严格。旅行社很多时候要与外地旅游者、外地旅行社、外地服务单位联系,如果全部使用长途电话,费用很高,为了节约成本,旅行社要求员工尽量使用 E-mail、QQ、MSN、飞信等工具与客户进行有效沟通。所以,每个计调人员就必须掌握这些工具的使用方法,设置自己的E-mail、QQ、MSN、飞信等工具,在工作中使用这些工具与旅游者进行有效沟通。并注意保存好与客户的聊天记录,以备不时之需。

3. 了解网站类型,能够在网上进行电子商务活动

(1)门户网站

如新浪、搜狐、网易等门户网站的旅游频道,侧重对旅游景点、旅游路线、旅游知识进行介绍,很少提供整套的旅游在线服务。

(2)企业自建的网站

企业自建的网站只具备宣传自我和发布信息的功能,侧重于宣传企业形象,也提供简单的在线服务。这类网站的点击率不高,除大型企业自建的网站外,效益普遍不好。

(3)政府网站

政府网站自身不经营旅游业务,不以营利为目的,而是要构建一座"旅游电子商厦",宣传、整合旅游资源,为旅游企业提供电子商务平台,以全面解决旅游企业上网营销及管理的问题。

(4)专业旅游营销网站

专业旅游营销网站如携程旅行网,它们以在线销售为主,旅游营销为辅,一般以网络订单方式进行在线交易。这类网站通常都具有风险投资的背景,能以良好的个性服务和强大的交互功能抢占网上旅游市场份额。

(三)地图

计调人员要掌握一些地图知识,要养成爱地图、读地图、用地图的好习惯。通过地图了解和掌握各个区域的地理概况,热点旅游城市的地理、交通、气候、人文风情、土特产,联游旅游城市间应采用的交通方式及路途时间,等等。这些计调工作中必须涉及的问题看似有点难,实际上都可以在地图上找到答案。所以地图是计调工作必不可少的一宝。

同时,计调人员在给旅游者制作旅游行程时也要看地图,了解各个景点之间的空间位置,便于制定更加合理的行程;在给旅游者介绍游览线路时,要学会使用地图,使旅游者对整个旅游活动的走向有一个清楚的认识。在给旅游者的行程表中最好附上地图。计调人员在工作期间,如果每次做完行程,都给旅游者附上一些旅游线路图、景区导游图,这样旅游者会感到很高兴,他们对整个旅游活动要经过的地方就非常清楚了。

地图的种类很多,下面就计调人员常用的几种地图进行介绍。

1. 政区地图

政区地图如世界政区地图、各国政区地图、各省地图。这类地图主要供计调人员在制作行程时使用，目的在于了解旅游所经地的具体位置。例如，出境计调人员要做制定洲的旅游行程，就要看看世界政区地图，看看所要经过的国家的具体位置，相互之间的距离有多远，线路怎样设计才合理。国内组团计调人员要制定省外旅游行程，就应该看中国政区地图，看旅游团所到省份的具体位置，便于设计具体的线路。

2. 交通图

交通图如中国铁路图、公路客运图、中国水运图、各省交通分布图等。这类地图主要供计调人员在选择交通方式时使用，特别是在制作独立成团旅游行程时这类地图使用频率较高。制作这种行程时要依靠各种交通地图，查找具体的景点位置、各个景点之间的距离，这样才便于确定交通工具和计算交通费。

3. 旅游地图

旅游地图如中国名胜图、中国自然保护区图、各省旅游地图、景区导游人员图、旅游线路分布图等。这类地图是计调人员使用最多的，在制作旅游行程、给旅游者介绍旅游景点时均要使用。

（四）交通时刻查询表

在策划旅游线路或者操作团队时，计调人员都会接触到交通的问题。这就要求计调人员会用和善用交通时刻查询表，以便在制定行程时合理选择交通工具，掌握交通工具的抵离时间，并做好接待安排。

随着电子办公时代的到来和网络的普及，除了传统的火车、航班时刻查询手册，计调人员还可以借助网络和一些交通查询软件的帮助达到更快捷、精准的查询目的。网站查询的优点是通常信息能得到及时更新，确保查询信息的有效性，但前提是必须得上网。软件查询也比较快捷，在不能上网的条件下只要计算机安装了查询软件就可以查询，但因为不是时时更新，有些信息可能不是那么准确。而传统的交通时刻查询表，只要随身携带，无论何时何地都可以查询到相关信息。计调人员应该同时掌握这三种查询方式，根据情况做出选择。

1. 国内与境外火车时刻查询

国内火车时刻的查询方法比较多，可以通过火车时刻表查询，也可以利用火车时刻查询软件或一些火车时刻在线实时查询网站达到目的。境外火车时刻查询需通过境外旅行社、使馆、境外交通管理部门等渠道，或者登录境外网站查询到相关信息。

例如，通过全国铁路旅客列车时刻表查询指南，可以先查找城市间开行的车次，并对车次在时间、价格上加以对比；确定了往返的车次后，再查看城市间千米数；然后根据查实的千米数查看价格说明，最终得出该车次的运行价格，最后查看所选车次有无空调，是否隔日出行，运行时间以及有无软座、软卧。

2.国内与境外航班时刻查询

国内航班时刻查询可以参考国内一些著名的机票网站,如游易网、携程网、艺龙网等。而境外航班时刻查询可以直接登录需要查找的境外航空公司的网站进行机票和航班信息的检索。

(五)传真

传真是当前旅游业务联系中普遍采用的快捷通信方式之一,它可以把团体签证以及有领导人签字的文件、照片、图纸等由远处传送到接收方。它克服了电报、电传等只能传送文字但不能传送文件原样的缺陷。由于传真能将书面文字按原貌展示给对方,既迅速,又方便、可靠,目前已成为旅行社计调工作中使用很广泛的通信方式,也是确认旅游交易协议的主要手段。旅行社在订餐、订房、订车等时使用传真的频率较高。

(六)合同

《旅行社条例》第二十八条规定,旅行社为旅游者提供服务,应当与旅游者签订旅游合同并载明各个具体事项。《旅行社条例》第二十九条规定,旅行社在与旅游者签订旅游合同时,应当对旅游合同的具体内容作出真实、准确、完整的说明。旅行社和旅游者签订的旅游合同约定不明确或者对格式条款的理解发生争议的,应当按照通常理解予以解释;对格式条款有两种以上解释的,应当作出有利于旅游者的解释;格式条款和非格式条款不一致的,应当采用非格式条款。

计调工作离不开合同,合同有中国公民出境旅游合同、国内旅游合同和单项委托合同等类型,由于涉及的知识较多,将在后面的章节里进行介绍。

(七)计算器

计算器是每个计调人员手上必不可少的重要工具,核算成本、团费、报账等,都需要用到它。现在除了传统的计算器外,计算机里的计算器、手机上的计算器都是可以借助和利用的。

第二节　计调工作基础知识

一、"食"的基本知识

在旅游活动的各个环节中,旅游业向旅游者提供各项服务,其中餐饮服务是旅游服务的重要组成之一。旅游业为旅游者提供餐饮服务,可以使旅游业的各个环节配套,进而使旅游者的旅游活动顺利完成。同时餐饮服务也是旅游创收的重要渠道。

对于旅游者而言,"食"是旅游活动中的基本要素之一,旅游者通过"食",不仅可以补充营养与水分,维持生理需要,更可以通过餐饮去体验异国、异地风情和文明,使旅游的经历更加丰富多彩。因此,餐饮服务业是旅游业构成组织中必不可缺的。

(一)餐饮服务业的类型

国内餐饮服务业的分类,主要是为了进行餐厅评估、方便督导而形成的,大致可分为旅游饭店、餐厅、自助餐和盒饭业、冷饮业及摊贩五大类。

1. 旅游饭店

旅游饭店可分为国际旅游饭店和一般旅游饭店。其中,国际旅游饭店除了为国外访客提供住宿上的需求外,还以其高雅的格调、精美的餐具、世界的饮食观和完善的服务吸引了大量本国客源。同时旅游饭店的场地大、设备齐全、员工专业水准高,因此可同时兼具美食宴会、婚丧喜庆、展示会议等其他功能,充分发挥餐饮的边际效用,引导餐饮潮流的盛行。

2. 餐厅

餐厅,是指用餐者正式用餐的场所。一般餐厅依产品口味的不同,可分为中餐厅和西餐厅两种。

(1)中餐厅

我国幅员辽阔,民族众多,民俗殊异,往往基于地理、气候、风俗、民情、经济等因素,塑造了多样的文化性格,形成了独特的中餐饮食习惯与奇妙的烹饪方法,有所谓"南甜、北咸、东辣、西酸"之说,既有小吃,又有大菜。

(2)西餐厅

西餐厅是指装潢硬化、供应欧美餐饮、以西式服务为主的餐厅。大部分的西餐厅都供应套餐。其顺序大致是汤—沙拉—主菜—甜点—饮料。有些西餐厅为吸引更多的旅游者,甚至还会供应排骨饭、鸡腿饭等中式菜品让旅游者选用。因此,现在吃西餐并非大款人士的专利,也没有特别讲究的餐饮礼仪,其休闲娱乐的性质大于正餐的性质。目前,除大饭店和高级牛排馆还保持传统西餐的风味外,去一般的西餐厅,所得到的已是别样的情趣了。

3. 自助餐和盒饭业

(1)自助餐

自助餐的宗旨,是以低廉的价格快速供应营养丰富、菜式多样的饮食给在外工作、上学的人食用。目前,自助餐除广泛运用于学校、机关等团体外,还为一般商业型餐厅普遍接受。自助餐已成为全世界流行的一种用餐方式。

(2)盒饭业

盒饭业又称为快餐业,可以说是以米食为主的民族的一大餐饮特色。随着都市人生活形态的转变,大都市的快餐行业迅速发展。

4. 冷饮业

炎热的夏天,最吸引人的莫过于清凉的冰品冷饮了。冷饮业的销售形式既有传统的冰店,也有近年来风行的自动售货机,甚至还有从国外引进的冰淇淋店、酸乳酪店等。冷饮业最大的问题是卫生,如果冷藏设备不够,食物原料置于室温下,很容易引起细菌滋生繁殖;若以手处理冰,也易造成食物污染。目前的冷饮店、咖啡厅一改传统冷饮店的弊病,以高雅格调的装潢或是连锁的经营方式,呈现崭新的经营风貌。

5. 摊贩

摊贩,是我国饮食文化的一部分。要了解中国饮食文化的特点,必先品尝街头摊贩小吃的美味。只要有人聚集处,就会有摊贩出现,而且大半的摊贩跟吃有关。这或许是与传统的"走到哪儿,吃到哪儿"的饮食习惯有关。市场里、公园旁、街口转角,摊贩可说是无所不在。

(二)餐饮服务业在旅游业中的作用

1. 餐饮服务满足旅游者的多种需要

许多餐厅经营活动从满足旅游者需求出发,设计出别出心裁、风格迥异的餐饮服务模式,以优质服务吸引旅游者,给旅游者以满意的用餐经历,满足旅游者高层次的心理需求。

2. 餐饮服务水平是旅游业服务水平的标志

餐饮服务的质量直接影响饭店的声誉和竞争力。一方面,餐饮服务业是旅游业的必要组成部分,其水平和特色在很大程度上反映了目的地旅游业的总体水平和特色。另一方面,餐饮服务员工与旅游者接触频繁,是旅游目的地对外服务的窗口。

3. 餐饮服务是旅游营业收入的主要来源之一

对饭店而言,餐饮部是重要的营利部门,在欧美国家饭店餐饮收入一般占酒店总收入的35%左右。我国饭店餐饮收入一般可占饭店总收入的1/3。对旅游目的地而言,社会餐饮业和饭店餐饮业共同组成旅游目的地餐饮服务业,为旅游者提供饮食服务,是当地旅游业的重要创收渠道。

4. 餐饮服务弘扬了各民族餐饮文化

由于自然和社会的种种条件限制,如,气候状况、土壤状况、地理位置、食品种类、人口多寡及历史、文化、宗教等,都会给一个民族吃的行为带来自己的特色,并形成各自不同的风格和特点的餐饮文化。旅游目的地的餐饮已成为吸引国内外旅游者的主要旅游资源。了解各民族的餐饮文化和特色,也正成为旅游者旅游的目的之一,餐饮服务业在满足了旅游者这一需求的同时,使餐饮文化得到了广泛的传播。

餐饮经营者深入研究各民族餐饮特色和餐饮文化,设计出不同风格的餐饮服务模式,音乐、服装、礼仪等方面均根据饮食文化特色来设计,并配以同样风格的服务来烘托和渲染不同时期、不同地区、不同民族的餐饮特色和习俗,从而使宾客在置身于餐厅、品尝佳肴的同时,也领略了各地区的风情和文化。因此,餐饮服务中的文化服务不仅可以为旅游者创造满意而舒适的进餐经历,而且使旅游者了解当地的风土民情、饮食文化及悠久的历史、美妙的传统,从而弘扬了民族饮食文化。

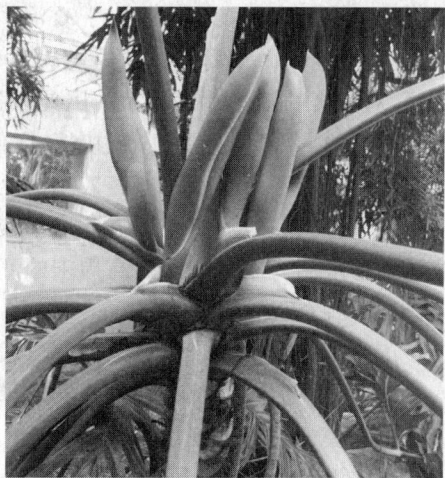

(三)计调人员对餐饮服务知识的把握

计调人员应该了解本地、旅游线路沿线餐饮服务业分布情况,如,有哪些餐饮企业,各有什么特色,有哪些风味餐。对餐饮企业的地理位置、就餐环境、服务质量、菜品数量、菜品质量、卫生设施、停车场地、联系人、联系电话等都要详细地了解。

二、"住"的基本知识

饭店是一个为旅游者提供短期住宿的地方,通常在提供住宿之余,亦为住客提供餐饮、健身和娱乐设施、商务中心、干洗衣物等服务。一些饭店亦提供会议设施,吸引一些单位举行各种各样的会议等。所以,饭店在以提供劳务为主、兼具综合服务功能来满足宾客不同享受需要的同时,也是旅居异地的人们感受异地文化的消费场所。

饭店是旅游者的第二个家。选择不同星级标准和地理位置的饭店满足不同旅游者的多样化需求,是旅游产品组合中至关重要的部分。同时,饭店住宿的费用也在旅游者旅游支出中占据了相当大的比例。

(一)饭店的类型

饭店分类是识别饭店经营特性的方法之一,由于饭店类型不同,接待的客人类别不同,需求不同,饭店的服务项目、内部设施、营销策略也不同。通常,饭店可以根据性质、地理位置、规模和档次进行分类。

1. 按性质分类

(1)商业饭店

所谓商业饭店,是指那些为从事商业活动或公务活动的旅游人士提供住宿、膳食等设施、服务的饭店。商业饭店通常位于商业活动比较发达的大、中城市,或位于政治、文化活动比较集中的中心城市,周围商业设施齐全,交通便利。由于商务客人主要从事商务、公务或贸易洽谈等业务活动,出行在外深感不便,对饭店的依赖性比较大。因此饭店在服务设施、服务项目的设置上要充分考虑到商务客人的需要,服务要高效、快捷、方便,应以满足商务客人需要为基本出发点,服务项目要考虑到商务活动和商务客人生活上的特殊要求。

商业饭店一般周一至周五开房率较高,以回头客为主,周末生意则较为清淡,受到商业活动的限制。因此如何提高周末的开房率是商业饭店提高经济效益需要考虑的问题。

(2)度假饭店

度假饭店通常位于风景区或休养度假地,多在海边、湖畔、山林或温泉休养地,远离繁华的城市中心和大都市,但交通要便利、通畅。度假饭店的集中与分散程度往往依风景区的规模或休养地规模的大小而定。风景区规模大,度假饭店就较为集中,容易由此而形成旅游度假城,如夏威夷,加勒比海地区,泰国的巴迪亚,我国的北戴河、青岛、大连、三亚等城市。一般城市周围地带或郊区,也会发展一些相对分散的度假饭店,这类饭店的主要客源是周边城区的周末度假客,如位于北京香山风景区的香山饭店。由于旅游度

假的季节性强,这种分散的度假饭店经营风险比较大,一般一年中只有 7～8 个月为营业季节,淡季基本没有客源,但往往旺季的火爆又给这类饭店带来诱人的吸引力。

与商业饭店不同的是,度假饭店除提供一般饭店所应有的服务设施与项目外,还应尽量满足客人休息、娱乐、健身方面的需要,要有足够、多样的娱乐设施,并配有生活服务设施,如小型医务室、商场等。需要强调的是度假饭店所提供的服务,不仅应是标准化的服务,更应是人性化的服务。顾客在此度假休闲服务员应热情为他们服务,并努力创造一种和谐、轻松、方便的环境。

（3）会议饭店

会议饭店是以接待各种会议,包括展览会、交流会、学术研讨会等在内的一种特殊类型的饭店。从地理位置上看,会议饭店既可设在市区繁华地带,也可设在近郊风景区。会议饭店不仅要像其他类型饭店那样提供清洁舒适的客房,快捷、方便的服务,更要有能满足各种类型会议需要的大小不等的会议室、谈判间、演讲厅、音响设备、会议设施和宴会厅、餐厅,还要有一支过得硬的能快速出击的服务员队伍,因为会议服务的特点是集中:报到集中、休息集中、用餐集中、客房整理集中。由于会议要求的特殊性,不是所有的饭店都能成为会议饭店,而会议饭店为了降低经营风险,减少会议市场变化对饭店经营的冲击,对饭店设施的设计需要有独具匠心之处。如美国的工业城市芝加哥是会议饭店的集中之地,芝加哥的各个会议饭店都有快速分合用室,可以根据需要分隔成各种规格的房间,间隔板装有滑轮装置,快速、敏捷、安全、适用、大方、美观,这种间隔起来的房间既可以做会议室、谈判间,又可以做宴会厅,十分方便。

（4）长住饭店

长住饭店也称公寓饭店,主要为商务客和一般度假客提供公寓式住宿设施,地点多数设在大中城市的商业中心。通常常住客人与饭店签有协议,写明居住的时间和饭店应提供的服务项目。

长住饭店一般有两种类型,一类是常住客人将租用的客房用作办公场所,饭店除提供正常的客房和餐食服务外,还需要为常住客人提供现代化的通信设备,而且因将客房当做办公用房,服务员清洁整理房间的次数需较为频繁。另一类是饭店除向常住客人提供必需的客房设施用品外,还向客人提供一定的设备器皿,如冰箱、洗衣机、厨房炊具等。此类饭店可以满足商务办公的需要,也可以满足常住客人日常生活的需要,经营起来灵活性比较大,饭店生意不好时,可以作为公寓出租,吸引度假旅游者和长住商务人员,经营成本费用只比一般标准间高 20%～30%。

2. 按地理位置分类

饭店的地理位置不同,客源市场不同,经营定位也就不同。根据地理位置不同,饭店通常有以下几种分类。

（1）公路饭店

公路饭店顾名思义位于公路旁，在交通发达的国家，主要位于高速公路旁。由于这类饭店主要是向驾车旅游的人提供住宿和餐饮服务，因此，也称作汽车旅馆。

汽车旅馆是伴随着道路、汽车业的发展而发展起来的。在第一次世界大战以后，热衷于驾车旅行的美国人对公路两旁的简易住宿设施产生了极大的需求，这种旅馆气氛随便，收费低廉，驱车来去方便，很快便形成了一定的市场。汽车旅馆的真正崛起是在第二次世界大战以后，美国交通公路的不断延伸、完备，形成网络，驾车成为美国人外出的主要方式。伴随着生活水平的提高，人们对原有的夫妻店式的汽车旅馆开始产生排斥态度。1952 年美国人凯蒙·威尔逊在孟菲斯建起了第一家以"假日饭店（Holiday Inn）"命名的汽车旅馆，他一改传统的汽车旅馆的小店风格，领导了汽车旅馆的新潮流。

（2）机场饭店

机场饭店位于机场附近，主要服务于一些大的航空公司和因转机短暂停留的飞机乘客。机场饭店客人停留时间短，客流周转率高，饭店主要提供住宿、餐饮服务和商品售卖服务，娱乐、健身设施倒不是很重要。

（3）城市中心饭店

城市中心饭店多数是商业饭店。但因城市中心社区规划不同，商务或公务活动的重点不同，甚至城市居住的分层格局不同，都会对城市中心饭店经营上造成一定的影响，形成城市中心饭店的不同特色。比如，北京东部建国门一带，是传统的使馆集中区，东部朝阳门一带是新开发的使馆区，因此形成这一带商业饭店以外商投资的饭店居多，高档次商务饭店居多的特色。西部西城、海淀一带为国家行政管理机构集中的区域，军队宿舍居多，这一带商业饭店以国内商务活动为主。海淀北部为著名的科技文化区，高校集中，这一带商业饭店以科技人员、学者等知识分子为主。

（4）风景区饭店

风景区饭店位于海滨、山林等自然风景区或休养胜地，其特点与度假饭店相同。风景区饭店规模有大有小，大的可达上千间客房，小的只有十几间，最有代表性的风景区饭店客房数为 250 间左右。风景区饭店是服务密集型饭店，平均客房与服务员之比为 1 : 1.45，而传统的客房与服务员之比为 1 : 1 或更低，许多风景区饭店开始出现向公寓型饭店转化的趋势。

3.按规模分类

（1）大型饭店

一般拥有 500～1000 间客房。大型饭店因客房多，接待客流量大，因此饭店设施、设备和服务项目十分齐全、完备，服务标准化程度要求高。大型饭店建筑投资额大，投资回收期长，经营者大多把其地点设在商业中心，定位于商业饭店，属于豪华型饭店。

（2）中型饭店

一般拥有 300～500 间客房。中型饭店有豪华型饭店，也有中档、经济型饭店，以中档饭店居多。中档饭店价格适中，服务项目较齐全，设施也较现代化，是大众的主要消费对象，特别是国内旅游者对中型饭店非常青睐。

（3）小型饭店

一般拥有一百来间客房，有的甚至只有几十间客房。由于规模小，服务项目、服务设施有限，只提供一般性服务，因此价格比较低廉，多属于廉价、经济类的饭店。也有些小型饭店，规模虽小，但在经营项目、服务标准、环境设施上下工夫，办出特色，成为高档饭店。这种饭店大多设在风景区或度假胜地。

4.按档次分类

实际上按档次划分饭店是一个非常模糊的概念，在此，仅按建筑投资成本来划分饭店的档次。

（1）中低档饭店

根据国际饭店建筑投资标准，中低档饭店一般每个标准间建筑面积约为 25 平方米，其建筑投资为 2 万～4 万美元，其中包括建筑材料、室内装饰、各种设备、用具、陈设的费用，也包括建筑中需要的各种技术、人员训练费用等。客房设施包括：沙发、写字台、彩电、音响系统、室内空调。

（2）中档或中档偏上档次饭店

该类饭店每个标准间建筑面积为 36 平方米，其建筑投资为 4 万～6 万美元，其中包括建筑材料、室内装饰、各种设备、用具、陈设的费用，也包括建筑中需要的各种技术、人员训练费用等。客房设施包括：较为先进舒适的卫生间、沙发、写字台、彩电、音响、中央空调系统、壁画、室外风景。

（3）高档或豪华饭店

高档饭店每个标准间的建筑面积约为 47 平方米，其建筑总投资费用为 8 万～10 万美元。客房设施有豪华沙发、写字台、两张座椅、室内用餐桌、迷你酒吧、高级彩电、自动付费点播的电影服务系统、中央空调、名人字画、豪华卫生间、高级灯具等设施。

（二）饭店的等级划分

1.涉外与非涉外

在国外通称为 Hotel 的住宿设施，只按星级、等级划分，而我国由于自身的特殊性，是先有涉外、非涉外之分，然后才有星级、等级之分，并由此形成不同的管理体系。

20 世纪 70 年代末，我国开始实施对外开放政策，外商投资合资兴建饭店，国家也投资改建部分旧有饭店，以适应日趋增多的外商住宿需求。国家旅游管理部门为加强对饭店的管理，首先对饭店实施定点制，于是便有了专门接待外国游客的旅游涉外饭店，相对应的那些设施没能"定点"的非涉外饭店则因其硬件和软件达不到涉外要求，而不能接待外国游客。

2.星级与等级

随着我国旅游业的发展，特别是国际旅游业的发展，涉外饭店的数量也不断增加。但是，海外旅游者要了解中国饭店的设施、设备、服务等级仅凭"涉外"两个字是难以做到的,也无法和本国饭店业设施、服务状况相比较,因此,中国饭店业的形象和信誉受到影响,也增加了饭店对外宣传的不确定性。为进一步加强管理,满足海外旅游者的普遍要求,树立中国饭店业在国际上的良好形象,1988 年国家旅游管理部门开始试行对旅游涉外饭店进行星级评定,这是按照国际上的通行作法,对现有的涉外饭店进行分等管理。

从世界各国来看,各国星级评定机构是不同的,有的是由饭店业协会主持,如美国、澳大利亚、瑞士、奥地利等,有的是由政府机构主持,如日本、韩国、西班牙等。我国则是由国家旅游管理部门来主持评定,属于政府级评定,这样由权威机关来评定一家饭店的质量等级的做法,大大提高了饭店的声誉和信誉,有助于饭店提高市场营销效益。正因如此,星级的出现淡化了"涉外"的意义,有了星级就意味着获得了涉外旅游经营许可证。从此星级成为现代饭店的象征。

关于饭店级别的划分,各国、各地区采用的分级制度不同,表示级别的标志也不同。目前国际上采用的分级制度大体上有四种。

(1)星级制

即根据一定的标准对饭店进行分级,并以星号表示,星号的多少代表饭店档次的高低。目前国际上流行的是五星级制,如法国、澳大利亚、瑞士均采用星级制。美国、英国除采用星级制外,也兼有钻石级或皇冠级。一般来说,五星级饭店是超豪华饭店或豪华饭店,是最高级别的饭店,其设施、设备与服务均要体现现代化和超一流,能满足顾客的特殊消费要求。四星级是豪华饭店,也称一流饭店,其设施、设备豪华精良,能满足顾客的特殊消费需要。三星级为中档饭店,其设施、设备、服务优良,能满足顾客的一般要求。二星级、一星级饭店为低档饭店或经济型饭店,其设备、设施与服务只能满足客人的基本要求,卫生、安全有保证。

(2)字母级别制

即用英文字母来表示饭店的等级,通常为 A、B、C、D、E 五级,A 级最高,E 级最低,也有的五级制只用四个字母 A、B、C、D 表示,最高级用 A1 表示或用"特殊豪华"表示,如奥地利、阿根廷等。

(3)数字级别制

即用序数数字或基数数字表示饭店的档次,如用序数表示,最高级为豪华,以下依次为第一、第二、第三、第四,第四级为最低级,意大利、土耳其采用此级别制。还有的用基数数字表示,如最

高级为豪华,以下依次为1、2、3、4,数字越大,档次级别越低。西班牙采用此级别制。

(4)价格级别制

即按价格的高低分级,如瑞士除按星级制外,也有的按价格分为1、2、3、4、5、6级。

无论是经济类还是豪华类饭店,都有其各自的特征。饭店等级是指一家饭店的豪华程度、设施设备、服务范围、服务质量等方面综合起来反映出的级别与水准。要想成为一名优秀的计调人员,一定要多掌握一些饭店的信息和相关知识,以满足不同旅游者的需求。

(三)饭店在旅游业中的作用

1.饭店业是旅游综合接待能力的重要构成要素

饭店是旅游者在旅游过程中临时住宿、养精蓄锐的"家",不仅为旅游者提供食宿,还有各种娱乐和服务设施,是旅游业为旅游者提供的各项产品和服务的重要组成部分。饭店业的规模、档次和发展速度要同旅游业整体接待能力及其他各部分的发展相适应,因此,饭店数量的多少、规模的大小、设备设施的好坏及服务和管理水平的高低,成为一个国家或地区发展旅游业的物质基础,也是反映一个国家或地区旅游接待能力的重要标志之一。

2.饭店为经济活动和社会生活提供了方便

现代化饭店的经营,已改变了原来仅局限于向投宿者提供服务的经营方式,现代饭店的经营对象愈加广泛。在许多国家社会经济生活中,饭店为洽谈业务、举行会议、开展文娱活动等提供了重要场所和相关便利服务。因此,在考虑旅游业在整个国民经济中的发展规模时,要把饭店的建设放在重要地位。

3.饭店业是旅游业中的支柱产业,是旅游创收的重要渠道

现代饭店为旅游者提供越来越多功能化、个性化的产品和服务。旅游者在饭店中的消费项目越多,饭店取得的经济效益就越高,饭店收入在整个旅游收入中所占比重也越来越大,成为旅游创收和赚取外汇的重要场所和手段。同时,饭店的发展还能刺激相关部门和企业的生产和发展,饭店的经营需要许多物质产品和公共设施等方面的支持与配套,从而带动了这些行业的发展,拓宽了旅游收入渠道。

4.饭店对解决社会就业问题有重要贡献

饭店是劳动密集型企业,它的建设与发展创造了大量的就业机会。截止到2010年年底,全国饭店企业近330万家,从业人员2000多万人,年营业收入近2万亿元。同时,还有许多向饭店供应物资的其他行业人员,也随之增加了许多间接的就业机会。

(四)计调人员对住宿服务知识的把握

计调人员应该掌握旅行社所在地及主要旅游行程中所涉及的每个饭店的详细情况。如,每个饭店的具体位置,星级,硬件标准,软件管理水平,竞争情况,经营情况,经营者的特点,讨价还价的能力,各季节的价格及变化情况,距离飞机场、火车站、长途汽车站的距离,是否有会议室,会议室的设施情况,饭店的其他设施情况,饭店的负责人、联系人、联系电话等。把所有饭店信息归纳在一个本子上,以便于随时查阅和预订。

在实际工作中,除了按照旅游者要求寻找并提供相应等级的饭店外,计调人员也要

通过本身的积累来识别饭店,争取达到不用看饭店的挂牌状况,凭自己所见就能有个大致判断的程度。

1. 查看外观

楼有多少层,是单体还是复合体,有无延伸出来的外厅,有无身着整齐制服的迎宾人员,以及停车场大小等。

2. 查看周围环境

周围有无方便的商业设施:如大型超市、中小商店、水果摊、公交站点,位置是否在市中心,离市中心稍远还是在很偏远的郊区等。这些在旅游者自由活动期间都会派上用场。

3. 查看饭店大堂

面积是大还是小;整体装修气派不气派;风格是否新颖,能否让人眼前一亮;是中通的还是低矮的,低矮的容易让人压抑;有无供旅游者免费坐的沙发和椅子,座位多不多,沙发是否整洁干净;大堂吧里咖啡、茶水等的收费标准;前台人员整体形象档次是高还是低,业务素质高低;团队要用的房间标牌价是多少。

4. 查看客房

进入客房前,边走边观察电梯有几部,档次高低,运行快慢;楼道比同级别的饭店宽窄高矮如何;楼道地毯是否陈旧,有无大片污渍,质地是一般还是高档;客房门是简易门还是高档门,是否为电子门锁;房间内卫生间新旧程度,有无浴缸(内宾一般现在很少用,外宾有的喜欢用),是否是干湿分开的(有无单独的淋浴房),洗漱用品配备得周全不周全,房间面积有多大(标准间一般 20～40 平方米);床是 1 米、1.2 米还是 1.4 米宽,看二星等低档饭店最好掀开床盖用手压一压床垫,看有无凸凹不平;电视是液晶的还是老式的;有无圈椅或茶几、椅子;是挂在墙上的简易衣架还是质地很好的衣柜;有无网线;有无供旅游者免费使用的液晶显示器的电脑等;房间内有无自费的饮料、水果;电视有无收费频道等。

5. 查看餐厅

一般情况下,旅游者会在饭店用早餐,有的旅游者也会回来用晚餐。另外,招待宴会基本是在饭店内。如果是人数较多,达一两百人,甚至更多的会议团,就要注意餐厅最多能摆多少张圆桌。如果领导要讲话,还要注意有无小舞台。有的饭店不同楼层的多功能厅桌位紧张时也兼做餐厅,那就要注意旁边有无备用的厨房,菜是从楼下厨房运上来还是在旁边备用厨房做,这涉及上菜的速度和饭菜的凉热程度。

6. 查看会议室

如果接待的是会议团,计调人员还要了解、查看饭店的会议室情况,掌握总共有多少

个会议室,各能容纳多少人,设施怎样,门市收费多少,给旅行社优惠价格怎样等。

三、"行"的基本知识

旅游交通的任务,是要解决旅游者在定居地与旅游目的地之间的往返,从一个目的地到另外一个目的地,以及在一个目的地内的各地区间便利往来的问题。它不仅解决往来不同地点的空间距离问题,而且更重要的是要解决其中的时间距离问题。空间距离,是指旅游者从一地到达另一地的距离;时间距离,是指旅游者从一地到另一地所需的时间。二者有着密切的关系,在一定条件下,空间距离与时间距离是成正比例的,即距离越长,所需时间越多;反之,距离越短,所需时间越少。从一地到另一地的空间距离一般说来是不变的,但时间距离是可以变化的。对绝大多数旅游者来说,希望以尽量少的时间花费,来实现更大距离的移动。旅游交通的发展程度和先进程度,主要是由从一地到另一地的空间距离和时间距离的关系上来表现的。因此,旅游交通从动态上看,是空间距离和时间距离的组合,同时,更大的空间距离和更少的时间距离,是旅游交通发展的趋势。

(一)旅游交通的特点

旅游交通与国民经济交通运输业既有共同的特点,也有自身的一些特性。其特点主要表现在以下几个方面。

1.游览性

首先,旅游交通客运一般只在旅游客源地与目的地之间进行直达运输,在若干旅游目的地之间进行环状运输,使旅游者能够在最短的时间内到达旅游目的地,在一次旅游过程中经过较多的旅游目的地,尽量避免走回头路,从而实现"旅速游慢""旅短游长"。其次,旅游交通线路特别是公路和水路一般连接若干旅游景区,或经过风景、风情特色浓郁的地区,旅游车(船)多带有宽大的玻璃窗和可调节座椅,以便使旅游者在旅行过程中集中参加多项游览活动,领略沿途美景。最后,旅游交通工具富有特色,如,具有传奇色彩的东方列车、具有民族特色的羊皮筏、具有地方风格的滑竿、具有现代特征的水翼船等。这些交通工具本身对旅游者有着极大的吸引力,能够满足旅游者求新、求奇、求异的心理需要。

2.区域性

旅游交通线路,是根据旅游者的流向(流动方向)、流量(旅客数量)、流时(旅行时间)和流程(旅行距离)等因素,集中分布在旅游客源地与目的地之间及目的地内旅游集散、居留、餐饮、游览、购物、娱乐等场所之间的,具有明显的区域性。首先,旅游者从各旅游客源地集中流向旅游目的地的口岸城市和中心旅游城市,然后向其他热点旅游城市和旅游区分流,最后才向其他温、冷旅游城市和旅游区延伸。外部旅游交通,俗称大交通,是指旅游客源地与目的地之间的交通,决定着旅游者可以进出旅游目的地的总量,对旅游业的发展具有重要的战略意义。内部旅游交通,俗称小交通,决定着能否保持旅游交通热、温、冷线旅游客运量的相对均衡,保证旅游者在旅游目的地内正常流动和分流,对旅游业的发展具有重要的现实意义。只有外部、内部交通有机结合,构成便利的旅游交通体系,才能保证旅游者"进得来、散得开、出得去",推动旅游业持久稳定地发展。

3. 舒适性

与一般社会交通相比,旅游交通更注重舒适性。比如,旅游列车在车厢设施、服务质量和项目、乘客定员等方面,都优于一般旅客列车。旅游车船公司所使用的交通工具,也是以带空调、音响的豪华型车船为主。当今世界豪华旅游交通工具当首推巨型远洋游船,它们一般在 7 万吨级左右,拥有星级客房、风味餐厅、购物中心和各类娱乐、健身设施,被誉为"海上浮动胜地"。

4. 季节性

一年之中乃至一天之内,旅游交通客运随着季节和时节的推移而发生明显的、有规律的变化,具有较强的季节性。旅游旺季、节假日期间,旅游交通客运量骤然增加;旅游淡季期间,客运量急剧减少。一天之内,上午前往旅游景区和下午返回居留地的旅游交通客运量大于其他时间、方向的客运量。不同国家、地区和景区,其季节性也不尽相同。比如,中国 5 月、9 月、10 月三个月为旅游交通旺季,而英国 7 月、8 月、9 月三个月为旅游交通旺季。旅游交通的季节性,往往导致旅游旺季和高峰时间旅游交通运力紧张,旅游淡季和低谷时间旅游运力浪费。国际上通行的解决办法是实行季节差价,在旺季和高峰时间通过提高交通票价适当限制客流量,而在淡季和低谷时间通过降低交通票价刺激客流量的增加,以便保持旅游交通客运量在全年各个季节和时间的相对稳定。

(二)旅游交通在旅游业中的作用

旅游交通解决了人们外出旅游的时空矛盾。它在旅游业发展中起着重要的作用,主要表现在以下几方面。

1. 旅游交通是旅游业产生和发展的前提条件

旅游业的产生、发展与交通的发展是紧密联系在一起的,交通是实现旅游活动不可缺少的手段。没有交通工具的不断改进和完善,没有交通线路的开辟,旅游业就难以生存和发展。反过来,旅游业的兴旺发达,对旅游交通的发展起着巨大的推动作用。旅游交通运输的现代化提高了运载能力,加快了旅行的速度,节省了旅途时间和费用,扩大了旅游者的空间活动范围,进而直接影响着旅游活动的规模、形式和内容。可以说,旅游交通是旅游业的生命线。

2. 旅游交通是旅游者完成其旅游活动的必要条件

旅游业是依赖旅游者来访而生存和发展的产业。旅游者外出旅游,要解决从定居地到旅游目的地及其景点、饭店等场所的空间转移问题,没有旅游交通,这种转移就不可能实现,旅游业也不可能发展。有了旅游交通,旅游者的旅游活动才能得以顺利进行。解决不了旅游交通问题,旅游服务、设施和资源就会出现闲置和浪费,从而严重制约旅游业的发展。

3. 旅游交通是旅游收入和旅游创汇的重要来源

旅游交通费是基础性旅游消费,是旅游者在旅游消费活动中必需的、基本稳定的支出,它是整个旅游活动中各种花费的重要组成部分。据统计,旅游者总花销的 20%～

40％是用于旅游交通方面的。从旅游经营角度讲,旅游交通是旅游经济收入的基本来源和重要组成部分。

4. 旅游交通促进了旅游区的繁荣

旅游目的地的发展仅依赖有吸引力的资源是不够的,还必须通过旅游交通开发和建设才能把旅游景点与客源市场沟通起来。世界上所有旅游热点地区之所以兴旺,均与交通发达有关。发达的旅游交通为旅游城市和地区,特别是一些偏远地区和山区与外界进行信息、物质等的交流,为扩大客源范围提供了便利条件,促进了旅游目的地的发展和各项事业的繁荣。

(三)旅游交通的类型

根据交通线路和交通工具的不同,旅游交通一般可分为汽车、轮船、火车、飞机和特种旅游交通等五种类型。五种旅游交通类型互相配合、互相补充,为旅游活动的开展提供了便利的物质条件。这五种交通类型各有其特点。

1. 汽车

目前,汽车已成为人们外出旅游的主要交通工具。汽车具有灵活性大、对自然条件适应性强的特点,无论是乘轮船、飞机还是乘火车旅游,最终到达旅游目的只能靠汽车。它具有能深入旅游点内部、可以随时停留、任意选择旅游点等优点,比较适合中、短途旅行。尤其是目前逐渐兴起的自驾车旅游,更是人们喜欢的旅游方式。随着高速公路的快速发展和私人汽车的增多,驾车旅游必将表现出强劲的发展势头。但乘坐汽车旅游也有其不足之处,主要是运载量小、速度慢、安全系数差。

2. 轮船

舟船,在古代旅行、近代旅游和现代旅游初期曾占有十分重要的地位,包括内河航运、沿海航运和远洋航运等。其优点是运量大、耗能小、成本低。乘坐轮船的价格是所有旅游交通中最便宜的。旅游者在船上可以尽情地观赏湖光山色、两岸美景、日落日出,而且轮船本身又是旅游者们可以随时休息、睡觉的舒适饭店,故被人们赞为"流动的旅馆"。其缺点是行驶速度慢,易受季节、气候和水情的影响,尤其是随着火车、飞机的兴起,轮船作为远距离的旅游交通工具逐渐失去了重要地位,但作为短距离特别是大型湖泊的旅游交通工具,仍是旅游者的首选。

3. 火车

火车,一直以来都是现代旅游的主要交通工具,在我国国内的长距离旅游交通中起着骨干作用。其优点是:运量大,一列火车可载客数千人;速度快,尤其是我国火车已六次提速,一般时速为180～250公里;运价低,一般是飞机费用的1/3;时间准,安全性高,受气候影响不大,同时可以在车厢内饱览铁路沿线的自然风光,开阔视野。近几年来,为满足广大旅游者需求,铁路部门还开行了旅游目的地专列和假日专列。其不足之处是灵活性差,建设周期长,一次性投入大等。

4. 飞机

飞机在各种交通工具中速度最快,乘坐舒适、安全、省时,能跨越各种自然障碍,尤其在洲际旅游和国际旅游中起着重要作用。对旅游者吸引力较大。随着经济的发展和人民生活水平的提高,尽管乘飞机旅游费用高、受气候变化影响大,但由于能节约大量时间,所以越来越受到旅游者的青睐。

5. 特种旅游交通

特种旅游交通,主要是旅游景区的渡船、索道、缆车、轿子、滑竿、海上快艇、水翼船、羊皮筏、马匹、骆驼、牦牛、乌篷船、狗拉雪橇等形式的旅游交通方式。其优点主要体现在既可利用以上交通工具通过某些难行路段,亦可以帮助老弱病残完成旅游。这些交通工具既具有当地特色,还带有娱乐、观赏性质,可以满足旅游者求新、求奇、求异的心理需求。

(四)计调人员对交通服务知识的把握

计调人员要了解各种交通工具的优缺点,在安排行程时合理搭配各种交通工具。计调人员应根据旅游者的旅行计划和要求,向交通部门预订各种票据,并将填写好的订票单在规定日期内送交预订处。计调人员在取票时应根据旅行计划逐项核对票据的日期、离开时间、班次、去向、乘客名单、票据数量及票据金额等内容。购票后,如遇旅行计划变更造成乘交通人数增加、减少,旅行计划取消等情况时,计调人员应及时办理增购或退票手续,保证旅游者能够按计划乘机(车、船),同时减少旅行社的经济损失。

1. 公路客运常识

汽车是旅游团出游必用的交通工具,是计调人员操作时最常打交道的对象。计调人员在接待团队时,首先必须对公路的相关知识有所了解和掌握。

(1)公路的分类

公路按行政等级可分为国家公路、省公路、县公路和乡公路(简称为国道、省道、县道、乡道)以及专用公路。一般把国道和省道称为干线,县道和乡道称为支线。公路按使用任务、功能和适应的交通量不同可分为高速公路、一级公路、二级公路、三级公路、四级公路五个等级。

(2)我国国道编号

国道,是国家干线公路的简称,是在国家公路网中具有全国性政治、经济意义,并经确定为国家干线的公路。它包括重要的国际公路,国防公路,连接首都与各省、自治区、直辖市首府的公路,连接各大经济中心、港站枢纽、商品生产基地和战略要地的公路。

根据地理走向,我国国道采用数字编号,分为三类,并有三种编号方式:第一类是以首都北京为中心向四面呈辐射状的公路,这些公路排序都是"1"字开头,现有 12 条;第二类是南北走向的公路,以"2"字开头,现有 28 条;第三类是东西走向的公路,以"3"字开头,现有 30 条。目前全国共有 70 条国道。每一条公路干线均采用三位数字表示,其中第一位数字表示国道的类别。即 1××代表第一类国道,编为 101~112 线;2××代表第二类国道,编为201～228线;3××代表第三类国道,编为301～330线。编号中的第二、第三位数字表示国道的排列顺序。1××的××就是第一类国道自正北开始按顺时针方向排列的序数,其他两类国道也同样排列。

(3)营运客车分类

计调人员在接待团队时,要根据旅游者数来选择和调度车辆,因此必须对于是否是正规旅游车、不同车型的载客数、正座数、司机座、导游人员座、行李厢状况有清楚的了解。没有旅游车手续的车属于黑车,如果不小心用了,半路被执法队查车扣住,势必影响旅游者继续出行,临时换车还要耽搁时间,并且一旦出了问题,在保险方面等是不能得到基本保障的,使用黑车是旅游局严格禁止的行为。

用于公路交通的营运客车按乘坐舒适程度分,分为普通客车、中级客车和高级客车;按车内设置座位的多少及装置形式分,分为小型客车、中型客车和大型客车。下面就常用旅游车车型、车况做个说明,见表2-1。

表2-1　　　　　　　　　　　常用旅游车车型、车况

类别	座位	车型	备注
小型车	5+1座	长安、昌河铃木	小型车是接待散客或小团队时用的。使用这类车作为旅游用车需要特别注意的是:没有行李厢。所以计调人员在安排时,一定要预留一定的位置给旅游者放置行李,避免因车厢内过于狭窄拥挤而引起旅游者不满
	6+1或9+2或13+1座	金杯、瑞丰、奔驰面包、别克商务等	
	15+1或19+1+4座	依维柯	
	18+1或22+1座	金龙	
	21+1+6副座	斯考特	
中型车	28+1或31+1+1或35+1+1座	金龙、宇通	车门为前门设置,有行李厢,有车载电视等配置,但座位间距较小
大型车	39～55座	金龙、宇通、北方	车门为前门设置,有行李厢,有车载电视等配置,宽敞舒适

(4)汽车代码在规范团号中的应用

在规范团号的书写中,是以汽车吨位来编制团号的,符号为"T"。如从北京参加周边短线汽车团一日游,乘空调旅游车往返,在团号中交通代码的设定为"2T"。

(5)享受半票优惠

根据交通部有关规定,享受半票优惠的对象有两类。一是身高1.2～1.5米的儿童,超出1.5米的儿童须购买全票。持一张全票的旅客可以免费携带一名身高1.2米以下的儿童,但不提供座位。二是革命伤残军人凭民政部门颁发的《革命伤残军人抚恤证》可购买半票。

(6)旅游车的成本核算

计调人员在核算线路成本时,交通工具的计价是很重要的一块。火车、飞机票价通过现代化网络查询都能即时获知,而汽车价格很多计调人员往往只会依赖车队或接待旅行社报价,对方报价是高是低也无从辨别。好的计调人员要做到快速报价、快速核算成本,必须学会根据汽车行驶公里数核算车价。

在实际操作中,一般计调人员核算车价的最主要途径是:如果是地接团和外出中短

线汽车团,直接向车队询价;如果是组团外出中长线火车/飞机团,直接向当地接待旅行社询价。但有时为了快速报价,也需要计调人员根据自己的工作经验对当地不同车型的常用线路大体车价做到心中有数。当然,由于车辆大小及车况不同,旅游淡旺季不同,线路远近及路况不同,油价的不断变化,旅游者购物能力和加点多少不同,车价也有很大差别。要想不询价就报出准确车价,还是有一定难度的。

KP定律是计调操作中在核定车价时主要运用到的定律。K指Kilometers(公里),P指Price(单价)。车价=每公里的租车费(包车费)×公里数。运用KP定律,根据车型参考计价标准,便能快速核算车价。

2.水上客运常识

(1)水路旅行常识

中国的水路交通分为沿海航运和内河航运,按照运营形式又可分为水路游览运输和水路旅客运输两种形式。近年来,我国内河游轮发展迅速,为游客的水路旅游创造了较为便利的条件。

以旅客运输为主要功能的近海、内河客运,价格较为低廉。中国内河航运以长江、大运河和漓江最为发达。沿海航运主要以大连、天津、烟台、上海、青岛、厦门、广州、海口等沿海城市以及香港地区最为活跃。长江三峡地区以及香港、广州、海口之间的近距离客运已向高速化发展,如发展了水翼船等快速客船。航行在沿海和江湖上的客轮大小不等,船上的设备、设施和服务差异也很大。大型客轮的舱室一般分五等:一等舱(软卧,1~2人)、二等舱(软卧,2~4人)、三等舱(硬卧,4~8人)、四等舱(硬卧,8~24人)和五等舱(硬卧),还有散席(包括坐席)。豪华客轮设有特等舱(由软卧卧室、休息室、卫生间等组成),其服务条件类似于星级酒店。

以水路游览运输为主的现代远洋游船和内河豪华游船在很大程度上超越了传统意义上的单一客运功能,成为集游览、食宿、娱乐、购物、运输等为一体的豪华旅游项目。游船一般定期或不定期沿一定的水上线路航行,在数个观光地停泊,以方便游客登岸参观游览。游船的种类很多,按照内部设施和装修档次、服务的不同,我国内河游船分为不同的星级;按照航行水域的不同,又可分为远洋游船、近洋游船、沿海游船和内河游船。远洋、近洋、沿海游船一般吨位较大,性能优越,内部设施豪华,造价昂贵,拥有非常完备的服务设施。

(2)船票

船票分为普通船票和加快船票,又可分成人票、儿童票(1.2~1.5米的儿童)和优待票(学生票、残疾军人票),另外船票还分为一等、二等、三等、四等、五等几个级别。身高1.2米以下的儿童免票。每一成人旅客可免费携带1.2米以下儿童一名;超过一名时,超过的人数应买儿童半价票。船票票面注明有船名、日期、开航时间和码头编号。

旅客购买了船票后,因故改变行程或行期,需要退票时,应在开船时间前2小时办理退票,团体票应在规定开船前24小时办理退票,超过规定时限不能退票。退票按票面价的20%收取退票费。已办理托运的,先办理行李、包裹取消或变更托运手续后才能退票。旅客在乘船前丢失船票,应另行购票。上船后旅客丢失船票,如能提出足够的证明,经确认后无须补票;无法证明时,按有关规定处理。

（3）行李

乘坐沿海和长江客轮,持全价票的旅客可随身携带免费行李30千克,持半价票者或免票儿童可随身携带免费行李15千克,每件行李的体积不得超过0.2立方米,长度不超过1.5米。乘坐其他内河客轮,免费携带的行李分别为20千克和10千克。

行李包裹托运应凭船票提前一天或开船前两小时到上船码头行李房办理手续。船舶托运行李的计算办法按品种不同而定,所以在托运时,最好将不同性质的物品分别包装,以减少托运费用。托运的行李中不得夹带违禁物品,以及有价证券、贵重物品等。

（4）禁止携带和托运的物品

主要包括法令限制运输的物品,有臭味、恶腥味的物品,能损坏、污染船舱和妨碍其他游客的物品,爆炸品、易燃品、自燃品、腐蚀性物品、有毒物品、杀伤性物品以及放射性物质。

3.铁路客运常识

（1）铁路车次的编制

列车车次的编制和上行、下行有关,铁路规定,进京方向或是从支线到干线的被称为上行;反之,离京方向或是从干线到支线的被称为下行。上行的列车车次为偶数,下行的列车车次为奇数。如K27次是从北京开往丹东方向,为下行,所以是奇数的,它的回程车K28次是从丹东开往北京方向,为上行,所以是偶数的。另外,有的车在运行途中会因为线路上行、下行的改变而改变车次,如K388/385、K386/387次,是运行沈阳北到成都区间的,从沈阳北始发是开向北京的,所以上行,车次为K388次;车经停天津以后开始向离京方向行驶,改为下行,所以车次同时改为K385次。从成都向沈阳北开的时候也是一样,在到天津前是上行,所以车次是K386次,经停天津后改下行,所以车次为K387次。同时在改车次前后的区间内,车次自成一对。如沈阳北到天津区间车次是上行K388,下行K387。

（2）火车车次代码的含义

火车车次的首字代码,具体地说,是铁路列车车次的一种等级编号,目前常见的有D、Z、T、K、N、L、A、Y,还有没有字母的四位车次。D、Z打头的列车一般在经济发达、人口密度大的区域间开通,K打头的列车最为普遍。

①"D"字开头的列车即动车组。自身有动力装置的车厢叫"动车",无动力装置的叫

"拖车",把这两种车厢编组在一起,就叫"动车组"。运行中,一方面靠机车牵引,自身也有动力,因此,动力加大、速度提高。其时速通常可达到 200 公里以上;发车间隔小,密度大,非常快捷。

②"Z"字开头的列车。指的是直达特别快速空调旅客列车。字母 Z 是"直"字的汉语拼音简写。这样的列车大部分在行程中一站不停,或者经停必须站但不办理客运业务,但也有一部分是中间停靠也上下乘客的。只要中间站标注停靠和发车时间,就是上下乘客的。所有的直特列车都是跨局(不是在一个铁路局内)运营列车。

③"T"字开头的列车。指的是特别快速空调旅客列车,简称特快,到目前为止,T 系列的特快列车车次在 300 以前的是跨局运营列车,300 以后的是管内(只在一个铁路局内)运营的列车。

④"K"字开头的列车。指的是快速旅客列车,简称快速,字母 K 是"快"字汉语拼音的简写。这样的列车在行程中一般只经停地级行政中心或重要的县级行政中心。基本都是空调列车。

⑤"N"字开头的列车。指管内快速旅客列车,简称管内快速,字母 N 是"内"字汉语拼音的简写。非空调列车较多,只在一个铁路局内部运营。车次是按铁路局编制的,1～100 是哈尔滨铁路局,101～200 是沈阳铁路局,201～300 是北京铁路局,301～350 是呼和浩特铁路局,351～400 是郑州铁路局,401～500 是济南铁路局,501～600 是上海铁路局,601～650 是南昌铁路局,651～800 是广州铁路公司,801～850 是柳州铁路局,851～900 是成都铁路局,901～940 是兰州铁路局,941～980 是乌鲁木齐铁路局,981～998 是昆明铁路局。

⑥"L"字开头的列车。指临时旅客列车,简称临客,字母 L 是"临"字汉语拼音的简写。这类列车只在需要的时候才运营,如暑期和春运期间会开通部分临客,车种也是最杂。L 系列中有少部分列车相当于快速,大多相当于普快,也有的相当于普客。L 系列列车在全国铁路旅客列车时刻表上是查不到的,所以又称之为不上表列车。

此外,还有"A"字开头的按需临时旅客列车(简称按需临客)、"Y"字开头的旅游列车、没有字母的四位普通列车(简称普快或直快)等。

(3)车次代码在规范团号中的应用

在规范团号的书写中,计调人员要运用到交通等级的代码,比如,铁路硬卧用字母"W"表示,"W"是"卧"字的汉语拼音首字母的缩写;软卧用字母"RW"表示,"RW"是"软卧"汉语拼音首字母的缩写;硬座用字母"Z"表示,"Z"是"座"字的汉语拼音首字母的缩写;"软座"用字母"RZ"表示,"RZ"是"软座"汉语拼音首字母的缩写。

(4)策划线路时如何选择火车车次

计调人员在策划线路时,通行旅游目的地往往有多个车次可供选择,发车时间不同,价格不同,运行时间长短不同,车的整体环境舒适度不同,行程内容松紧不同。所以计调人员在选择时还是要动一番脑筋的。另外,有时在实际单团操作中,旅游者对火车时间和舒适度要求有充分的选择权,所以在报价时往往要把适合行程时间安排的几个车次都写上,供旅游者选择。

需要注意的是,平时和节假日对于不同车次提前售票的开始时间是不同的,比如,有的车次提前 10 天开始售票,有的提前 5 天。

(5)车票

①儿童票。随同成人旅行,身高 1.2～1.5 米的儿童,享受半价客票、加快票和空调票(简称儿童票),超过 1.5 米时应购买全价票。每一成人旅客可免费携带一名身高不足 1.2 米的儿童。超过一名时,超过的人数应购买儿童票。儿童票的座别应与成人车票相同,其到站不得远于成人车票的到站。身高不足 1.2 米的儿童单独使用卧铺时,应购买全价卧铺票,有空调时还应购买半价空调票。

②车票有效期。根据《铁路旅客运输规程》规定,客票和加快票的有效期按乘车里程计算:500 千米以内为两日;超过 500 千米时,每增加 500 千米增加一日,不足 500 千米的尾数也按一日计算。各种车票的有效期,从指定乘车日起至有效期最后一日的 24 时止计算。

③退票。在发站开车前退票,特殊情况也在开车后 2 小时内退还全部票价。团体旅客必须在开车 48 小时以前办理;在购票地退还联程票和往返票时,必须于折返地或换乘地的列车开车前 5 天办理;旅客开始旅行后不能退票。但如因伤、病不能继续旅行时,经证实可退还已收票价与已乘区间票价差额。已乘区间不足起码里程时,按起码里程计算;旅客如果在中途上车,未乘区间票价不退;中途下车后,卧铺票失效,退还带有"行"字戳迹的车票时,应先办理行李变更手续;站台票售出不退。

(6)旅客携带物品的规定

①旅客携带物品的免费重量和体积的规定。儿童(含免费儿童)10 千克,外交人员 35 千克,其他旅客 20 千克。每件物品外部尺寸长、宽、高之和不超过 160 厘米,杆状物品不超过 200 厘米,重量不超过 20 千克。残疾人旅行时代步的折叠式轮椅可免费携带并不计入上述范围。

②不准带进车站、带上列车的物品包括国家禁止或限制运输的物品;法律、法规、规

章中规定的危险品、弹药和承运人不能判明性质的化工产品;能够损坏和污染车辆的物品;动物及妨碍公共卫生(包括有恶臭等异味)的物品;规格和重量超过规定的物品。

③可限量携带的物品包括安全火柴 20 小盒,气体打火机 5 个;不超过 20 毫升的指甲油、染发剂、去光剂,不超过 100 毫升的酒精、冷烫精,不超过 600 毫升的发胶、摩丝、卫生杀虫剂、空气清新剂;军人、武警、公安人员、民兵及猎人凭法规规定的持枪证明佩带的枪支、弹药;初生雏 20 只。

(7)行李的规定

①行李的范围。行李中不能夹带货币、证券、珍贵文物、金银珠宝、档案材料等贵重物品和国家禁止、限制运输品及危险品。行李每件最大重量为 50 千克,体积以适于装入行李车为限,但最小不得小于 0.01 立方米。

②行李的托运。旅客在乘车区间内凭有效客票每张可托运一次行李,残疾人用车不限次数。

托运下列物品时,托运人应提供规定部门签发的运输证明。这些物品包括:金银珠宝、珍贵文物、货币、证券、枪支;警犬和国家法律保护的动物;省级以上政府宣传用非卖品;国家限制运输的物品;国家有关部门规定的免检物品;承运人认为应提供证明的其他物品。另外,托运动、植物时应有动、植物检疫部门的检疫证明。

4. 航空客运常识

旅游团在国际或长线旅游活动中,选用最多的交通工具就是飞机。计调人员必须了解和掌握相关的航空知识,熟悉航空运输规则,特别是其中具有法律效力的航空规定,才能在经营中不出错误,或者是少出错误。

(1)航空公司缩写代码及航班号

民航的运输飞行主要有三种形式:班期飞行、加班飞行和包机飞行。其中,班期飞行是按照班期时刻表和规定的航线,定机型、定日期、定时刻的飞行;加班飞行是根据临时需要在班期飞行以外增加的飞行;包机飞行则是按照包机单位的要求,在现有航线上或以外进行的专用飞行。

为方便运输和用户,每个航班均编有航班号。航班号用代表航空公司的两个英文字母和三个阿拉伯数字来表示,例如:CA981,"CA"代表中国国际航空公司,"981"的"9"表示是国际航班,"8"表示中美航线,"1"表示飞往美国的第一个航班。

中国国际航班编号的最后一个数字为奇数者,表示去程航班;反之,表示回程航班。如 CA985 航班,表示上海浦东至旧金山。但是如果是往返飞中国的其他国家的航班,尾数的奇偶是以它们国家作为起始地来算的,如 NH160 是指日本的全日空由首都机场飞往东京的航班。

国际国内主要航空公司缩写及航班代码见表2-2。

表 2-2 国际国内主要航空公司缩写及航班代码

缩写	航空公司	三字代码	缩写	航空公司	三字代码
AA	美利坚航空公司	001	AC	加拿大航空公司	014
AF	法国航空公司	057	AN	澳洲安捷航空公司	090
AY	芬兰航空公司	105	AZ	意大利航空公司	055
BA	英国航空公司	125	CA	中国国际航空公司	999
CO	美国大陆航空公司	005	CV	卢森堡航空公司	172
CX	国泰航空公司	160	CZ	中国南方航空公司	784
EK	阿联酋航空公司	176	ET	埃塞俄比亚航空公司	071
FM	上海航空公司	774	EY	埃及航空公司	607
FX	美国联邦航空公司	023	IR	伊朗航空公司	096
KA	港龙航空公司	043	HU	海南航空公司	880
HY	乌兹别克斯坦航空公司	250	JL	日本航空公司	131
KE	大韩航空公司	180	KL	荷兰皇家航空公司	074
KZ	日本货物航空公司	933	LH	汉莎航空公司	020
LY	以色列航空公司	114	MH	马来西亚航空公司	232
MU	中国东方航空公司	781	NH	全日空航空公司	205
NW	美国西北航空公司	012	NX	澳门航空公司	675
OS	奥地利航空公司	257	OZ	韩亚航空公司	988
PK	巴基斯坦航空公司	214	QF	澳洲航空公司	081
QR	卡塔尔航空公司	157	RU	第聂伯航空公司	580
SK	北欧航空公司	117	SR	瑞士航空公司	085
SQ	新加坡航空公司	618	SU	俄罗斯航空公司	555
TG	泰国航空公司	217	TK	土耳其航空公司	235
TL	黎巴嫩跨地中海航空公司	270	UA	美联合航空公司	016
UL	斯里兰卡航空公司	603	UPS	美国联合包裹航空公司	406
GA	印尼航空公司	126	VL	伏尔加航空公司	412
VN	越南航空公司	738	VV	乌克兰航空公司	870
WH	中国西北航空公司	783			

(2)飞机的型号

飞机的型号简称机型。目前主要有波音系列(从波音733到波音777)、空客系列(如空客310、空客320、空客340等)。不同的机型载客座位、舒适度、适合飞行的距离等各不相同。

(3)客舱等级与餐饮供应

在国际航空运输中,通常用英文字母表示客舱等级,例如:

F——头等舱(First Class)

C——公务舱(Business Class)

Y——经济舱(Economy Class)

K——平价舱(Thrift)

在国际航空运输中,通常用符号表示餐饮供应,例如,刀叉图案,是表示在该航段飞行期间供应正餐,如果是杯碟图案则表示该航段在飞行期间供应早餐或点心。

(4)机票

①订票。一般散客机票计调人员可以自己在网上预订并付款,也可以通过附近的航空售票点来预订。10人(含10人)以上的团体机票就要拿名单通过航空售票处或直接向相应的航空公司申请。

②电子客票。现在都是电子客票,纸质机票已经彻底退出市场。

③OPEN票和OK票。凡是飞机票上没有确定起飞具体时间,即没有预订妥座位的有效机票,都被称为OPEN票。持OPEN票的旅客应在离站前72小时与航空公司联系,确认离站机票的时间、航班和座位。已订妥日期、航班和机座的机票,称为OK票。持OK票的旅客若在该联程或回程站停留72小时以上,国内机票须在联程或回程航班离站前两天中午12时以前、国际机票须在72小时前办理座位再证实手续,否则,原订座位不予保留。国内航班机票如果是OK票,可以在一年时间里改签。如果是OPEN票,从开票之日起到确认日期为一年限制,确认日期后,即OK了以后,还有一年的改签时限。

④国际机票。出境旅游的国际机票一般为回程票或是联程票,正常的机票有效期为一年。值得特别注意的是旅游团的机票是团体票、优惠票、折扣票,因此,它没有一年的有效期,而且不能签转,不能退票。

⑤燃油附加费。中国的民用航空在走向市场经济后,2006年开始增收燃油附加费,在国内航线上的收费,2012年国内多家航空公司调整国内航线燃油附加费,800公里(含)以下航线燃油附加费每航段为80元;800公里以上航线燃油附加费每航段为150元。燃油附加费含在机票中。

⑥机场建设费。按照国际惯例,任何国家的机场都会有税收。中国机场自改革开放后收取机场建设费,实际上就是机场税。机场建设费的征收标准为:乘坐国内支线航班的旅客每人次10元;乘坐除支线航班以外的其他国内航班旅客每人次50元;乘坐国际及香港、澳门、台湾地区航班的旅客每人次70元。2012年4月17日,财政部正式公布新的《民航发展基金征收使用管理暂行办法》,由此民航发展基金将取代之前的机场建设费。新办法中取消了国内支线航班的机场建设费,同时在国际航线中增加了一项旅游发展基金,修改之后的国际航班机场建设费征收标准由70元增至90元,也就是国际航线新增20元。

(5)乘坐飞机的相关要求

①抵达机场的时间要求。国内航班一般要求提前1.5小时到机场。国际航班一般要求提前2小时到机场。尤其是雨雪天,容易堵车时,更要提醒旅游者提前出发,以免因路上堵车等因素误机。一般飞机起飞前30分钟左右闸门关闭。

②乘飞机的程序。抵达机场后,乘客应拿着身份证去相应的航空公司柜台或自助机

上办理登机牌和行李托运,如果需要行程单报销用,需同时在柜台打印。办完后就可以从专门的通道进入安检或出关,到登机牌上显示的登机口等待登机。

③行李。行李包括随身携带物品及托运的行李两部分。随身携带物品指经航空公司同意由旅客自行携带乘机的零星小件物品。国内航班随身携带物品的重量,每位旅客以 5 千克为限。持头等舱票的旅客,每人可随身携带两件物品;持公务舱或经济舱票的旅客,每人只能携带一件物品。每件随身携带物品的体积均不得超过 20×40×55 厘米。超过规定件数、重量或体积的限制,应作为托运行李托运。国内航班,持成人票或儿童票的旅客,每人免费行李额(包括托运和自理行李)为:头等舱 40 千克,公务舱 30 千克,经济舱 20 千克,持婴儿票的旅客无免费行李额。国际航线免费行李额分为计重免费行李额、计件免费行李额两种。随着民航的发展,不同航线的免费行李要求不一样,在订购机票时一定要看清楚机票上免费行李的规定。此外,还应注意托运行李必须包装完善、锁扣完好、捆扎牢固,并能承受一定压力。对包装不符合要求和不符合运输条件的行李,航空公司可拒绝收运或不负担损坏、破损的责任。

④通关申报。根据《中华人民共和国海关对中国籍旅客进出境行李物品的管理规定》,进出境旅客没有携带应向海关申报物品的,无须填写《中华人民共和国海关进出境旅客行李物品申报单》(简称《申报单》),可选择"无申报通道"(又称"绿色通道")通关。除海关免予监管的人员以及随同成人旅行的 16 周岁以下旅客以外,进出境旅客携带有应向海关申报物品的,须填写《申报单》,向海关书面申报,并选择"申报通道"(又称"红色通道")通关。

⑤飞机上的行为规定。旅客不得在飞机上使用便携式收音机、电子游戏机和包括无线电操纵的玩具及对讲机在内的发射装置。除了便携式录放机、助听器和心脏起搏器以外,未经承运人允许,旅客不得在航空器上使用任何其他电子设备;旅客应当出具有关国家的法律、规定所要求的所有出入境、健康和其他证件,承运人对违反法律、规定或者证件不符合要求的旅客,可以拒绝承运;旅客被拒绝过境和入境,承运人应当按政府的命令将旅客运回其出发地点或者其他地点,旅客应当支付使用的票价。用于运送至拒绝入境地点或者遣返地点的客票,承运人不予办理退款;海关和其他政府官员需要检查旅客的行李,旅客应当到场。旅客不到场遭受的任何损失,承运人不承担责任。

四、"游"的基本知识

旅游景区是旅游活动的主体,它是旅游者选择该项旅游产品最主要的原因和动机。游览活动是旅游行程中的核心内容,是旅游者在旅游目的地进行的最基本和最重要的旅游活动,各项服务都围绕着这个主体展开。

(一)旅游景区的作用

1.可以单独开展旅游活动

旅游景区具备旅游者需求的食、住、行、游、购、娱等基本生活要素,人们可以暂时离开自己熟悉的生活和工作环境去享受一种更高层次的生活追求和乐趣,有助于调节旅游者的日常生活。

2.可以扩大旅游者的视野

旅游景区中的自然和人文资源可以扩大旅游者的视野,增加地理、历史、文学、艺术等方面的知识。旅游景区是一个综合的学习园地,涉及社会科学和自然科学的多种学科。旅游者在旅游历程中,不经意间就能获得地理、历史、天文、气象、生物、考古、艺术、宗教、建筑、园林等方面的知识。而旅游景区所处地方的生活习惯、风俗人情、服饰、民间艺术等异质文化内容充满情趣和教育意义,使旅游具有独特的地域感。

3.可以为旅游者提供基本的生活服务

旅游景区的食宿接待设施可以为旅游者提供基本的生活服务,其舒适、安全、卫生和设备的现代化,是旅游者追求美好生活的基本要求。尽管不能长期拥有,但暂时的享受也是一次愉快的经历。

4.可以丰富旅游者的生活色彩

旅游景区的游览、娱乐设施可以丰富旅游者的生活色彩,能开阔胸怀、陶冶情操、愉悦精神,生活环境的适度变化可以使人们摆脱日常生活中的紧张和烦恼,使人感到精神轻松、愉快。

(二)旅游景区的特性

旅游景区所设计的旅游产品的质量必须具有以下几种特性才能满足旅游者的需要。

1.功能性

这是最基本和最重要的质量特性。旅游景区是一个综合性很强的行业,由旅游景观、餐馆、娱乐、商品、交通、住宿等部门组成。多个部门有着自身的独特功能,又都是旅游者最基本的需要,它们既互相独立,又综合成为一个整体。

2.安全性

没有安全,旅游者就不会进入景区游览。为此,应建立完善的保安、医疗、救护、安全保障系统,确保游览者在景区内游览时的人身和财产的安全。

3.方便性

旅游景区的设施设备、旅游线路设置及各种娱乐、康体服务能否为旅游者提供方便快捷的服务,是旅游者能否满意的一个重要因素。

4.舒适性

旅游景区不仅要考虑游览服务设施的齐全适用,还要考虑接待环境的高雅、整洁、美观、有序和热情周到的服务态度,使旅游者在游览过程中感觉舒适。

(三)旅游景区的类型

由于地理环境、自然资源特点的不同和人文资源的差异,一般把旅游景区分为以下五种类型。

1.风景旅游区

风景旅游区是以自然风光为主,经过开发,成为游览、观光以及休养、疗养环境的空间。目前,我国此类旅游景区按成因特色分类,可分为山岳型、内湖型、海滨型、泉水型、瀑布型、山水型、山林型、地质历史遗迹型等。

2.名胜游览区

名胜游览区,是以人文景观为主的旅游区。我国历史悠久,又是多民族国家,有着古老的文化遗迹。壮丽的山水与古老的文化相映生辉,成为中华民族的瑰丽珍宝,有的还成为世界文明的旅游胜地,例如,北京、陕西西安、江西景德镇、河南洛阳等地。它们以重要历史事件和具有艺术科研价值的文物古迹为主要内容,并与秀丽的自然环境相结合,形成宜人的旅游区。这类旅游区的类型包括古园林型、革命纪念地型、宗教型、民族风情型等。

3.城市风光旅游区

城市风光旅游区可分为古城型和现代都市型两种。它们或者有保存比较好的古城、古建筑、市容等,或者以现代建筑风格独特和旅游商品丰富为特点。

4.综合型旅游区

这类旅游区无论是自然风光还是名胜古迹、城市建筑,都达到了较高水平,并在空间上有机结合,是别具特色的旅游区,如,北京、浙江杭州、山东青岛等。

5.自然保护区

我国自 1956 年建立第一个自然保护区——广东鼎湖山自然保护区以来,截至 2005 年底,我国自然保护区数量已达到 2 349 个(不含港澳台地区),总面积 14 994.90 万公顷,约占我国陆地领土面积的 14.99%。可分为综合型自然保护区、自然风景型自然保护区、自然历史遗迹型自然保护区、生物型自然保护区等四大类型。

(四)计调人员对游览服务知识的把握

计调人员要了解地接范围内所有景区的资源品位、特点、淡旺季门票价格、门票的减免情况、折扣情况、开放时间、游览时间、景区游览线路、景点在旅游者中的吸引力;景点是否安全;到达景点的交通情况如何;景点的管理是否严格;有哪些自费景点等,要特别关注不同客源地旅游者对这些景点的评价。计调人员与游览景点部门应就以下内容签订书面协议或合同书:旅游团门票结账方法,景点各处票款的折算价格,车辆进景点收取的费用及付款期限等。

五、"购"的基本知识

旅游购物日益成为旅游业发展的重要因素。旅游资源的吸引力固然是旅游者产生旅游动机的极为重要的因素,但随着旅游业的发展和人们收入水平的提高,旅游购物越来越深受旅游者的喜爱。旅游购物在外汇收入中所占份额也越来越大,许多地方旅游购物的收入占旅游总收入的一半以上。因此,开发旅游商品成为各国、各旅游目的地发展旅游业的重要项目。许多旅游发达国家不惜花费巨额宣传促销费用,以扩大购物在旅游总收入中的比重。

(一)旅游购物品的类型

旅游购物品是指旅游者在旅游目的地国家或地区购买的各种物质产品。其可以分为以下四种类型。

1.旅游生活用品

旅游生活用品根据字面解释就是出去旅游时所需用的商品,与旅游活动紧密相关,多为实用性质。旅游生活用品种类繁多,因人、因地、因时各不相同,包括服装、鞋帽(旅游鞋、草帽、雨衣等)、卫生用品(手纸、手绢、毛巾、药品等)、洗涤用品(香皂、牙膏、洗涤剂等)、摄像摄影用品(录像机、照相机、电池等)、防护用品(手杖、手套、防晒霜等)及其他旅游用品(旅行包、袋、手电筒、指南针等)。

2.旅游文化用品

旅游文化用品,主要是指各种介绍景点的导游人员书、旅游图、交通时刻表、笔记本、明信片、信笺、旅游用笔、纸张、文房四宝、印章等。

3.旅游食品

旅游食品指旅游者随身携带、使用或邮寄的瓶装、袋装和其他包装的食品,而不是在旅游饭店中供旅游者食用的各种食品。旅游食品中最重要的是地方特产,特产顾名思义是某地特有的或特别著名的产品,以当地原材料生产加工的地方传统产品,具有浓厚的地域特性。对于外出的旅游者来说,喜欢选购有风味的食品或小吃。旅游者可根据自己的喜好选择各种不同风味的食品,具有当地特色的小吃成为旅游者的首选。如北京的烤鸭、云南的过桥米线、沈阳的老边饺子都是大多数旅游者喜爱的传统风味小吃。

4.旅游纪念品

旅游纪念品,是指以旅游景点的文化古迹或自然风光为题材,利用当地特有原材料制作,带有纪念性的各种各样的商品,哪里有旅游活动,哪里就有旅游纪念品。包括旅游纪念章、纪念图片、景点景区光盘、VCD、录像带之类的商品。

(二)旅游购物品的特点

旅游购物品不同于一般商品,对旅游者而言,它们具有特殊的价值。

1.观赏性与实用性结合

旅游购物品的生产一般采用小批量、多品种的方式,以满足不同经济收入的旅游者的需求。一般旅游者都比较注意旅游购物品的包装,因此一定要使之有吸引力。不仅外观重要,如果旅游购物品可以根据旅游者的要求,有一定的利用价值,会更容易获得旅游者的青睐。

2.民族特色

大多数旅游者都会挑选一些富有民族传统和技艺的工艺品,这些工艺品具有收藏价值和纪念意义,可以证明旅游者自己来过某个地方,并可以寄托旅游者的某种留恋的情怀,仿佛将当地的民风民俗带回家。

3.地方特色

地方特色指能反映游览区的风景名胜,就地取材生产的有独特风格的纪念品和工艺美术品。辽宁丹东青山沟景区的特产是核桃,当地的旅游商品经营者利用一些非常平凡的核桃制成了工艺品,如核桃画、核桃椅、核桃人。

4.宣传性

旅游购物品具有宣传旅游目的地和产品品牌的功效。旅游购物品在开发设计时,一般以当地有代表性的自然风光、名胜古迹、风土人情、民间传说等为题材,来设计商品造型和图案,赋予一定的审美作用。旅游购物品使旅游者了解当地的历史文化、生活习俗甚至是地理环境特征等,从而影响目的地的知名度和形象。

5.便携性

由于旅游的异地性和旅游者的流动性,旅游者都希望买到精致小巧、便于携带的旅游购物品。但是随着旅游业的发展,旅游购物品的便携性会逐渐弱化。越来越多的旅游购物品销售商提供旅游商品邮送服务,使旅游者完全不需要考虑如何将购买的旅游购物品安全运送回家。

(三)旅游购物品在旅游业中的作用

由于旅游购物品的纪念性和礼品性,其销售收入具有很大的弹性,在旅游业的发展中具有以下作用。

1.发展旅游购物品是提高旅游业整体经济效益的重要途径

同旅游娱乐一样,旅游购物需求弹性较大。因此,经营旅游购物业经济收入具有相对的无限性。旅游购物品本身也有许多优点,如,生产成本较低、原材料丰富、就地取材、对生产条件的要求不高,可就地直接换取外汇,创收的利润水平也较高。旅游购物商店的收入在当地旅游业总收入中占有较大比重,可挖掘潜力大,世界各国发展的旅游业都把旅游购物业作为创汇的重要渠道。例如,香港地区旅游购物业收入一般占旅游收入的60%左右;日本、美国、西欧、东南亚地区一般都占40%以上。

2.旅游购物品对当地旅游业具有无声的宣传效果

旅游购物品与一般商品不同之处在于,它具有纪念、欣赏、保值、馈赠意义或实用价值。它是一个国家或地区的传统文化、民族民风的浓缩,在一定程度上可以成为一个国家或地区的象征。旅游商品的优化可以促进旅游目的地和客源地之间的文化艺术、风土人情等信息的交流,起到宣传旅游目的地形象的作用。

3.旅游购物品也是一种旅游资源,发展旅游购物业可增强当地旅游吸引力

旅游活动的内容丰富多彩,购物旅游已成为人们进行旅游活动的专项内容。旅游购物品是一项独特的旅游资源,经过开发经营对旅游者的吸引力较大。中国香港地区旅游业迅速发展的原因之一,就是它集中了世界许多国家和地区的旅游购物品及各种廉价商品,被称为旅游者的"购物天堂"。

(四)计调人员对购物服务知识的把握

旅游购物品是当地旅游资源的物化表现形式,虽然购物不是旅游者的基本需求,但是通过购物能够使旅游者与当地人分享体验,满足自身的精神需要和物质需要。它可以使旅游者在较长一段时间内保留对旅游目的地的美好回忆,进而成为社会交往的一个重要手段,没有购物的旅游是极少的,也是不完整的,合理的购物安排还能为国家创汇。因此,为了使购物活动成为旅游活动中丰富多彩、不可缺少的一部分,也为了使旅游者节省时间,并免遭不良商贩及黑店的蒙骗,旅行社必须选择质量与信誉上乘的旅游商店作为定点商店,并与之建立相对稳定的合作关系。

计调人员进行购物采购的时候应当注意这样几点:购物地点要相对集中;购物商应当正规有商品的质量保证;商品价格合理;遵守国家旅游局的规定,保证购物次数与旅游天数相等,等等。

六、"娱"的基本知识

旅游娱乐业,是指为旅游者提供各种游览娱乐设施,以满足其游乐的需要的各类相关行业的总称。它是旅游者在旅游过程中穿插进行的一种文娱活动项目,强调娱乐性和参与性。

(一)旅游娱乐业的类型

旅游娱乐产品的生产,有的是以饭店、旅游景点为依托,设计编排民俗风情等文艺演出;有的则是由旅游娱乐企业生产。这些企业为满足旅游者的需要,投入空间设备和康体娱乐设施等,经营综合性或单一性娱乐业,如,大型游乐园、跑马场、高尔夫球场等。

当今世界旅游娱乐业大致分为健身性娱乐、赌博性娱乐、游戏性娱乐、文化性娱乐几大类。

1.健身性娱乐

健身性娱乐,寓游玩、健身、个性、挑战于一体,通常有游泳、武术、保龄球、高尔夫球、滑雪、冲浪、自行车旅游、登山等。它越来越受到旅游者尤其是度假、专项旅游者的欢迎。

2.赌博性娱乐

美国有赌场赌博、赛马赌博、彩票赌博等。

欧洲的袖珍国家摩洛哥靠赌博业吸引旅游者。南美的巴西及巴拿马也都靠赌博支撑旅游业。在亚洲,韩国汉城的华克山庄赌场有"东方拉斯维加斯"之称。我国澳门地区的博彩业也享誉世界。中国是社会主义性质的国家,我国政府明令取缔旅游业中的赌博娱乐项目。

3.游戏性娱乐

游戏性娱乐项目,一般是设计别致、立意新奇、游艺内容齐全的综合游乐场所。如,1958 年由美国著名动画片作者迪斯尼设计修建的洛杉矶迪斯尼乐园中,各种惟妙惟肖的动画动物形象使不同年龄层次、不同性别、不同肤色的人都感到新颖别致,妙趣横生。

4.文化性娱乐

文化性娱乐,是既能愉悦旅游者身心,又能领略异域文化氛围的旅游乐项目,诸如,影视、歌舞、杂技、民俗表演及各种文化性展览等,深受旅游者的喜爱。

(二)旅游娱乐业的特点

1.内容上具有的特点

从内容看,具有娱乐性、参与性、知识性和趣味性的特点,能满足旅游者喜参与、望表现、求知求乐的需求。

2.形式上具有的特点

从形式看,这些文娱项目具有浓郁的民族、民间和地方特色,并朝着不同国家和民族之间文化交流的方向发展,同时娱乐项目的建设及设施设备更多地利用现代科学产技术的成果。

3.效果上具有的特点

从效果看,旅游娱乐业既能使旅游者获得快乐、玩得高兴,又使当地群众参与其中;既有经济效益,又有社会效益。

(三)旅游娱乐业在旅游业中的作用

1.满足旅游者的正当需求,丰富旅游者的文娱生活

现代旅游活动是一种高级消费方式。其突出特点是旅游类型的多样化、消费结构多元化。旅游者外出旅游除食宿等基本需求外,还需要文化娱乐、康乐健身等各种服务项目,以锻炼身体、丰富精神生活和提高知识情趣。

2.发展旅游娱乐业可增加旅游业的经济收入

旅游娱乐业的经营企业在组织旅游娱乐活动中可取得一定的经济效益,通过旅游娱乐的吸引作用,使旅游者延长停留时间,增加劳务性消费,由此带动旅游业的总体收入。随着人们生活水平和生活质量的提高,人们对精神性消费需求的增加,旅游娱乐业的发展前景十分广阔。

3.旅游娱乐项目的开展可在一定程度上起到吸引客源、调节客源的作用

旅游娱乐企业精心设计,利用大型游乐机械和现代声、光、电等科学技术组织出娱乐服务项目,猎奇、惊险、刺激性强,配以高雅悠闲的服务方式,使旅游者得到良好的精神享受,从而成为有较强吸引力的旅游资源。此外,目的地通过大型文艺活动的安排,可以调动客源,调整淡旺季旅游客源结构,在全局上起到均衡客源的作用。如,香港地区旅游协会每年淡季举行的龙舟节、文化节、食品节等大型文艺活动。

(四)计调人员对娱乐服务知识的把握

娱乐是旅游活动的重要组成部分。好的娱乐活动不仅可以消除旅游者的疲劳,还能够使旅游活动丰富多彩,使旅游者与当地的文化交流更加深入。

计调人员在采购娱乐服务时要注意:娱乐项目要安全,有特色;娱乐项目的内容要健康,不能违反国家法律的规定;价位要合理。

思 考 题

一、名词解释

计调工作。

二、简答论述

1.简述计调工作的基本内容。

2.计调操作中可能存在哪些问题?

3.论述计调工作的重要性。

三、实训项目

旅游六大要素调查

1.实训目的

(1)了解本地旅游六大要素的基本情况。

(2)分析旅游六大要素对旅游活动的影响。

2.实训地点

以本地旅游企业为对象进行调查。

3.实训步骤

(1)确定调查地点。

(2)把学生分成六个小组,每个小组负责一个要素的调查。重点调查该地具有哪些要素,其特点怎样,利用率怎样。

①餐饮信息调查:收集本地特色餐馆,整理其位置、口味特点、特色菜肴、接待能力等信息,并列出一览表。

②住宿信息收集:收集2~3家不同星级饭店的相关信息(位置、接待能力、房价、联系电话等),并列出一览表。

③旅游车队信息收集:走访旅游汽车公司,收集不同旅游车的概况(车内设施、座位数等),列出一览表。

④景区信息收集:收集本地各景区的接待信息,包括所处位置、开放时间、票价、游览所需时间、游览线路、周边交通等,列出一览表。

⑤进行购物点和娱乐单位信息的收集。

⑥将各分项信息汇总、制表。

(3)对调查结果进行总结,并归纳整理出来,以小组为单位进行交流。

(4)写出调查报告。

四、分析案例

某旅行社接待了一个由20人组成的国内豪华旅游团。为了满足旅游者品尝当地风味菜的要求,该社安排该旅游团在市中心的一家餐馆就餐。该旅游团被餐馆安排在大厅里用餐。由于该餐馆在当地名气很大,就餐的人很多。旅游者就座后,服务员端上了茶水和饮料。过了一会儿,服务员又陆续将菜肴端上。菜肴十分可口,服务员也十分热情、周到。餐厅的四周安放了电视机,正在播放当地的一场足球比赛。精彩的场面不时引起其他就餐者的喝彩声。有些人还边喝酒边猜拳行令,热闹非凡。另有少数人在就餐时吸烟,袅袅烟雾不时飘到旅游团就餐的餐桌上。

该旅游团的旅游者匆匆吃完饭,立即离开了这家餐馆。其中有些旅游者抱怨旅行社的安排不当,表示要向旅行社的领导投诉。

请问:

1.旅游者对餐厅不满意的原因有哪些?

2.计调人员在业务操作中存在哪些问题?

计调行程

学完本章,学生要了解旅游产品的类型与形态,掌握计调行程制定的内容、流程、原则,掌握设计出受市场欢迎的旅游行程的基本方法。

```
                    计调行程
          ┌────────────┴────────────┐
      旅游行程概述              计调行程的制定
    ┌─────┼─────┐         ┌─────┬──┴──┬─────┐
  定义   分类  构成要素    内容   流程  原则  基本要求
```

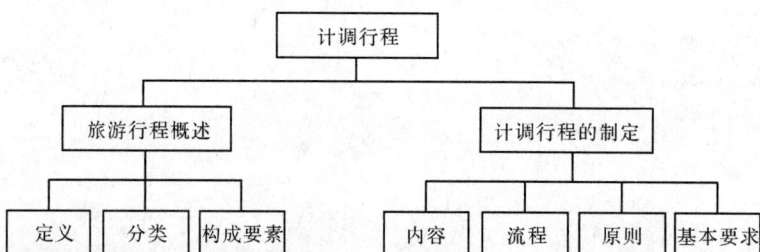

旅游产品、半包价旅游产品、小包价旅游产品、旅游行程。

长白山国家自然保护区的北坡风景区,位于吉林省安图县境内,其"一山有四季,四季不同天"的亚寒带垂直森林景观,独具魅力。长白山天池神秘秀丽,天池瀑布飞流直下,为我国海拔最高的瀑布。另外,地下森林、温泉也为旅游者所青睐。镜泊湖位于黑龙江省宁安市境内,其湖光山色及吊水楼瀑布,每年都吸引着大量的旅游者。

当地一家旅行社了解到旅游者对长白山、镜泊湖风光的强烈需求后,在没有对长白山所属风景区进行必要的、深入的考察的情况下就推出了"长白山—镜泊湖四日游"线路产品。这条线路的行程安排如下。第1天:从A市出发,乘坐金龙牌豪华空调汽车,当日16:00抵达长白山脚下的明月镇,18:00用晚餐,餐后旅游者自由活动。第2天:游览长白山,当晚在明月镇的旅馆住宿。第3天:早餐后,从明月镇出发,当天下午抵达镜泊湖,游览吊水楼瀑布景点,然后,乘坐游船游览镜泊湖,晚餐后在镜泊湖畔的民俗村下榻。第

4天:早餐后返回 A 市。

　　该线路产品推出后,在运行中,全程陪同发现行程安排存在一些问题。原来,在第 3 天的行程中,从明月镇出发后,当日抵达镜泊湖时已经是 15:00 了,旅游者匆匆游览了吊水楼瀑布景点后,已到晚餐时间,游湖的轮船已经停止营运了。旅游者站在湖边,在暮色中远眺湖光山色,却不能游湖,感到十分遗憾。他们找到全程陪同,请她解释行程安排,并一致商定待返回 A 市后,要求该旅行社赔偿损失。否则,就到消费者协会投诉旅行社的欺诈行为。

　　该旅行社推出该旅游产品的本意,并不是存心欺诈旅游者。可是,旅游产品运营后,为什么出现了以上的问题呢?该旅行社请教了有关专家,经认真研究考察后,找出了症结所在。原来,在第 3 天的行程中,从明月镇出发,经牡丹江抵达镜泊湖是绕道了,因而耽误了时间。实际上,从明月镇出发后,可经敦化走国道抵达镜泊湖,路途仅需 4 小时。如果当初这样安排行程,就可以有效地利用时间,比较充裕地安排游湖了。

　　听取了全程陪同的情况汇报后,该旅行社决策者认识到:缺乏充分论证考察、没有认认真真地检查旅游行程的可行性与合理性,是旅游产品设计不合理,给旅游者造成损失的重要原因。旅行社决定,首先,向每一位旅游者发出致歉信,诚恳地请求旅游者的谅解。其次,为补偿旅游者未能乘船游湖的损失,承诺退还旅游者 1/3 的团费。这件事发生后,该旅行社意识到旅游行程安排的重要性,对所有旅游产品都进行了实地勘察和重新论证,以避免类似事情再次发生。

　　【案例点评】　该旅行社设计的"长白山—镜泊湖四日游"产品,其创意是很好的,颇具东北地方特色,符合旅行社产品开发的特性原则。然而,该旅行社的产品开发人员在设计产品时,存在着两大失误。第一个失误是,没有实地考察旅游产品所包括的景点情况,不了解游船的运行和停运时间,导致旅游者抵达镜泊湖时,游船已经停运,使旅游者错过了游湖的机会。第二个失误是,没有对明月镇到镜泊湖的各条可行路线进行先期考察,不了解明月镇到镜泊湖的最佳交通路线,结果在设计旅游路线时,安排了绕道的线路,把大量的时间浪费在途中,违反了"旅速游缓"的产品设计原则。由于旅行社产品设计的失误,最终造成旅游者无法及时赶到镜泊湖,从而使原定的游湖项目被迫取消,由此引起旅游者的不满,招致旅游者投诉。

　　由此可见,旅行社产品开发人员在设计和开发产品时,不仅需要有新颖的创意,还要对产品的每项内容进行认真仔细的考察,特别是对于景点和旅游行程的安排,更是要亲自进行实地考察,以免出现差错,给旅游者带来不便,给旅行社带来损失。

第一节　旅游行程概述

一、旅游行程的定义

　　旅游行程,是旅行社根据市场需求,结合旅游资源和接待服务的实际状况,为旅游者设计的、包括整个旅游过程中全部旅游项目和服务内容的旅行游览计划。旅游行程包括游览景点、参观项目、饭店、交通、餐饮、购物、娱乐活动等多种要素。

旅游行程内容的复杂性表现在两个方面:一是一个行程所含内容的复杂性,旅游者的食、住、行、游、购、娱等因素缺一不可,而且还包含旅游企业的导游人员服务、旅游企业代办的旅游保险等内容;二是同样的旅游内容,为了适应不同的旅游者,需要安排出多种行程,如,旅游内容一样,因服务标准不一样而需要设计价格不一样的行程安排,既有全包价的行程,也有部分包价的行程,既有团体线路,也有散客线路等。正是因为旅游行程构成的复杂性,也使得有些旅游企业在推出旅游行程时,在旅游行程构成和服务方面"偷工减料"或"偷梁换柱"成为可能。在有些旅游企业旅游行程的旅游资源构成上,一些极有游览价值的景点并未入选,而一些不伦不类的景点却因能提供高额的回扣而堂而皇之地被列为旅游行程的内容。在服务过程方面,一些国际旅游企业产品出现了"零利润"与"负利润"现象,即旅游接待企业提供"零利润"或"负利润"的产品。组团旅行社交团给接待旅行社,不但不用付各项费用,还可以收到接待旅行社返还的一定数额的"人头费"。一些国内旅游企业产品也出现了"低团费"现象,即接待旅行社提供的服务价值大幅度高于其报价。但是,"羊毛出在羊身上",许多接待旅行社为了获取利润,不惜损害旅游者权益,或强迫旅游者购物,或增加行程中的计划外付费项目,使旅游团成为"购物团",因而形成了畸形性的旅游线路产品。

二、旅游行程的分类

旅游行程的表现方式是多种多样的,划分角度不同,表现形式各异。

(一)按地理范围划分

按地理范围划分,可分为国际旅游行程、国家旅游行程、区内旅游行程等。这种分法也可以说是按照对旅游者吸引范围的大小划分的。国际旅游行程,主要是为国际旅游活动设计的吸引国际旅游者的远程旅游行程;国家旅游行程,主要是为吸引国内旅游者而设计的,用于国内旅游活动的中远程旅游行程;区内旅游行程,主要是为吸引区内旅游者,用于国内旅游活动的中短程旅游行程。

(二)按行程距离划分

按照旅游的距离,可划分为短程旅游行程、中程旅游行程、远程旅游行程。短程旅游行程的游览距离较短,活动范围较小,一般是在一个地区级旅游城市推出的市内一日游、两日游等,以及旅游城市到周边城镇、远郊县区的旅游等。中程旅游行程的游览距离较远,活动范围一般在一个省级旅游区以内或跨省级旅游区的周边地区。远程旅游行程的游览距离长,旅游者活动范围大,一般是指跨省级旅游区范围以上,包括海外旅游、边境旅游和国内远距离旅游。

(三)按旅游目的划分

旅游目的是旅游者出游的主要动机之一。根据旅游者的旅游目的,旅游行程可分为观光游览旅游行程、探亲访友旅游行程、休闲度假旅游行程、公务商务旅游行程、修学旅游行程、科考探险旅游行程以及混合型旅游行程等。

1. 观光游览旅游行程

旅游者对观光游览旅游行程的最基本要求是旅游产品中的旅游资源级别要高,旅游目的地与旅游者常住地的差异较大,旅游费用比较经济,等等。

2. 探亲访友旅游行程

探亲访友旅游行程比较简单,一般是从旅游者常住地到其亲友所在地,旅游通常是一线两点的形式。这个旅游行程旅游者通过计调人员来进行制定的较少,一般都是旅游者以自主旅游方式完成。

3. 休闲度假旅游行程

休闲度假旅游行程对旅游目的地的选择没有像观光游览旅游那样对旅游资源有较高的要求,旅游者对旅游费用的敏感程度也没有观光游览旅游那么高,旅游目的地也不要求有那么多。

4. 公务商务旅游行程

公务商务旅游者是一种特殊的旅游者,他们的旅游目的地一般由不得自己选择,外出旅游的时间也由不得自己做主,都是根据公务商务的需要来确定的。这种旅游者对价格并不敏感,他们追求的是行程的快捷、方便、舒适,办事的高效率等。公务商务旅游者一般需要旅行社提供的主要是票务、订房等服务。

5. 修学旅游行程

修学旅游行程的对象是特定的,一般都是在校学生,通常有老师带队。他们的旅游目的是旅游与修学并重,有的就是以修学为主,旅游只是附加或附属的部分。修学旅游行程制定时对于旅游目的地有特殊的要求,要能增加知识,有时修学旅游是学习内容的组成部分。选择修学旅游的旅游者对于费用比较敏感,对于食、住、行等要求不是太高。修学旅游推出的时间性较强,一般以假期为多,如寒暑假、"黄金周"等。

6. 科考探险旅游行程

科学考察和探险旅游的专业性较强,一般以自助旅游为主。这样的旅游行程旅行社推出的难度较大。

7. 混合型旅游行程

不少旅行社根据大部分旅游者出游目的多样化的特征,设计和开发出混合型的旅游行程,例如,旅行社开发的含有休闲内容的专项旅游行程、含有观光旅游项目的探亲旅游行程等。

(四)按旅游活动的天数划分

从时间上来说,旅游行程有一日游、两日游、四日游⋯⋯多日游等。采用这种方式划分,在我国的国内游中是比较普遍的。其优点是旅游者一眼便可看出所需旅游时间的长短;对于旅行社来说,可根据时间长短来安排旅游行程内容,并且比较容易确定价格。从我国旅行社现行的操作情况来看,其缺点是对旅游主题的表述往往不明确,体现不出旅游行程的特色。如,北京—天津包机六日游、昆明—大理—丽江八日游线路,旅游者很难从中看出旅游行程的核心利益。

(五)按产品包含的内容划分

1.全包价旅游行程

全包价旅游行程,是指旅游者在外出旅游时,一次性付费购买包括交通、住宿、餐饮、门票、保险、导游人员服务等在内的旅游行程。这种旅游行程可以认为就是由旅行社提供的旅游行程,即旅游者在购买包价旅游行程后,一切旅游活动均由旅行社安排,旅游者不用自己操心。全包价旅游行程一般以团队旅游为主,旅游经费包干,旅游方式变化小,游览时间性强,旅游者自主权小,但省心、安全、旅游费用低。

全包价旅游行程的服务项目包括:旅游行程内的住宿、用餐、景点间的专用游览车,交通集散地的接送服务,游览景区的门票,文娱活动的入场券,行程点之间的交通及专业的导游人员、领队、翻译服务,每人20千克的行李服务和旅游保险服务,代签返程票,代办旅游签证等。即指旅游者如果不购物、不自行增加参观景点的话,基本不需要带钱出行。这种方式是旅游者一次性预先付清费用,便可使整个旅游行程轻松、简便、安全,但同时又意味着旅游者不得不服从团队计划的统一安排,个性化需求难以得到很好的满足。

就旅游者而言,参加全包价旅游行程可以获得较优惠的价格,预知旅游费用,并可在旅游团内保持熟悉的氛围,而且旅行社提供全部旅游安排和全陪服务,使旅游者具有安全感,所有这些都是全包价旅游行程的优势。但全包价旅游行程要求旅游者必须随团活动,必须在规定的日期内搭乘指定的航班,并在指定的旅馆住宿,按照旅行社统一安排用餐或游览,旅游者不得不放弃自己的个性需求而适应团体包价旅游行程的劣势,这对旅游者约束性较大,旅游者感受较差。另外,如果旅游者不幸选择了一家服务低劣的旅行社的旅游行程,整个旅程将变得让人无法忍受。

2.半包价旅游行程

半包价旅游行程,是在全包价旅游行程的基础上扣除餐费的一种旅游行程。半包价旅游行程与全包价旅游行程的主要区别在于这种旅游包价内不含午、晚餐费用。其目的,是为了降低旅游行程的直观价格,提高旅游行程的竞争力,同时,旅游者的用餐自由度得到提高,方便旅游者选择风味餐。

3. 小包价旅游行程

小包价旅游行程,又称可选择性旅游行程,是一种选择性很强的旅游行程。它由非选择部分和可选择部分组成,具有经济实惠和灵活方便的特点。非选择部分包括:接送、住房和早餐,旅游费用由旅游者在旅游前预付;可选择部分包括导游人员服务、风味餐、节目欣赏和参观游览等,旅游者可根据时间、兴趣和经济情况自由选择,费用既可预付,也可现付。

小包价旅游行程对旅游者来说具有多方面的优势,主要表现在明码实价、经济实惠、手续简便和机动灵活等方面,最早由香港和海外的旅行商向我国旅行社提出建议,由于其独特的优势而逐步普及到全国。小包价旅游行程每批旅游者一般在 10 人以下。

4. 零包价旅游行程

零包价旅游行程,是一种独特的旅游行程形态,多见于旅游发达国家。零包价旅游行程是指旅游者必须随旅游团前往和离开旅游目的地,到达目的地后,旅游者可以自由活动的旅游行程。参加零包价旅游行程的旅游者可以获得团体机票价价格的优惠,并可由旅行社统一代办旅游签证。

(六)按旅游行程档次划分

旅游行程可根据旅游者对食、住、行等方面的档次和费用的高低要求,划分为豪华等旅游行程、标准等旅游行程和经济等旅游行程。

1. 豪华等旅游行程

这类旅游行程旅游费用较高,旅游者住宿和餐饮一般安排于四、五星级饭店或豪华游轮里;享有中高级导游人员服务;享用高档豪华型进口车;餐饮以目的地特色餐饮为主;享用高水准的娱乐节目欣赏;一般长途往返使用飞机航线。

2. 标准等旅游行程

这类旅游行程旅游费用适中,旅游者住宿和餐饮一般安排于二、三星级饭店或中等水准的宾馆、游轮里的双人标准间;享用豪华空调车;餐饮以标准餐八菜一汤为主;一般长途往返使用飞机航线(只限于干线)或火车卧铺。

3. 经济等旅游行程

这类旅游行程旅游费用低廉,旅游者住宿和用餐于低水准的招待所和旅社;享用普通汽车;餐饮以旅游者吃饱为基本标准;一般长途往返以火车硬座为主。

三、旅游行程的构成要素

计调人员制定一份行程从表面上看并不是一件难事,但是制定一份规范的、有效的、实用的行程就不是那么简单了。旅游行程制定,是一个技术性很强的工作。从技术上讲,旅游行程是旅游吸引物资源、旅游设施和旅游时间的统一。行程制定的成功与否,主要取决于旅游行程的构成要素是否全面。

(一)旅游吸引物

旅游吸引物是指能够激发旅游者的旅游动机,为旅游业所利用,吸引旅游者到来的事物和现象。它是旅行社产品的核心内容,是旅行社产品生产的"原材料",其数量、质量和吸引力是旅游者是否选择该旅行社产品的决定因素。能够被旅行社利用的旅游吸引物主要包括自然吸引物和人文吸引物。

自然吸引物指依照自然发展规律天然形成的旅游资源,即可供人类旅游享用的自然景观与自然环境。自然吸引物主要包括地文景观(山地、山峰、峡谷、洞穴、沙滩、火山、沙漠、戈壁等)、水域风光(河流、瀑布、湖泊、泉、海洋等)、生物景观(森林风光、草原、古树、珍稀动植物等)、大气类(云海、雾海、冰雪、天气胜景等)以及宇宙类(太空、星体、天体观测、陨石等)。人文吸引物指在人类历史发展和社会进程中由人类社会行为促使形成的具有人类社会文化属性的各种人与事物。人文吸引物主要包括一些历史遗存、古迹、宗教文化、建筑与园林、文学艺术、民族民俗以及各种活动、事件等。

(二)旅游餐饮

旅游餐饮是旅游者在旅游活动中必不可少的需求内容,也是旅行社产品的一个非常重要的部分。尤其是一些著名的风味餐或者地方特色小吃,更是成为旅游者追逐的目标。在旅行社产品中一般都会包括品尝风味餐这个旅游项目,有的甚至就是为了风味餐而成团的。旅游者对旅游餐饮安排的满意程度对旅行社产品的信誉和形象来说都是至关重要的。

(三)旅游住宿

旅游住宿主要是为旅游者提供住宿休息的地方,一般包括旅游饭店、度假村、青年旅馆、家庭旅馆、招待所等。不同类型的住宿设施所提供的服务项目、档次是有区别的,所以旅行社在开发住宿产品的时候通常是根据旅游者的消费水平来确定住宿的地点、档次及提供的服务项目。旅游者对住宿的满意程度,也是关系旅行社产品信誉的重要环节。

(四)旅游交通

旅游交通是服务于旅游活动的交通运输形式,是提供旅游服务的重要条件。一般来说,旅游交通是旅游者利用某种手段和途径,实现从一个地点到另一个地点的空间转移过程。该过程可能是从旅游者常住地到旅游目的地或是从一个旅游目的地到另外一个旅游目的地,也可能是旅游者在旅游目的地各景区间移动或从旅游目的地返回其常住地,所以旅游交通可分为城市间的远距离交通和市内的短距离交通。主要的交通工具就是汽车、飞机、火车和轮船。在旅游过程中,如果旅游交通不能保证其价格合理、舒适安全、快速准时,就会对旅行社产品的整体质量产生负面影响。

(五)旅游购物

旅游购物也是旅游者在旅游活动中的一项重要内容。在旅行社产品中一般会包括安排旅游者购物的项目。旅游产品中的购物项目一般分为定点购物和自由购物两种,定点购物是旅游者到旅行社指定的商店购物,购物次数、购物时间的安排、购物场所的选择非常重要;自由购物是旅游者利用自由活动时间自己选择商店购物。

(六)娱乐项目

娱乐项目也是旅行社产品的构成要素之一,包括歌舞表演、戏曲观赏、民间艺术以及民俗活动等。旅行社产品中包括的娱乐项目具有趣味性、知识性、参与性,能保持和提高旅游者的游兴,加深旅游者对旅游目的地的认识和了解。

(七)旅游保险

旅行社为旅游者提供的产品中,还必须包括一项旅游保险。旅游保险一般包括旅行社责任险、旅游者意外伤害保险等。旅行社责任险是旅行社强制性保险,保险的范围主要包括旅游者在旅游期间发生的意外事故和由于旅行社责任事故而引起的赔偿;旅游者意外伤害保险则由旅游者自愿购买。

(八)导游人员服务

导游人员服务包括旅游目的地和旅行社为旅游者提供的信息资讯服务和劳务服务,其主体是导游人员代表旅游企业接待或陪同旅游者进行旅游活动,并按照旅游合同或协议约定的内容和质量标准向旅游者提供讲解服务、翻译服务和旅行生活服务。导游人员服务是旅游服务中的代表性工作,贯穿于旅游活动的始终,是旅游各项服务的具体组织者。从旅行社角度讲,导游人员服务是旅行社核心竞争力的重要组成部分,导游人员服务的水平和质量体现了旅行社服务的水平和质量;旅行社产品最终都是通过导游人员服务传递给旅游者的。从旅游者角度讲,导游人员服务是旅游者完成旅游活动的根本保证,也是旅游活动顺利开展的前提条件。

(九)其他服务

包括代办票务、代办签证、交通集散地接送等委托代办服务,它们是旅行社根据旅游者的具体需求而提供的单一服务项目的各种有偿服务,是旅行社开展散客业务的重要组成部分。

第二节 计调行程的制定

一、计调行程的内容

(一)确定行程名称

行程名称是对行程的性质、大致内容和设计思路等方面的高度概括。因此,确定行程名称应考虑各方面的因素,并力求体现简约、突出主题、时代感强、富有吸引力等原则。

(二)策划旅游行程

从形式上看,旅游行程是以一定的交通方式将行程各节点进行的合理连接。节点,是构成旅游行程的基本空间单元。一个行程节点,通常成为一个有特色的旅游目的地。一般来说,同一条旅游行程中的各个节点,都有相同或相似的特点,用于满足旅游者的同一需求并服从于某一旅游主题,起着相互依存、相互制约的作用。节点可以是城市,也可以是独立的风景名胜区。行程的始端是第一个旅游目的地,是该行程的第一个节点;终端是行程的最后一个节点,是活动的终结或整个行程最精彩的部分;而途经地,则是行程中除始端和终端外的其他节点,是为主题服务的旅游目的地。因此,策划旅游行程,就是合理安排从始端到终端,以及中间途经地之间的游览顺序,在行程上对相关节点进行合理布局。

安排旅游行程,一方面,是对符合主题特色的节点城市或风景区的选择;另一方面,是对节点游览顺序的安排,应遵循时间最短、费用最少、交通便利、合理搭配的原则,进行全面考察、综合平衡、合理选择。

(三)计划活动日程

活动日程,是指旅游行程中具体的旅游项目内容、地点及进行各项活动的日期,应体现劳逸结合、丰富多彩、各具特色、高潮迭起的原则。

例如:丹东鸭绿江风情三日游。

D1:中午接团,午餐后,乘车赴鸭绿江风景区(车程1小时),车观黄金坪,近距离观赏朝鲜田园风光、鸭绿江断桥(40分钟),观赏朝鲜平安北道首府新义州风光。参观抗美援朝纪念馆、全景画馆(1.5小时),外观抗美援朝纪念塔。晚餐后入住丹东。

D2:早餐后,乘车赴宽甸满族自治县灌水镇北部的天华山风景名胜区(距丹东160公里,车程3小时30分钟),景区总面积63平方公里。白龙涧、青龙涧、玉龙涧、天华峰、西谷顶五大景区融为一体,这里的奇峰、怪石、森林、古树、洞峡、幽涧、瀑布、溪水的自然之美,相映生辉,它的奇妙、清幽、雄险、润秀,以及密集型、高品位的自然景观资源,被专家们誉为"旷世佳境、万景奇山"。晚餐后入住宽甸。

D3:早餐后,乘车前往丹东河口景区(距丹东60公里,车程约1小时),参观赵本山拍摄的电视连续剧《刘老根》的外景地——龙泉山庄,再现当年的拍摄现场。参观彭德怀将军率志愿军渡江地——河口断桥,观赏长河岛高丽民俗村,乘船游览鸭绿江,了解朝鲜民族文化。午餐后,乘车返回丹东,送团,结束愉快旅行。

(四)选择交通方式

从旅游客源地到旅游目的地的交通一般会有几种方式,要根据不同的目标市场来选择。旅游者对旅游交通的要求有的把速度放在第一位,如公务或商务旅游;有的把舒适程度放在第一位,如经济条件好的旅游者;有的把价格放在第一位,如经济条件一般或讲究经济实惠的旅游者等。不管选择什么样的交通方式,都要尽量地使旅途时间最短、性价比最高、安全程度最高、服务最好。

交通方式的选择,要体现"安全、舒适、经济、快捷、高效"的原则。首先要了解各种交通方式的游览效果,如直升机、水翼船、汽车、火车、海船、客机;其次要了解各种交通工具的适用旅程,其中直升机、水翼船、汽车适合短途旅游,火车、轮船适合中途旅游,客机、海上游轮适合长途旅游;最后要了解国内外交通现状,如类型、分布、形式、网络等。在具体选择交通工具时要注意多利用飞机,尽量减少旅途时间;少用长途火车,以避免旅游者疲劳;合理使用短途火车,选择设备好、直达目的地、尽量不用餐的车次;用汽车做短途交通工具,机动灵活。总之,要综合利用各种交通方式与工具,扬长避短,合理衔接。

(五)安排住宿餐饮

吃、住是旅游活动得以顺利进行的保证,现在选择旅游住宿场所的余地越来越大。选择旅游住宿场所需要考虑的因素有品牌、位置、可进入性、环境、等级、规模、标准、价格、服务、在旅游者中的口碑、折扣率等。应遵循经济实惠、环境幽雅、卫生健康、交通便利、好停车、有特色等原则进行合理安排,并注意安排体现地方或民族特色的风味餐。

(六)留出购物时间

旅游购物是旅游活动之一。购物费用,通常在旅游者总花费中占据30%左右。需要遵循时间合理、能满足大部分旅游者的需求,不重复、不单调、不紧张、不疲惫的原则适当安排。选择旅游购物场所需要考虑的因素有类型、特殊性、位置、规模、价格、诚信程度、服务、折扣率等。

(七)筹划娱乐活动

旅游娱乐场所的种类越来越多,筹划的娱乐活动要丰富多彩、雅俗共赏、健康文明、互动性强、参与性强,体现民族文化的主旋律和文化交流的目的。在选择时,考虑旅游场所的类型、特殊性、位置、规模、价格、服务、门票折扣率等。

(八)选择合作伙伴

旅游是一个综合产品。旅行社需要与众多合作伙伴合作才能推出完整的旅游产品。选择合作伙伴不仅是设计旅游行程必须要做的工作,而且合作伙伴还直接影响到旅游产品的质量和价格。

二、计调制定行程的流程

(一)常规行程的制定

1. 收集现有的行程

计调人员可以通过网络查询、旅行社现有的行程资料、同行旅行社的朋友来收集各种旅游行程资料。

2. 找出优点和缺陷

收集完成后,找出这些行程的优点和缺点,并加以借鉴。

3. 模拟制作

根据行程制作要素,开始制作行程。

4. 核实检查

制作完成后,检查行程的格式是否规范,要素是否全面,内容是否正确。

5. 完善改进

在实际使用过程中发现问题及时改正,并存档以备后用。

(二)特色行程的制定

(1)了解客户旅游需求。计调人员通过与旅游者的沟通向其介绍产品,提供顾问服务。根据旅游者的需求,提出旅游方案。

(2)根据旅游吸引物确定景点。景点是构成旅游行程的基本空间单位,每一景点就是一个有特色的旅游目的地。

(3)结合前两个阶段的背景材料,对相关的旅游基础设施和专用设施进行选择和配置,并以一定的交通方式把各景点合理串联,组成一个旅游行程。缺少设施保障的旅游景点一般不宜编入旅游行程中。

(4)可根据旅游者或旅游中间商的要求对旅游线路作相应调整,把旅行社要卖出的旅游产品变成旅游者想购买的旅游产品。

三、计调行程制定的原则

通过本章第一节的学习,我们了解到,旅游者是为了娱乐、休闲、求知等目的而外出旅游的,而旅行社产品是旅行社为旅游者的旅游活动提供的一系列服务。这种产品的开发不是凭空想象的,而是要遵循一定的原则,才会开发出适合旅游者需求的产品。旅行社产品的形态是多种多样的,但不同形态的产品在其设计过程中,却应该遵循基本相同的原则。

(一)市场原则

旅行社产品开发的目的在于通过产品销售,获得经济利益。如果旅行社的产品不能满足旅游者的需要,产品就没有销路,旅行社也就无利可图,市场原则就是要求旅行社在开发新产品前,要对市场进行充分的调查研究,预测需求市场的发展趋势和需求数量,分析旅游者的旅游动机。只有这样,才能针对不同目标市场旅游者的需求,设计出适销对路的旅游线路,最大限度地满足旅游者的需求,提高产品的使用价值。该原则要求旅行社在制定旅游行程时必须首先了解和掌握旅游市场的需求状况,包括需求的内容、满足程度、发展趋势及潜在的需求状况和整个市场的规模、结构以及支付能力,然后根据这些因素制定旅游行程。能满足市场需求的新的旅游行程,才能在竞争激烈的旅游市场上得以生存和发展。旅行社所推出的旅游行程,首先要满足旅游者一般性的旅游需求特点,在此基础上,还要体现出不同时期的市场潮流和风尚,紧跟市场需求的变化。例如,近年来,自助游、自驾车游等新兴的旅游方式越来越受到人们的青睐,旅行社就不能再死守住传统的团体观光旅游不放,而应适应市场变化,大力开发新兴的旅游产品。

旅游者的需求千差万别,同时也千变万化,但其中也不乏相对稳定的因素。计调人员制定行程时应该考虑这样几个因素:选择旅游者未曾到过的、可以开阔眼界的地方;选择能使旅游者从日常的紧张生活中求得短暂的解脱、提高情趣、舒畅身心的地方;选择能有效利用时间而又不太劳累的地方;选择花费尽量少的费用、得到最大的实惠、物美价廉的地方。

(二)突出特色原则

旅游行程可以多种多样,但是特色总是旅游行程的灵魂。突出特色是旅游行程具有吸引力的根本所在。这就要求对旅游行程的资源、形式要精心选择,力求充分展示旅游的主题,做到特色鲜明,以新、奇、异、美吸引旅游者的注意。突出特色的原则具体体现在以下几方面。

1. 尽可能保持自然和历史形成的原始风貌

在这个问题上,旅行社必须要以市场的价值观念看待旅游行程的吸引力问题,而不能凭自己的观念意识主观地决定。在旅游资源的选择上要尽可能保持自然和历史形成的原始风貌,不要作任何更改。

2. 尽量选择利用带有"最"字的旅游资源项目

在确定旅游行程的时候,应尽量使用带有"最"字的旅游资源,这样可以增加旅游行程的吸引力和竞争力。例如某旅游资源在一定的地理区域范围内属最高、最大、最古、最奇等。只有具有独特性,才能提高旅游行程的吸引力和竞争力。

3. 努力反映当地的文化特点

突出民族文化,保持某些传统格调也是为了突出特色。旅游者前来游览的重要目的之一便是要观新赏异、体验异乡风情。不难想象,如果旅游行程同客源地的情况无差别,旅游者是不太愿意前来游览的,即使来过一次,以后也很难故地重游,除非有新的变化。

一项旅行社产品一般应突出某个主题,同时,旅行社应围绕主题,安排丰富多彩的旅游项目,让旅游者通过各种活动,从不同的侧面了解旅游目的地的文化和生活,领略美好的景色,满足旅游者放松、娱乐和求知的欲望。在旅游活动过程中,应力求形成高潮,加深旅游者的印象,以达到宣传自己、扩大影响、吸引旅游者的目的。

(三)经济原则

"经济"一词,作为形容词解释,是指节约,即以相对较低的消耗,获得相对较高的效益。旅行社产品同其他产品一样,也有各种成本支出,如交通费、住宿费和餐饮费等。这就要求旅行社在制定行程的过程中加强成本控制,降低各种消耗。例如,通过充分发挥协作网络的作用,降低采购价格。这样,既可以降低旅行社产品的直观价格,便于产品销售,又能保证旅行社的最大利润。

旅游行程制定的经济原则,还表现在旅行社产品的总体结构,应尽可能保证接待能力与实际接待量之间的均衡,减少因接待能力闲置而造成的经济损失。

(四)时效优先原则

旅游活动的效果或旅游者的旅游体验受自然景观、客观因素影响明显,如何使旅游者的旅游活动与旅游目的地优美的自然景观、良好的客观环境完美结合,体现时效优先原则,是制定旅游行程时需要考虑的问题。体现时效优先原则要展现最美的旅游景观,针对不同的旅游季节推出不同的旅游产品,紧扣社会热点推出适应性旅游产品。

1. 展现最美的旅游景观

当旅游者选择一条旅游线路,选定一个旅游目的地进行旅游活动的时候,他希望能看到旅游目的地最美的季节和最动人的景观。要想满足旅游者的这种心愿,在安排旅游行程的时候要尽量注意旅游景观的时效性。

(1)根据自然景观的季节性变化安排行程

自然景观作为旅游活动的客体,具有季节性变化的特征。一些自然景观受季节变化影响一年四季呈现不同的景象。某些特定的自然景观只有在特定的季节或特定的时间才能看到:如观赏香山红叶只有在深秋时分,著名的"吉林树挂"只有在隆冬时节才会出现等。计调人员在设计旅游行程时应该熟悉各个旅游目的地自然景观的季节变化特点,推出相应的旅游产品。

不同景点在不同的时刻,观赏效果是不尽相同的。因此,在条件许可的情况下,应在景点呈现最佳观赏效果的时候,安排旅游者前去游览。一般说来,以观赏植物为主的景点,多以清晨游览为佳;而以山体为主的景点,一般以上午游览为佳;以水体为主的景点在下午游览为佳。由于光照角度不同,同一景物也会呈现不同的观赏效果。一般说来,顺光照射的水体,呈现出清澈、碧绿的本色;而逆光照射的水体,会呈现出许多明亮闪烁的反光亮色,水体水色被淡化。因此,如果景点的水质好,应尽量安排旅游者处于顺光的角度观赏;反之,应安排旅游者处于逆光的角度观赏。总的来说,应根据景点的自然状态,选择最能体现景点吸引力的角度,安排旅游者观赏游览。

(2)围绕民间节庆活动设计路线

在世界各地,各种类型的民间节庆活动比比皆是。这些民间节庆活动以丰富的内容,奇特的形式吸引着各地的旅游者。然而,节庆活动并非天天都有,只在特定的时段才会举行。计调人员要完成对民间节庆旅游行程的设计,就离不开对民间节庆的地点、时间、内容和活动方式等信息的正确了解。

(3)根据旅游目的地的气候环境安排旅游行程

旅游活动是一种以户外为主进行的活动,气候环境是否舒适在很大程度上会影响旅游者的旅游体验或旅游满意程度。据研究表明,一般来说,旅游者感到比较舒适的情况是:气温 18~23℃,相对湿度 65%~85%,空气比较洁净、透明,日照中含有一定的紫外线,每立方厘米空气中含有负离子 1 000~1 500 个,气压 100 千帕上下,风速 2 米/秒左右。在不适合旅游的季节进行旅游,所带来的遗憾往往会使人感到难过。计调人员在设计旅游行程时,不能只单纯地考虑旅游目的地的景观状况,而忽视气候环境的舒适状况,要使旅游时间与旅游目的地最美的季节和气候环境协调一致,努力使旅游者欣赏到旅游目的地最好的景观,使旅游者的旅游体验达到最优,旅游满意度达到最大。

2. 针对不同的旅游季节推出不同的旅游产品

旅游产品的时效性不仅仅体现为表现旅游目的地最美的环境上,而且表现为该旅游目的地旅游行程应适合人们出游的季节。由于我国还没有普遍推行带薪休假制度,所以旅游者出游时间主要还是集中在法定假日,即通常说的"黄金周"。计调人员在安排旅游行程时,应考虑旅游产品的投放时段与人们出游的特点是否相符,针对旅游者不同的旅游季节的消费特点推出适时的产品。

3. 紧扣社会热点推出适应性旅游产品

时效原则的另一项意义,体现在对社会信息的及时采撷,即刻推出适应性产品上。在迅速把握机会、果断决策、抢占先机方面,产品的主动性若充分体现,会使产品声名远播,赢得良好的市场声誉。

(五)安全第一原则

在旅游活动中,保障安全是旅游者最基本的要求。在旅游安全没有保障的情况下,再精彩的游览活动也不能激发旅游者的旅游兴趣。只有那些能够确保旅游者人身、财产安全的旅游行程,才能让旅游者放心购买,放心游玩,才是有市场活力的旅游产品。

1. 旅游交通安全

飞机、火车、轮船、汽车是旅游者到达旅游目的地的主要交通工具。安全地到达旅游目的地是旅游者对旅游交通的最起码的要求。

(1)影响旅游交通安全的因素

影响旅游交通安全的因素主要有自然因素和人为因素。旅游交通运输作为一项室外运输活动,其安全性受诸多自然因素的影响。恶劣的天气、糟糕的道路条件、突发的自然灾害等都可能成为引发交通事故、妨碍交通安全的因素。相比自然因素,由人为因素造成的交通事故在日常生活中更为常见。一般来说,以下几方面的因素常常会带来交通隐患:驾驶员不安全的驾驶行为、行驶前未对交通工具做仔细检查,以及旅游者自身的妨碍安全的行为等。

(2)确保交通安全

为了确保交通安全,在制定旅游行程时必须选择安全的交通路线及有质量保证的交通工具和运输公司。"条条大路通罗马",在实际工作中,到达同一旅游点的交通路线往往有若干条。计调人员在确定具体的交通路线时应以安全为第一原则,在保障安全的基础上再选择经济省时的路线。如雨季的山区常常会有山体崩塌、滑坡的现象,乘汽车沿盘山公路上山的安全性就大大降低,坐索道或景区小型飞机上山虽然会增加成本,但行程的安全性却更有保障。

目前,我国的交通运输业除铁路运输业以外,航空运输、轮船运输、公路运输等都有多家运输公司经营,市场竞争十分激烈。计调人员在旅游行程中安排旅游者乘坐的交通工具来源也各不相同,有些是旅行社自有资产,有些是旅行社临时租用而来的。这些情况造成了旅游交通工具的质量和交通运输质量良莠不齐。旅行社在面对市场中林林总总的交通运输企业和交通工具时,不能只简单地比较价格,而应该综合考虑,确保安全第一,选择信誉好、有质量保证的交通工具和运输企业。

另外,在制定旅游行程时要注意在行程中尽量不安排夜间交通。一个旅游行程的时间总是有限的。很多旅行社为了在有限的时间内安排更多的游览活动,提高经济效益,往往会采取夜间行车,白天游览的模式。表面上看,旅行社提高了旅游效率,但实际上却增加了旅游交通安全的隐患。因为夜间行车,不仅路况差,而且驾驶员受生理规律支配往往感觉比较疲劳,容易造成交通事故。

2. 旅游活动安全

(1)游览活动安全

计调人员在旅游中所安排的各项游览活动也应以确保旅游者人身、财产安全为前提。针对不同类型的旅游者,所安排的游览项目也应有所差别。例如,对老年旅游者,就不适合组织那些刺激性强、运动量大的活动。为了满足旅游者的多种需求,计调人员可以在旅游行程中先安排常规的、一般性的游览活动,把那些较惊险刺激的旅游项目列为自费项目,供旅游者自由选择。

(2)餐饮安全

"民以食为天",旅游活动中同样如此。旅行中,一般旅游者对用餐环境、食品卫生状况和食品口味都比较注重。卫生、美味、有特色是旅游者对旅游餐饮的一般要求,其中卫生又是最基本的要求。如果食品安全发生问题往往会造成比较严重的后果,甚至会危及旅游者的生命安全,因此计调人员在制定旅游行程时应格外重视餐饮安全问题。首先,应选择正规的旅游定点饭店;其次,菜品以大众菜为主,一般不安排特色菜。因为有些特色菜原料和加工方法都比较特殊,旅游者食用后可能会引起身体不适。

(3)自由活动安全

计调人员在编排旅游行程时,一般都会安排适当的自由活动时间。所谓自由活动,就是由旅游者自行安排在旅游目的地的活动,无须导游人员或旅行社人员陪伴。从理论上说,旅游者在自由活动期间的人身安全、财产安全与旅行社无关,但实际上旅游者一旦在旅游过程中发生安全事故,旅行社也难辞其咎。因此计调人员在旅游行程中是否安排自由活动,安排多少时间,应以确保安全为出发点。一般说来,在治安状况良好,社会环境稳定的旅游目的地可适当安排自由活动,而在那些社会环境、治安状况较差的旅游目的地最好不要安排自由活动,以免发生意外。

3. 旅游保险

"人有旦夕祸福",尽管计调人员在制定旅游行程时以"安全第一"为出发点,但在实际的旅游活动中,旅游者和旅游经营者都有可能出现各种风险,如旅游者人身意外伤害、急病和财物丢失等,旅游经营者要承担经营风险。为了规避风险,降低损失,旅行社可以办理专项旅游保险。所谓旅游保险,是指旅游企业或旅游者与保险公司订立契约并根据标准缴纳保险金,以使旅游企业和旅游者在整个旅游活动的组织和参与过程中遭遇各种意外和危险时能够得到经济补偿。

(六)旅游点结构合理的原则

计调人员在制定旅游行程时,应慎重选择构成旅游行程的各个旅游点,并对其进行科学的优化组合。具体讲,在旅游行程设计过程中应注意以下几点。

1. 顺序科学

"顺序"包含两个方面的含义,即空间顺序和时间顺序。计调人员在制定行程时,一般以空间顺序为根本指导。在交通安排合理的前提下,同一线路旅游点的游览顺序,应由一般的旅游点逐步过渡到吸引力较大的旅游点,以不断提高旅游者的游兴。同时,要把握游程节奏,做到有张有弛,这样可以使旅游者感受到高潮迭起。

2. 避免重复经过同一旅游点

有些旅游点由于受区位交通不利因素的限制,设计旅游行程时必须重复经过,这是无法避免的。例如,若为要从北京入境,游览上海、苏州、杭州、福州、泉州,然后从厦门出境的海外旅游者编排设计线路,如果按北京—上海—苏州—杭州—上海—福州—厦门—泉州—厦门线路设计,就形成了重复出入上海和厦门两个旅游地区的线路,既浪费时间和费用,又使旅游者感到疲倦。若按北京—杭州—苏州—上海—福州—泉州—厦门线路设计,就使产品在价格上更有竞争力。根据满足效应递减规律,重复会影响一般旅游者的满足程度。因此在设计线路时,应尽可能使整条线路呈环形线路,如果不是迫不得已,尽量不要在同一城市、同一旅游点的重复经停。如华东五市经典游:南京—无锡—苏州—上海—杭州线路比上海—苏州—无锡—南京—上海—杭州线路合理。又如以海南岛—三亚七日游为例,离开海口去三亚时汽车走东线:海口—琼海—兴隆—陵水猴岛—三亚;返回海口时汽车走西线:三亚—通什—琼中(苗寨)—屯昌—海口。整个日程的安排是环岛一圈。尽管旅游者乘坐汽车长途跋涉,但因沿途风光各异,各旅游点都有不同的特色,在导游人员引人入胜的介绍下,每个旅游者都盼望着下一站的风景点,这些具有吸引力的安排使旅游者忘记了旅途的颠簸与疲劳,使他们感到花一分钱买到两份不同的经历。

3. 旅游点间距离适中

同一旅游行程各旅游点之间的距离不宜太远,以免使大量时间和金钱耗费在旅途中。例如,江南水乡十日游这一旅游产品,是在长江三角洲地区沿长江和古运河城市之间进行的,主要有江苏省的南京、扬州、镇江、常州、无锡、苏州和浙江的嘉兴、杭州及绍兴等。这条线路旅游城市相距很近,景点集中,交通方便,能在很短的时间内集中游览美丽如画的江南风光和体察水乡泽国的风土民情。

4. 择点适量

目前,短期廉价是大众旅游者的追求目标,旅游者的旅游时间一般在一周至两周之间。在时间一定的情况下，过多地安排旅游点，容易使旅游者紧张疲劳，达不到休息和娱乐的目的，也不利于旅游者细致地了解旅游点，对于老年旅游团采用这种方式就更不可取了。目前许多旅游行程的安排中，都有"贪多求全"的趋势。一方面，旅游者会因体力不支而望景兴叹。另一方面，择点过多，对旅行社产品的销售也会产生不利影响，致使旅游回头客减少。

5. 特色各异

一般说来，不应将性质相同、景色相近的旅游点安排在同一产品中，否则旅游者会产生厌烦心理，影响旅行社产品的吸引力。当然，特殊的专业考察旅游则另当别论。例如，在北京游览了颐和园，就应尽量避免再安排北海、圆明园等，因为这些都是皇家园林，虽各有特色，但园林的性质相同。又如，行程中安排了雍和宫，就应尽量避免再安排潭柘寺、法源寺、白塔寺等，因为这些都是属于寺庙建筑。

6. 购物安排合适

制定行程时，应注意将旅游点上最具特色、商品质量最有保证、秩序最理想的购物场所，安排在行程中所串联的景点的最后。这是因为旅游者在对景点的游览告一段落的时候，购物欲望是最强烈的，而在游程之初购物欲望很低。所以针对旅游者的这一心理特点，制定行程时不宜将购物点安排在行程的初始或中间。

（七）服务设施有保障的原则

制定行程时，途经旅游点的各项服务设施必须有保障，除了交通设施之外，还要充分考虑住宿、餐饮、银行、邮局等配套服务设施安排的合理性，以确保实现旅游产品的规模经营。这是旅行社向旅游者提供服务的物质保证，制定行程时应尽量减少旅游者在缺少服务保证的旅游点的停留。

四、计调编制行程的基本要求

（一）内容上要特色化

计调人员要招徕旅游者去旅游，一定要把旅游目的地的独特之处体现出来，必须做到特色鲜明，个性突出，让人有值得一游之感。此外，还要对旅游者市场进行细分，以特殊的产品满足旅游者特殊的需求。比如老年团需要行程安排宽松、价格较低、有医护、饮食以清淡为主；家庭旅游以自驾车、自由人为主或以科教、娱乐等参与性强的项目为主；新婚旅游追求浪漫、独特、新奇。

（二）旅行上要科学化

城市间的大交通一定要规范科学，方便快捷，以最快的速度、最短的距离、最可靠的方式到达旅游的目的地，航班、车次、船次一定要准确无误，以利合作旅行社的操作，游览的时间要掌握好，要留有充分的余量。

同时，常规线路编排合乎逻辑，适合大众消费习惯，忌生搬硬套、形而上学。比如，旅游者愿意游览有代表性的景点、愿意品尝当地特色小吃，希望路途交通时间不超过整个行程的一半，希望以最少的成本获得最优质的服务等都表现为大众需求，在旅游行程设计编排时要予以考虑。

(三)景点上要精彩化

各地景点千姿百态，风格各异，一定要把最精彩的景点展示出来，不要怕价格高，旅游者不接受，不妨标出精美景点让旅游者自由选择。不肯将著名景点纳入行程，是一个严重的失策。团体门票的折扣，恰恰是旅行社最大的利润收入，不在景点上下工夫，岂不是自己在舍弃利润？

(四)游览上要流畅化

游览点、就餐点、住宿点这三点连线的顺序要考虑周到，安排得当，不可舍近求远，尽量不走重复路线，要始终给旅游者新鲜的感受。

(五)文字上要艺术化

行程的介绍文字仅有几百字。除了注意准确、鲜明、生动外，还要有明确的主题，不能千篇一律。因为旅游团虽大同小异，但总有不同点，正因为这种不同，要多备几套方案，多换几种形式。

思考题

一、名词解释

旅游产品　旅游行程　全包价旅游产品　半包价旅游产品　小包价旅游产品　零包价旅游产品

二、简答论述

1.简述旅游行程制定的内容。

2.简述旅游行程制定的原则。

3.团体全包价产品的优缺点是什么？

4.小包价旅游产品有何优势？

三、实训项目

旅游行程安排

1.实训目的

(1)通过实地调查，了解当地旅游资源开发的现状，并能应用所学的知识制定旅游行程。

(2)针对大学生旅游市场，结合本地情况设计出一个三天两晚的旅游行程。

2.实训地点

学生所在地。

3.实训步骤

(1)根据班级人数把班级成员进行分组，每组7人左右，确定组长，实行实习组长负责制。

(2)确定旅游行程的主题。

(3)明确制定旅游行程的注意事项。

（4）指导学生查找相关资料，收集交通、饭店等信息，初步确定旅游行程。

（5）指导学生论证旅游行程的可行性，主要体现在行程在食、住、行、游、购、娱等串联方面是否可行。

（6）撰写新旅游行程方案。

四、分析案例

北京的6位旅游者参加了某旅行社组织的"北京—厦门—武夷山—福州六日游"，费用不低，但接待质量却让人遗憾。旅行团一行下午到达厦门，大家本来肚子很饿，但晚餐却淡而无味，令人难以下咽，无奈大家只得自己出去吃大排档。第二天到鼓浪屿游览，事先已订好了晚上7点去武夷山的机票，但下午5点导游人员才带大家到餐厅吃饭，且等了很久才上菜，还先上青菜，好菜放在后头，等到菜刚上齐，导游人员又催着大家赶飞机，大家只好匆匆吃一点儿完事。武夷山的导游人员是新手，对景点情况不熟悉，几乎不做任何讲解，还漏游了许多景点，而且武夷山每个峰都很高，爬上去很不容易，再加上导游人员对业务不熟，又使旅游者跑了许多冤枉路。从武夷山到福州，本应乘旅游列车，但接待旅行社却安排旅游者乘坐普通列车。旅游者们苦不堪言，一回到北京就到旅游管理部门投诉该旅行社。

请问：

1. 该案例中行程安排是否恰当？为什么？

2. 接待旅行社导游人员在接待过程中存在哪些问题？

第四章

计调报价

学完本章,学生要了解旅行社的产品价格,以及制定价格的基本目标、方法和策略,掌握旅行社产品价格的构成要素,掌握计调人员计价和报价的基本技巧,并能举例说明旅行社产品在计调部是如何计价、对外报价及形成利润的。

```
                        计调报价
                           │
          ┌────────────────┴────────────────┐
     旅行社产品价格概述              计调内部计价和对外报价
                                            │
                              ┌─────────────┴─────────────┐
                        旅行社产品价格构成            计价和报价概述
```

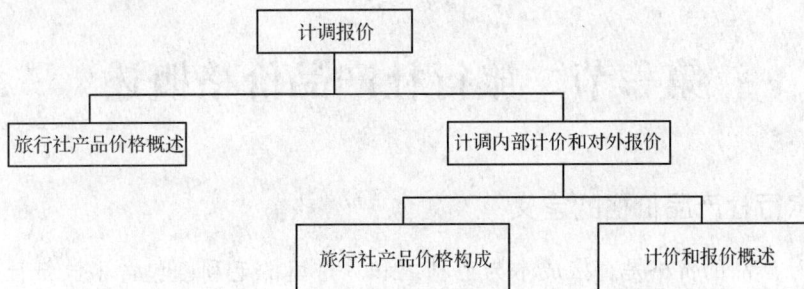

旅行社产品价格、报价。

某旅行社入境部欧洲业务处的小张,做计价业务已经快1年了。他聪明伶俐,一学就会,进步飞快。师傅老王对他很满意,小张自己也觉得可以出徒了。小型团队和零散客户的计价工作,师傅已经让他独立操作了。在此之前,每次算完价后,师傅都要仔细审核,确认无误后再发给客户。适逢年末,一年一度的计价高峰又如期而至,此间,所有的业务人员都在埋头苦干,忙得不亦乐乎。刚刚开始独立操作的小张也不例外。

为了能多出活,小张也顾不得师傅教过的流程了,怎么快怎么来,效率倒是蛮高的,一大摞的报价也都如期完成,大家总算能缓口气了。

在小张的报价中,有一家很快就回复确认了,而且还有了好几个团队预订。小张很高兴,赶紧把这个好消息告诉了师傅。可是当师傅看过小张的报价后,原本满是喜悦的脸上突然阴云密布。师傅指出小张的报价有漏项,所以直观价格才显得那么诱人。他在附加费用中少算了风味餐、索道费和机场建设费(现如今,机场建设费已含在机票里代收了,故避免了这方面的差错)。因为忙,小张没有严格按师傅所教的流程,一步步地计价、审核,也没有用计价表,仅根据客户的行程进行核算。行程中的需求很分散,有很多还隐藏在字里行间,很容易被忽略,只有按照计价表中的内容逐一核对,才可避免漏项。

小张觉得自己对计价的内容和项目已经很熟悉了,甚至可以倒背如流,用不用计价表都无关紧要了。少算的这几项的金额加起来也不少,核算后,该团亏损。这是小张始料不及的,高兴的心情也因此烟消云散。经与客户联系,该报价已打在客户的广告上,无法追加报价。

一言既出,驷马难追呀!该团的价格只好如此了,只能赔本赚教训了。根据公司规定,小张承担了部分经济损失。

问题:计调人员应该从该案例中吸取哪些教训?

【案例点评】 计价中不可漏项,一定要反复审阅行程,逐项进行核对,最好能由具体报价人员和业务主管双向审核,确保万无一失后,再报出,防止差错,避免损失。错误的价格一经报出就是泼出去的水,报价不讲信用,出尔反尔,会影响公司声誉和业务合作。另外,不要拒绝像计价表这类的工具,学会利用它,可使自己的工作事半功倍。

第一节 旅行社产品价格概述

一、旅行社产品价格的含义

旅行社产品的价格是直接成本与毛利之和。这里的毛利已包含了旅行社各种直接和间接费用及税金和折旧在内的利润,它通常根据直接成本的一定比例来确定,这个比例可以是旅行社预期的利润率,也可以是旅行社经营管理人员的经验数据,但无论如何,这一比例的大小都受本地区旅行社行业平均利润率的影响,各种产品毛利率不同,一般来说,国际游大于国内游,长线游大于中短线游,专项游大于观光游。生产成本主要分为组团包价和委托代办费用两大部分,其中组团包价是旅行社主营业务的费用。

旅行社产品价格有两层含义:一是指旅行社提供各项服务的收费价格,包括导游人员服务收费、接送旅游者服务收费以及代办其他各项服务的收费等,这类价格一般针对散客要求的单项服务。二是指旅行社组织旅游者旅游期间,安排各项旅游活动项目价格的总和。它包括旅行社安排活动代付的食、住、行、游、购、娱费用,也包括旅行社的综合服务费。这种价格针对包价旅游的旅游者,又称旅游包价。

以接待业务为主的旅行社,工作的核心,就是如何以适当的价格将旅行社的产品通过适当的渠道推向选定的细分市场,销售过程的管理和售后服务,对旅行社来说具有非常重要的意义。而对旅游产品价格的具体操作,则是由计调人员来完成的。所以,计调人员要熟知旅行社产品的定价策略、定价依据等,才能准确、快速地计算出产品价格并对外报价。

二、旅行社产品价格分类

价格是最直接、最敏感地影响消费者购买行为的因素。对旅游企业而言,它又是获得收入和赢利的主要手段。因此,价格必然成为营销策略中的重要因素之一。旅行社产品的价格,主要是由成本、利润和税金三部分组成的。从不同角度,可对其进行不同的划分。

(一)从旅游者对旅行社产品的需求程度角度划分

从旅游者对旅行社产品的需求程度角度划分,旅行社产品价格可分为基本旅游价格和非基本旅游价格。基本旅游价格,是旅游活动中不可缺少的旅游产品的价格。如交通价格、食宿价格等,是为了满足旅游者基本的旅游需求。非基本旅游价格,是指旅游活动中对旅游者来说,可购买也可不购买的旅游产品的价格,包括纪念品价格、娱乐服务价格、参加保险的价格等。

(二)从旅游者的购买方式角度划分

从旅游者的购买方式角度划分,旅行社产品价格可分为单项价格、包价和部分包价。旅游者可以根据需要选择不同的购买方式。如果是散客,可以零星的单项价格向旅行社购买。这种单项价格,就是各个具体服务项目所规定的价格。如交通费中的机票、车票及船票价格;食宿费中的房间价格、饮食价格;参观游览中的门票价格等。其中包括了旅行社的成本与利润。

如果旅游者参加的是团队全包价旅游,就会一次性预付旅游活动所需的全部费用。全包价费用,是按旅游行程所涉及城市的远近,旅游团的人数、等级和所要求的各项服务的多少来决定的。包价费用,一经双方最后确认,原则上不再重新结算,如遇人力所不可抗拒的原因,必须在改变行程、增减服务天数时才重新计算包价费用。

(三)从游览范围角度划分

从游览范围角度划分,旅行社产品价格由国际旅游价格和国内旅游价格构成。国际旅游价格一般包括从客源国(或地区)到目的地国(或地区)之间的往返交通费、旅游产品价格,与本国及外国旅行社相应费用及利润之和。随着旅游活动的不断发展,在国际旅游价格中,部分包价与单项价格被越来越多的旅游者选择,有的旅游者甚至只订购往返机票,从而使旅游价格出现多种形式并存的局面。国内旅游价格也可分为单项价格、包价和部分包价几种。

通常情况下,发展中国家的国际旅游价格比国内旅游价格高得多,但随着经济发展,

全球一体化进程的加深,服务贸易将日益世界化,国际与国内旅游价格的差异将逐渐缩小。

(四)从消费层次角度划分

从消费层次角度划分,旅行社产品价格可以划分为豪华等旅游价格、标准等旅游价格、经济等旅游价格。首先,各等级根据消费者的消费水平而收取不同的费用。同样的景点线路,大交通是往返飞机,还是往返火车相差甚远;就算是往返火车,卧铺和硬座价格也不一样。其次,同样的行程和交通方式,如果住宿饭店星级不等,价格则不等。

三、旅行社产品定价目标

旅行社产品的定价目标,是指旅行社在为产品定价时,预先设定的通过价格手段所要达到的预期目的和标准。旅行社在确定了明确具体、现实可行的定价目标之后,才能进一步按照适当的定价方法和策略去进行价格管理。因此,计调人员必须首先明确定价目标。

(一)维持生存目标

维持生存目标,也叫生存导向目标,这是旅行社的最低目标。当旅行社面临竞争态势异常恶劣、客源大减、资金周转不灵、产品卖不出去等困难时,为避免破产倒闭,度过经营危机,以保本价格甚至亏本价格出售产品,以争取客源维持营业,并努力争取研制新产品的时机,重新占领市场。这种定价目标往往只作为特定时期的过渡性目标,一旦旅行社出现转机,它将很快被其他定价目标所取代。

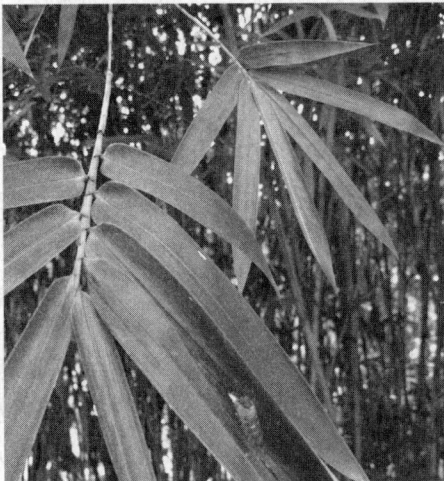

(二)利润导向目标

利润导向目标也叫当期利润最大化目标。这种目标通常是侧重于争取在短期内获得最大利润。以此为目标的前提条件,是旅行社及其产品在市场上居领先地位,旅游产品在市场上供不应求,而其他竞争对手则力量不强。此时,旅行社可采取扩大销售量和提高价格的策略来实现这一目标。但利润最大化并不意味着价格最高。这一目标可能会影响到市场占有率,为竞争者提供机会。所以旅行社应慎重采用这一目标,必须有长远的经营战略。

(三)预期收益目标

预期收益目标,也叫收益导向目标。旅行社对投入的资金,一般都希望在一定时期内收回,并获得一定的利益。因此,往往以获得一定的销售利润为目标来进行产品定价,采取"成本加成"定价法。这样难免会忽略市场需求、竞争状况等其他因素。所以,这一定价目标更适用于一些资产庞大、市场控制力强、竞争力强的大型旅行社。这些旅行社的价格决策受弱小竞争者的影响较小。

(四)扩大市场占有率目标

扩大市场占有率目标,也叫销售导向目标。这是一种注重长期利益的定价目标。市场占有率也称市场份额,是指企业产品的销售量在同类产品的销售量中所占的百分比。市场占有率高,可以降低成本,并可以取得一定的控制市场和价格的能力,从而提高产品竞争力。一般产品价格的高低与市场占有率呈反比关系,所以,对于新创立或不满足自己所占市场份额的旅行社,一般可采取将自己产品的价格定得低于主要竞争对手同类产品价格的方法,实行市场渗透,以取得更大的市场占有率。这是放弃眼前利益获得长远利益的一种战略。

(五)应付或防止竞争目标

应付或防止竞争目标,也叫竞争导向目标。在旅游市场竞争中,价格是最有效而又最敏感的竞争手段。旅行社可以以有影响力的竞争对手的价格为基础,再根据自身的条件对自己的产品进行定价。在一个竞争激烈的旅游产品市场中,若本旅行社实力较弱,一般价格应定低些。只有具备特别优越的条件,如资产雄厚、产品质量优异、服务水平很高等,才可能把价格定得高一些。

(六)树立或维持良好形象目标

树立或维持良好形象目标,也叫形象导向目标。旅行社形象,是旅行社通过长期市场营销等活动,而给予消费者的一种精神感知。旅行社良好的企业形象会存在于旅游者的心目中,给旅行社带来可观的利润。良好的形象与产品销售、市场占有率、竞争能力等密切相关,且会通过价格表现出来。所以旅行社为建立或保持良好的形象,产品价格的制定就要符合企业形象的要求。这种定价目标有利于改变目前我国旅游市场上恶性削价竞争的局面,提高旅行社的产品销售和利润率,也会受到旅游者的欢迎。旅行社要提高产品的质量,实行优质、优价服务,树立良好的企业形象。

四、旅行社产品的定价依据

以接待业务为主的旅行社,工作的核心就是如何以适当的价格将旅行社的产品通过适当的渠道推向选定的细分市场,而销售过程的管理和售后服务对旅行社来说具有非常重要的意义。对旅游产品价格的具体操作是由计调人员来完成的。所以,计调人员要熟知旅行社产品的定价依据等,这样才能准确快速地计算出产品价格并对外报价。

旅行社产品的价格一般会受到三个因素的影响:旅游产品本身的成本决定最低价格,竞争对手同类产品的定价标准决定市场价格,旅游者购买能力和对产品价值的认识决定标准价格。

旅游产品成本是旅行社制定销售价格的直接根据,因为任何企业的经营都是以保本为前提的。旅行社产品的价格,主要由成本、利润和税金三部分组成。产品成本的高低直接决定旅行社产品售价的涨落。而旅行社产品的成本,在许多情况下,并非旅行社单方面所能控制的。它会受到许多因素的影响,如协作单位根据自身经营情况进行的价格调整和国内零售物价总指数的变动等。

由于旅行社产品的销售是一种预约性交易,即旅行社与旅游者达成交易在先,旅行社实际提供服务和旅游者实际消费产品在后,价格往往需提前1~3个月报出,入出境时间会更长甚至需要半年或一年报出。根据国际惯例,旅游价格一经报出,在执行年度要保持相对稳定,不宜频繁修改,这是维护旅行社声誉的必要条件。因此,旅行社制定产品售价以前,应注重研究价格的变化趋势及影响因素,尽量避免由于当地价格变化给旅行社带来损失。

五、影响旅行社产品价格制定的因素

影响旅行社产品价格制定的因素,包括产品的内部因素和外部因素两个类型。产品的内部因素,是指构成旅行社产品的各项成本和利润;产品的外部因素,则包括旅游市场的供求状况、竞争状况、汇率、季节、服务特色等。

(一)内部因素

1. 固定成本

固定成本,是指在一定范围内和一定时间内总额不随经营业务量的增减而变动的产品成本,包括旅行社的房屋租金或房屋折旧、其他固定资产折旧、宣传促销费用、销售费用(电话、传真、往来信函的邮寄费用)、员工工资等。固定成本应分摊到旅行社所销售的全部产品中。固定成本分摊到单个产品里的份额,同旅行社的总销售量成反比关系,产品的销售量越大,分摊到每个产品中的固定成本份额就越小。

2. 变动成本

变动成本,是指随着旅行社产品销售量的变化而变化的各种成本,与产品的销售总量成正比例关系。旅行社产品销售得越多,变动成本就越大,变动成本通常包括旅游者的交通、餐饮、住宿、导游人员讲解、景点门票、旅游保险,旅游团陪同人员的交通和住宿等项成本费用及旅行社交纳的营业税金等。变动成本是旅行社产品的主要成分,是决定产品价格的主要因素。

3. 利润

利润,是旅行社通过销售其产品所获得的收入与旅行社为生产和销售产品所付出的各项成本费用相抵后的余额,是旅行社经营的财务成果。旅行社产品的价格中必须包含一定比例的利润。

(二)外部因素

1. 供求状况

旅行社在制定产品价格时,必须充分考虑旅游市场上的供求状况。当旅游市场上对于旅行社的某种产品的需求增加时,旅行社常常提高该产品的销售价格;当旅游市场上对某种产品的需求量减少时,旅行社往往降低该产品的销售价格。

2. 竞争状况

旅行社应当把旅游市场上的竞争状况作为制定产品价格的重要参考依据。如果市场上经营同类产品的旅行社数量众多,且呈现供大于求的局面时,旅行社通常将价格定得较低;如果市场上经营同类产品的旅行社数量较少,甚至是某旅行社独家经营,形成供不应求的局面时,旅行社一般将价格定得较高。

3. 汇率

经营入境旅游和出境旅游的旅行社在制定旅行社产品价格时,除了需要考虑上述各种影响价格制定的因素外,还应考虑货币的汇率因素。汇率是一个国家的货币用另一个国家的货币所表示的价格。两种货币之间的比价发生变化,会对旅行社产品价格产生一定的影响。当本国货币贬值时,入境旅游产品的实际价格下降而出境旅游产品的实际价格上涨;当本国货币的升值时,入境旅游产品的实际价格上涨而出境旅游产品的实际价格下降。因此,旅行社在制定入境旅游产品和出境旅游产品的价格时,必须关注货币汇率的变化。根据具体情况对产品的价格作出相应的调整。

4. 季节

旅游是一种季节性很强的活动,旅游旺季和淡季之间存在着明显的差别。旅行社在制定产品价格时,必须将产品销售的季节因素考虑进去。一般情况下,旅行社在旅游旺季时会保持其产品售价不变或将产品售价上调,在旅游淡季时则往往将产品售价适当地降低,以吸引更多的旅游者。

5. 服务特色

服务特色是无形的,但只要它是独特的、有吸引力的,能激发旅游者精神上和心理上的满足的,就都是价格附加的基础。特色越明显越具有垄断性,其价格就可定得越高。旅行社产品市场要改变恶性价格竞争,就必须以产品差异代替价格竞争,而产品差异竞争在很多情况下是以服务特色竞争的形式出现的。

六、旅行社产品的定价方法

旅行社经营的产品具有很强的波动性,在其成本结构中,变动成本所占有的比例较高,这也造成了旅游产品价格的灵活性很大。在实际工作中,计调部定价的方法有很多种。但无论采用哪种方法,都必须分析市场需求、产品成本和竞争状况这三大因素。

(一)成本导向定价法

这种定价方法是以旅游产品的成本作为主要依据,再综合考虑其他因素来制定价格的。不同的旅游产品的成本构成存在差异,在成本基础上核算利润的方法也有多种,成本导向定价法可以分为成本加成定价法、目标利润定价法、盈亏平衡定价法、边际贡献分析定价法等几种。

1. 成本加成定价法（赢利）

成本加成定价法，是指将单位产品的变动成本总额和一定比例的利润加在一起后确定产品价格的定价方法。其计算公式为

单位产品价格＝单位产品成本×（1＋加成率）

例如，某旅行社的一条旅游线路的单位变动成本是 1 500 元，固定成本是 300 000 元，假设报名参加这个旅游行程的旅游者为 300 人，旅行社的预期利润为 20%，请问单位产品销售价格是多少？

单位产品价格＝单位产品成本×（1＋利润率）

＝[1 500＋（300 000÷300）]×（1＋20%）

＝2 500×（1＋20%）

＝3 000（元）

成本加成定价法是旅行社的一种常见定价方法，其主要优点是计算简便，而且在市场环境基本稳定的情况下能够保证旅行社通过销售产品获得一定比例的利润。然而，这种方法是以成本为中心的定价方法，它只是从保证旅行社本身的利益角度制定产品价格，忽视了市场需求多变的现实，所以，利用这种方法制定出来的产品价格有时不能够被广大的旅游者所普遍接受，甚至会因此而造成旅行社产品在市场上缺乏竞争力。

2. 目标利润定价法（赢利）

目标利润定价法，又称投资回收定价法，是指旅行社为在一定时期内收回投入企业的资金而采用的一种定价方法。首先，旅行社为所投入的资金确定一个回收期限，然后根据投资额和回收期限计算出目标利润率和目标利润额。最后，根据目标利润额、固定成本、单位产品变动成本和预期销售量制定出产品的销售价格。其计算公式为

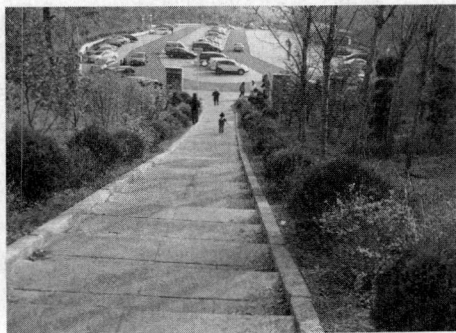

单位产品价格＝固定成本/预测销售量＋单位产品变动成本＋单位产品目标利润

其中：单位产品目标利润＝目标利润总额/预测销售量

例如，某旅行社以接待国内旅游团为主营业务。该旅行社 2011 年的目标利润总额是 720 000 元，固定成本 960 000 元。根据预测，该旅行社将于 2011 年接待 48 000 人/天的国内旅游团体包价旅游者。据调查，该旅行社所在地区适于接待国内旅游团的饭店平均房价是 200 元/（间·夜）；旅行社接待每人/天的综合变动成本为 35 元。

那么，该旅行社接待国内旅游者的每人/天收费是：

960 000/48 000＋200/2＋35＋720 000/48 000＝20＋100＋35＋15＝170（元）

目标利润定价法的优点是旅行社可以通过这种定价方法保证实现既定的目标利润和目标收益率，在预定的回收期内收回投资，从而保护了投资者的利益。然而，同成本加

成定价法一样,目标利润定价法也是一种从保护旅行社的利益角度制定产品价格的方法,没有充分地考虑到市场需求和竞争的实际情况。此外,这种方法是以预测产品销售量为基础计算产品价格,而旅行社的产品是需求弹性大的产品,其销售量往往取决于产品的价格,因此,用这种方法计算出来的产品价格难以确保预测的销售量得以实现。

3. 盈亏平衡定价法(保本)

这种方法,又称保本定价法,指旅行社根据产品的成本和估计销量计算出产品的价格,使销售收入等于生产总成本。其计算公式为

单位产品价格＝单位产品变动成本＋(固定成本总额/估计销售量)

例如:某旅行社的一个旅游行程的单位变动成本是 2 500 元,固定成本是 400 000元,假设报名参加这个行程的旅游者为 500 人,请问单位产品销售价格是多少?

单位产品价格＝单位产品变动成本×(固定成本总额/估计销售量)

$$＝2\ 500＋(400\ 000÷500)$$

$$＝2\ 500＋2\ 000＝4\ 500(元)$$

盈亏平衡定价法是企业对各种定价方案进行比较选择的参考标准,以其他方案制定出来的价格如果高于盈亏平衡价格,企业就有钱赚;如果低于盈亏平衡价格则亏损。

4. 边际贡献分析定价法(不求赢利,只求少亏)

这种方法,又称变动成本定价法,是旅游企业在定价时只计算变动成本,不计算固定成本,只要价格高于单位产品变动成本,企业就可以继续生产和销售,否则就应该停产、停销。

即:单位产品售价＞单位产品变动成本

边际贡献＝单位产品售价－单位产品变动成本

例如:某一旅游产品的总成本为 800 元。其中,单位产品变动成本为 600 元,单位产品固定成本为 200 元。现在,产品销售十分困难,旅行社为了减少亏损只能采用边际贡献定价法来确定产品的价格。单位产品的价格至少要定在高于 600 元的水平。

这种定价方法的优点是使旅行社在市场条件不利的情况下仍能保住市场份额,并可随时根据市场需求和季节的变化对价格进行调整,具有较大的灵活性。这种方法的缺点是使旅行社蒙受一定的利润损失。另外,单位产品变动成本经常因旅游服务供应市场的变化而发生变动,迫使旅行社不断地重新计算和调整产品的价格。

(二)需求导向定价法

这种定价方法是以旅游产品的市场需求为主要依据,综合考虑旅行社的营销成本和市场竞争状况而制定或调整营销价格的定价方法。由于和需求有关的因素很多,而且旅行社对各种因素的重视程度和认识情况不尽相同,因此其具体形式有很多种,主要介绍以下三种。

1. 需求差异定价法

需求差异定价法,可以说是"看客下菜",是指旅行社在旅游者对产品的价值认识及旅游者对产品需求的差异基础上的定价。也就是对单位成本相同或相近的同类产品,根

据不同细分市场的需求,制定不同的价格。实施差异定价是有条件的。一般而言,必须是在市场细分之后,细分市场在不同的条件下表现出的需求强度有明显的差别。同时,实行差别定价必须以不引起旅游者的反感为条件。

2. 认知价值定价法

认知价值定价法,也称感受价值定价法、理解价值定价法。这种定价方法认为,某一产品的性能、质量、服务、品牌、包装和价格等,在消费者心目中都有一定的认识和评价。消费者往往根据他们对产品的认识、感受或理解的价值水平,综合购物经验、对市场行情和同类产品的了解而对价格作出评判。当商品价格水平与消费者对商品价值的理解水平大体一致时,消费者就会接受这种价格,反之,消费者就不会接受这个价格,商品就卖不出去。

3. 价格需求弹性定价法

当旅游产品价格发生变动后,其市场的需求量一般都会有所变化。价格需求弹性定价法就是利用需求弹性系数的大小来判定产品定价的合理与否,以便为旅行社调整价格提供依据。当需求弹性系数大于1时,说明这种旅游产品富有弹性,降价可以大幅度提高销售量和销售额;若需求弹性系数等于1或接近1时,说明没有弹性或弹性较低,此时降低价格会增加销售量,提价会减少销售量,但无论是提价或是降价都不会影响最后的销售额,当然降低价格后增加了销售量可以提高市场占有率;若需求弹性小于1,说明缺乏弹性,提高价格可以使销售量小幅下降,但销售总收入会增加。

(三)竞争导向定价法

旅行社以同类旅游产品在市场供应中的竞争状况为依据,以竞争对手的价格为参照的定价方法即为竞争导向定价法。这种定价方法的核心是围绕竞争展开的,同时考虑旅行社自身的势力和市场定位及战略目标等因素。

1. 随行就市定价法

随行就市定价法,是指旅行社通过对市场竞争、市场需求及旅游者的反应的不断监测,以随机的方式对产品价格进行相应调整,以期在可能的范围内获得最大利润的定价方法。这种定价方法充分考虑了市场竞争的因素和旅游者的反应,所制定出的产品价格容易为旅游者所接受,并能够使旅行社在市场竞争中取得优势地位。这种定价方法的不足之处是,旅游者的态度因受众多因素影响而不断变化,从而导致旅行社在判断旅游者态度方面困难很大;旅行社无法预测产品的销售量和经营利润;旅行社采用随行就市定价法与其他同类旅行社竞争,容易引起竞争对手的报复,从而导致恶性削价竞争的局面。

2.率先定价法

这种定价方法比较主动,一般被那些实力较强或产品具有很强独特性的旅行社所采用。首先,将市场上存在竞争关系的产品价格与自身的产品价格进行比较,将其分为高于、一致、低于三种层次;然后对产品的质量、成本、产量、性能等要素进行比较和分析,找出造成价格差异的原因;再根据分析的结果确定本旅行社产品的定位,按照营销目标确定销售价格;最后,根据竞争对手的价格变化,进行必要的分析,适时进行价格调整。这种定价方法相对灵活,更重要的是可以使自己处于主动地位。一些实力雄厚的旅行社或产品独具特色的旅行社可以采取这种主动竞争的方法。自行制定价格后,在对外报价时先于同行报出,可以在同行中取得"价格领袖"的地位,获取较高的利润。

七、旅行社产品的定价策略

(一)新产品定价策略

新产品定价策略是否适当对新产品的推广起着十分重要的作用。一般而言,新产品的定价策略主要有三种。

1.撇脂定价策略

撇脂,原意是指将牛奶上的那层奶油撇出。撇脂定价,是指新产品投放市场时,在短时期内采用高价,获得高额利润的定价策略。新产品刚上市时,需求弹性较小,旅游者对产品价格的反应不敏感,竞争对手也较少,因而可能在短时期内获得最大的利润。

撇脂定价策略的优点是利润大,可及时回收成本投资。高定价也有利于树立高质量的产品形象,并给旅行社留有一定的降价空间,以吸引对价格敏感的旅游者。但是,如果最初定价太高,则不利于开拓市场,也会引来大批竞争者的加入,因竞争激烈而造成利润下降,所以,撇脂定价是一种短期的价格策略。旅行社若想长期使用这种策略,就必须不断进行产品创新。可以看出,这种定价策略适合创新能力较强的旅行社。

2.渗透价格策略

这种定价策略与撇脂定价策略恰恰相反,渗透定价策略是一种低价策略。旅游新产品进入市场时,为迅速打开市场获取市场份额,以较低的价格吸引消费者。这种价格策略不仅可以迅速打开销路,扩大市场销量,增加赢利,还可以阻止竞争者的进入,有利于控制市场。但这种策略的运用也有可能导致投资期较长而遭受损失。采用渗透价格策略应具备以下条件:市场对价格高度敏感,企业能逐步降低产品的成本,低价格有助于阻止竞争者的进入。

3.满意价格策略

这种价格策略介于上述两种策略之间,是一种折中策略。其价格比撇脂价格低但比渗透价格高,既能保证旅行社获得较满意的初期利润,又能使较多的旅游者接受。这种价格策略也称为"温和价格"或"君子价格"。

(二)心理价格策略

很多消费者对产品价格较为敏感,因此,在实际操作中可以利用消费者对价格的心理反应制定价格。心理价格策略主要有以下四种。

1. 整数定价策略

整数定价策略是在定价时采用合零凑数的方法，制定整数价格。旅游产品的内容和服务十分丰富，旅游者很可能用价格来衡量产品的质量。制定整数价格可以提高产品的身价，显得质优价高，从而刺激旅游者的购买意愿。

2. 尾数定价策略

这种定价策略也称为非整数定价策略，即给旅游产品定一个以零头数结尾的非整数价格。很多消费者认为整数价格是概括性定价，是不准确的，而尾数定价可以使消费者产生价格精确的最低价格的心理，即使对一些价格较高的产品也觉得可以接受。

3. 分级定价策略

由于大多数旅游者不大会感觉到价格的细微差别，并且对很多旅游产品的需求曲线呈阶梯状。因此旅行社可以把旅游产品划分为几档，为每一档制定一个价格，使消费者觉得各档次价格反映了产品质量和内容上的差异，以简化其选购过程。旅行社经常采用这种定价策略，将同样的旅游行程产品划分为豪华、标准和经济三种档次，分别制定不同的价格吸引不同层次的消费者。在实际操作中，一定要注意级别不宜太多，要使不同等级的产品在质量、性能、内容等各方面有明显的区别和差异。

4. 声望定价策略

这种定价策略实际上是利用消费者"价高者质必优"的心理，针对消费者心目中信誉较高的旅游产品制定较高的价格。旅游者在识别名优产品时，这种质优价高的心态尤为突出。为独特、高质量、高性能的产品制定高价格不仅可以显示产品特色，给消费者留下良好的印象，还可以使消费者在购买时感觉到提升了自己的声望。一般而言，旅行社采用这种策略制定的价格，多为同行业同类产品中的较高价格或最高价格。

5. 招徕价格策略

这是一种有意将商品按低于市场平均价格的价格出售，来招揽吸引消费者的定价策略。如，商品大减价、大拍卖、清仓处理等，由于价格明显低于市场上其他同类商品，因而顾客盈门。这种策略一般是对部分商品降价，从而带动其他商品的销售。比如，一些大型超市将特定的商品以低价出售，作为宣传来吸引消费者。又如，很多旅行社把某一个旅游行程的价格定得很低，目的是吸引更多的旅游者前来参团旅游。

招徕价格策略带有很强的促销导向作用，是指旅行社借廉价销售某几项产品之机，吸引消费者来购买这些产品的同时顺便购买其他常规价格的产品。从而使旅行社整体上实现收入增加和赢利。这种策略主要运用于连带性较强的旅游产品。

（三）折扣价格策略

折扣价格策略是指旅行社在确定基本价格的基础之上，给予消费者一定价格折扣的策略，以此吸引购买或增加消费。常见的折扣策略有数量折扣、现金折扣、交易折扣和季节折扣等。

1. 数量折扣

数量折扣是旅行社为鼓励中间商大量购买，根据购买的数量或金额而给予一定的折扣。数量折扣可分为累计数量折扣和非累计数量折扣。累计数量折扣，是指在一定的时期内，按照购买的总数量或总金额给予折扣；非累计数量折扣，是指根据一次性购买的数量或金额给予折扣。这种策略可鼓励消费者多次购买本旅行社的产品。运用数量折扣时，要注意确定好基点量和各数量档次的折扣率。

2. 现金折扣

现金折扣也称提前支付折扣，指旅行社在赊销情况下，对那些提前付款的消费者，给予一定比例的价格优惠。这种折扣可改善旅行社的现金流通，减少坏账损失。

3. 交易折扣

交易折扣也叫功能折扣，指旅行社对提供某些宣传、推销等营销功能的中间商，给予一定的价格折扣。旅行社采取此种策略，可减少营销费用，从而省下成本费用，以折扣的形式转让给消费者。交易折扣作为中间商发挥销售职能的报酬，也是稳定销售渠道的重要措施之一，是现代旅游产品交易中普遍采用的措施。

4. 季节折扣

季节折扣又叫季节差价，是旅行社为吸引、鼓励消费者在淡季购买本社产品而给予的价格优惠。此策略可使旅游产品生产与销售保持相对稳定，减少淡季时设施与人员的闲置。

八、旅行社产品定价程序

价格是调节经济利益、传递经济信息、影响经济形象的重要因素。旅行社产品定价的程序主要包括如下几个步骤。

（一）收集有关信息

旅行社应充分收集有关产品供求、竞争状况、经济变化等方面的资料和信息，并对此加以分析、判断、处理，进而为制定合理的价格提供依据。

（二）预测市场需求

旅行社通过对目标客户的评估，可以发现消费者的实际需要，了解他们对产品的价格承受力,还可以分析他们的潜在需求和消费偏好。在对目标客户进行评估时,主要考虑消费者的总收入、纯收入、可支配收入、对旅游产品的喜好程度、价格敏感程度、兴趣转移的可能性等。常用的评估方法有问卷调查法、面谈法、电话或网络访谈法、专家意见法等。

(三)了解环境因素

在确定产品价格的时候,必须考虑到旅行社自身所处的内外环境,而且还要关注到环境的变化及可能带来的影响。内部环境主要包括:供货价格的稳定性、供货时间的衔接程度、品种的齐全性以及供货质量等因素。而外部因素主要包括:政府对旅游价格的干预和控制、国民收入水平、消费结构、产品结构、经济景气情况、政府支出、汇率等。此外,道德规范、宗教禁忌、风俗习惯等社会文化因素也需要考虑。

(四)选择定价目标

选择定价目标,是旅行社定价中首先要解决的问题,它是定价的指导思想。旅行社应根据自己企业的规模、经营状况等内部条件及收集的外部环境、市场状况等信息,来确定适合的定价目标。无论作出哪种定价目标决策,都必须考虑到自身的规模和实力;考虑到市场拓展的有利因素和障碍;考虑到目标市场的转移、替换及自身资源存在的变化;还要考虑到现实中的最高限价及理想价格等,以便找出更切合实际的定价目标。

(五)估算产品成本

成本,是定价的最低限度,产品价格高于成本才会有赢利。旅行社应对产品进行估算,进行保本分析,注意成本变化,确定市场营销的最低价——保本价格。通过对购买力的评估,可以得出市场能够接受的价格上限。而通过对旅行社的产品成本进行测算就可以得出自身能够承受的价格下限。这样就明确了产品价格变动的区间。

(六)分析竞争状况

旅行社在确定价格的同时,要充分了解竞争对手的产品价格、质量、竞争能力等情况,作为定价参考。

(七)选定定价法

旅行社通过以上几个步骤的准备工作后,根据自己的产品情况,选定最有利于实现定价目标的定价方法,最终确定产品的定价。

旅行社可以选择的定价方法和定价策略是多种多样的,但适合自己的毕竟是少数。而且,由于环境状况在不断变化,某些方法或策略可能只在某些情况下适用。计调人员一定要遵循客观规律的要求,在全面、准确地调查及预测的基础上,作出准确的判断,使用科学的方法确定价格,充分和市场相吻合。

第二节　计调内部计价和对外报价

一、旅行社产品价格构成

(一)组团旅行社旅游产品价格构成

组团旅行社旅游产品价格主要由城市间的大交通费用、接待旅行社费用、全陪费用、接送费用等部分构成。其中,城市间的大交通费用主要指飞机、火车、轮船、内河及古运船和汽车客票价格,因受到人民币汇率、供求关系以及设施改善等各方面因素的影响,都要做出相应的调整。接待旅行社费用,主要是指接待旅行社接待组团旅行社旅游者的各种费用。全陪费用,主要指组团旅行社派出全陪全程陪同旅游者游览的费用,它由全陪导游人员差旅费加上劳务费构成。全陪导游人员差旅费按照国内一般公务人员差旅费标准计算,包括全陪导游人员赴首站至终站陪同期间及返程的全部交通费、住宿费、陪餐费(不含宴会)和差旅补助费。接送费用,主要指旅游者从客源地至主要交通港的往返交通费。

(二)接待旅行社旅游产品价格构成

1. 餐费

餐费主要包括接待旅行社为旅游者提供一天早、中、晚三餐(包括饮料、水果)的收费标准;许多饭店为住店旅游者提供免费早餐,因此旅行社报价时含的餐费多指正餐的费用。

餐费一般由基本餐费加上地方风味餐差构成,餐费按旅游天数的顿数与标准计算。其中,基本餐费由计划旅行时间内旅游者每天用餐收费标准之和构成;地方风味餐差,是指接待旅行社宴请旅游者品尝地方风味的费用。

2. 房费

房费一般指双人标准间的房费。也可按旅游者要求预订高、中、低档饭店或由旅游者自订房、委托代订房和委托代订指定房,但一律加收自订房手续费。团队价和散客价相差很大。淡季价、平季价和旺季价也有很大差异。计调人员必须熟悉业务,充分了解每个地区饭店的淡、平、旺季的划分,否则将报价不真实,报价过高会失去竞争力,报价过低会造成旅行社亏损。

房费一般由基本房费和房差费构成。基本房费由计划旅行地各饭店既定的客房日租单价之和组成。房差费包括:自然单间房差费,即由于旅行团人数、性别构成的不同,而可能引起实用房间数超过预订房间数所发生的房差费;客房时差费,即由于旅游者离店退房时间不同所发生的房差费;夜房差费,即由于旅行团在晚餐后到翌日凌晨 4 时前抵达饭店,并占客房时发生的房差费。

3.市内交通费

市内交通费也称小交通费,主要指到达旅行目的地之后游览参观时的交通费,包括市内接送费用和市区到景区的交通费及景区的观光车费等。

4.游览景区门票

游览景区门票即游览参观点门票费,它包括各收费景区门票、景区内环保车等垄断专营运载工具和观光索道、电梯费等。当前,我国旅行社推出的全包价,一般只包括各景区的首道门票,而不包括景区内小景点门票和索道等其他门票。

5.导游人员服务费

导游人员服务费也称地方陪同费,它主要是地方陪同导游人员劳务费,这部分费用也是按照旅行团人数等级确定标准,并按每人每天平均收费计入导游人员服务费成本。我国各旅游相关单位一般都对导游人员实行免费接待,其陪同交通费、住宿费和陪餐费成本相应会减少。

6.旅游保险费

旅游保险费即旅游者的人身意外保险费。

为了使旅游者在旅游期间发生伤亡、疾病、被盗等意外事件时能得到必要的补偿,在对外报价时每人加收保险费,并统一在中国人民保险公司投保。这种保险费一般由旅游者自行办理,旅行社也可以为旅游者牵线搭桥,进行义务代办。当然万一发生旅游者保险索赔事宜,则应由旅游者与保险公司按双方合同规定办理,旅行社不参与。

7.领队减免费

我国旅行社往往对10人以上团体或大包价旅行团的领队,按照一定的标准减免领队全部或部分旅游费用,把这部分费用按人均摊入包价成本,称为领队减免费。当前,国际通行惯例是实行16免1,即15人以上全包价旅游团实行每16人减免1人的综合服务费。第一个减免受惠者一般都是领队。

8.附加费

附加费是指上述计划费用以外的,旅行团在游览期间临时发生的费用,包括汽车超公里费、游船(游艇)临时加收的服务费以及各游览参观点由于种种原因临时加收的费用,如会议室费、娱乐活动费、体育比赛场地租用费、赠送礼品费、资料费等。这部分费用也应按照一定的标准进行计算,并按每人每天平均计入成本。

9.综合服务费

综合服务费即旅行社的综合毛利,由组团旅行社和接待旅行社手续费构成。这部分费用要按照旅行团人数等级和质量标准进行计算。通常它与旅行团的人数成反比,与旅行团的服务规格标准成正比。综合服务费的分配比例由组团旅行社与接待旅行社按双方协定分配。

10.不可预见费

不可预见费是由种种不可预见原因而临时发生的费用。主要有因非旅行社直接责任引起的旅行社违约损失赔偿费以及其他难以预料而又必须支付的费用,如由于飞机延误本该在下一城市用晚餐,却在出发地用了晚餐,这顿餐费从"不可预见费"中支出,原定在下一城市用晚餐的餐费予以照付,以减少接待旅行社的损失;再如因意外情况而乘坐出租车的费用等。这部分费用也要按照一定的标准计算,并摊入收费成本。由于不可预见费不一定每个旅行团都能用上,计算尺度比较难以掌握。目前,多数旅行社还没有把这项费用正式列为成本项目,只是在其他成本项目收费中考虑了这方面的因素。

二、计价和报价概述

内部计价是计调人员的一项重要的基本功,同时也是旅行社计调部一项非常重要的工作,要根据市场需求制定合理的价格,并及时对外报价,才能最大限度地占领市场份额。计价拟出后,即向对方报价,说明所包括的费用及项目,以及具体日程,并要求对方立即确认。

(一)基本概念

1.成本构成及成本的计算

计调部的内部计价,主要是针对接待旅行社和组团旅行社来作价、计价的。一般旅行社的成本费用包括营业成本、营业费用、管理费用、财务费用。

(1)标准成本

标准成本是按照标准的操作程序和计算比例计算出的成本,可以采用分解法、定额法、预算法来进行计算。

(2)实际成本

实际成本=直接成本+间接成本。由于这两个成本有不确定的因素存在,所以计算出来的成本往往高于或低于标准成本。例如,实际计算中往往不含导游人员服务费、车价高低浮动、员工变更、广告投入等。

(3)直接成本

直接成本包括导游人员服务,食、住、行、游、购、娱,各项附加费(如机场建设费、意外保险、房差、减免人数等)等。

(4)间接成本

间接成本包括员工工资、保险、房屋租金、电话费、广告费(如平面、报纸、印刷品、网络、电视、推介会等)、税金、不可预见费等。

2. 报价的概念

报价就是将旅游行程的内容结合价格以信息的形式传播给旅游者或旅游中间商，做到产品质量与销售价格相符。旅游行程报价要体现等价原则。一方面旅游行程中各个项目，包括交通、餐饮、住宿、景点、娱乐等在接待质量上一定要与产品价格相符，不得有水分，或偷工减料；另一方面导游人员提供的服务在接待质量上必须做到规范化、标准化，与行程中所含的导游人员服务费相符。

接待旅行社计调人员可以把上述计价加上旅行社的税金向组团旅行社对外报价，传真或报知组团旅行社和外联人员，组团旅行社接到传真后，将对几家接待旅行社的报价进行比较，最后定下某一旅行社进行接待。报价可以通过电话或传真或电子邮件的方式进行。

3. 报价的分类

（1）报价根据报价对象的不同通常分为两种：组团报价（组团旅行社向旅游者报价）和地接报价（接待旅行社向组团旅行社报价）。

（2）报价根据内容的详略不同分为总体报价和明细报价。前者只反映旅游产品整体性的内容和整体性的价格；后者反映的不仅是整体性的内容和整体性的价格，还有各种细分的、具体的单项内容和价格。

（3）报价根据旅游产品的类型分为团体旅游产品报价和散客旅游产品报价；或者分为国内旅游产品报价、入境旅游产品报价、出境旅游产品报价；或者分为常规旅游产品报价、专项旅游产品报价；或者分为豪华等旅游产品报价、标准等旅游产品报价、经济等旅游产品报价。

（4）报价根据报价的方式分为邮寄报价、传真报价、媒体报价、上门报价、门市报价和展销报价等五种。其中邮寄报价、传真报价、门市报价在实际中运用得最普遍。除门市报价和媒体报价主要针对的是旅游者外，其余的主要针对的是旅游中间商（或组团旅行社）。

（5）报价根据时间上的不同分为年度报价、季度报价、月度报价；或者淡季报价、旺季报价。

（二）接待旅行社的内部计价和对外报价

1. 接待旅行社内部计价

接待旅行社内部计价是指接待旅行社在向组团旅行社报价之前，对接待旅行社的各项成本进行计算的过程。根据行程安排，确定各服务单位的价格，把各服务单位的价格加起来就是接待旅行社的内部计价。

例：沈阳某公司 14 人丹东四日游行程安排及计价。

D1(四):18:20 接火车。住丹东。

D2(五):早餐后,赴中国第一海岛渔村——大鹿岛,赶海拾贝、洗海水浴,晚可海滩篝火(费用自理)、听海浪、唱渔歌,尽享海滩风情。大鹿岛是我国海岸线北端的第一大岛,面积约 6 平方公里,距大孤山码头 9 海里。形如一只马蹄,北高南低,岛上气候宜人,树木森森,是旅游度假胜地。住大鹿岛。

D3(六):早餐后乘船下岛。参观凤凰山(3.5 小时)(索道费自理,单程 30 元,往返50 元)。1994 年凤凰山被国务院批准列入国家重点风景名胜区。春山叶绿杜鹃红,夏赏云海听瀑声。秋风尽染胜锦乡,冬雪冰棱掩青松。凤凰山与医巫闾山、千山、药山并称为辽宁省四大名山,被称为"国门名山""万里长城第一名山""中国历险名山"。

下午,参观断桥(40 分钟)。断桥是鸭绿江上诸多桥中的第一桥,桥上的成千上万处弹痕,至今遗留宛然,成为抗美援朝的见证。2006 年国务院公布鸭绿江断桥为"全国重点文物保护单位"。赠送抗美援朝纪念馆(1.5 小时,周一闭馆)——全国唯一的反映抗美援朝战争胜利的主题景点。由陈列馆、全景画馆、纪念塔三大建筑主体组成的建筑群,融中华民族的传统风格和现代建筑特色于一体。全面展示了抗美援朝战争的历史。赠送丹东土特产品店。住丹东。

D4(日):早餐后,参观虎山长城(2 小时)。鸭绿清江水,巍巍虎山头,长城从兹始,万里壮神州。虎山长城是明代万里长城的东端起点,一步跨景点与朝鲜仅一步之遥,隔江与朝鲜的于赤岛和古城义洲相望。乘车赴素有"塞外江南"美誉的鱼米之乡——河口(2.5 小时)。河口景区于 2004 年被列入鸭绿江 AAAA 国家级重点风景名胜区,这里是鸭绿江沿线景色最优美的地方,也是我国少有的原始生态旅游区,沿江两岸千峰竞秀,九岛十八湾清幽婉转。烟波浩渺一江碧水,民族风情古朴纯真。登临志愿军首次渡江之地——断桥,瞻仰彭德怀铜像。长河岛上观高丽民俗村。参观电视剧《刘老根》外景拍摄地——龙泉山庄。

K28 次丹东 18:31—沈阳 22:09,愉快结束全部旅程。

各服务单位的价格如下:

房费:

丹东:准三双标 120 元/间(含早)

大鹿岛:准二双标 120 元/间(含早)

餐费:120 元(正餐 20 元×6 正)

车费:2 100 元(18～21 座)

导游服务费:200 元/团

人数:14 人

景点门票:鸭绿江断桥 30 元/人,抗美援朝纪念馆免费(不含讲解),虎山长城 60 元/

人,凤凰山 80 元/人(含倒站车),河口 130 元/人(套票,含河口断桥＋长河岛＋龙泉山庄),大鹿岛往返船票 120 元/人(含岛上交通车)

火车票:(42＋5)元,硬座

以上为分解报价,按此行程,每人综合费用粗略计算如下:

房费:120 元/间÷2 人×3 晚＝180 元/人

餐费:20 元×6 正餐＝120 元/人

车费:2 100 元÷14 人＝150 元/人

导游服务费:200 元/团÷13 人＝15 元/人

景点门票:30＋60＋80＋130＋120 ＝420 元/人

返程火车票:47 元/人

接待旅行社的计价:180＋120＋150＋15＋420＋47＝932 元/人

(以上仅考虑普通情况下,如:人数为偶数,住房不出单男单女等。出入之处按团队实际情况计算。)

2. 接待旅行社的对外报价

接待旅行社的对外报价是指接待旅行社在内部计价基础上加上一定利润后向组团旅行社报出的接待价格。对外报价有两种方法:一种是直接在计价上加 10％的利税;另一种是采用成本加成法进行分项计算。

(1)直接在接待旅行社内部计价的基础上加 10％的利税。接待旅行社对外报价,就是把上述计价加上旅行社的税金,传真或报知组团社和外联人员,组团旅行社接到传真后,将对几家接待旅行社的报价进行比较,最后定下某一家旅行社进行接待。

接待旅行社主要是向组团旅行社报价,按照上述接待旅行社的计价结果,加上 10％的利税就可以对组团旅行社报价了。以上例为例接待旅行社对组团旅行社的报价为:

接待旅行社对组团旅行社的报价＝932 元/人＋932 元/人×10％(利税)＝1 026 元/人

其中,94 元是接待旅行社的利税。

(2)分项计算法。分项计算法,就是根据服务单位的价格,对每一项旅游服务进行计算,然后计算出接待旅行社的报价。

例如:丹东××旅行社组织 19 位旅游者,乘中国国航 CA1632 次航班于 2011 年 5 月 12 下午 17:30 到达首都机场,由北京××旅行社负责地接,接机后入住北京××酒店。5 月 13 日早餐后游览天安门广场、故宫博物院、恭王府、什刹海历史文化风景区、天坛公园。5 月 14 日早餐后游览八达岭长城、定陵及鸟巢、水立方外景。5 月 15 日早餐后免费参观中国人民革命军事博物馆,游览圆明园。午餐后乘中国国航 CA1631 次航班于 13:15 返回丹东,结束愉快旅程。

各服务单位的价格如下:北京××酒店普标 200 元/(间·晚),故宫门票 60 元/人,天坛公园门票 35 元/人,圆明园遗址公园门票 25 元/人,八达岭长城门票 45 元/人,定陵门票 50 元/人,恭王府门票 60 元/人,22 座金龙客车一天的租金为 800 元;接机 1 次 200 元;导游服务费 200 元/团;保险每人 10 元。

接待旅行社的计价＝137＋275＋300＋120＋11＋10＝853 元/人。分解如下:

①交通费:(接机 1 次×200 元＋3 天×800 元)÷19 人＝137 元/人。

②门票:60＋35＋25＋45＋50＋60＝275 元/人。

③房费:200/间÷2 人×3 晚＝300 元/人。

④餐费:120 元/人。

(餐标:20 元/(人·餐),6 个正餐,含双早)

⑤导游服务费:11 元/人。

(200 元/团÷19 人＝11 元/人)

⑥保险:10 元/人。

注:接待旅行社的计价就是接待旅行社的总成本。

接待旅行社报价:174＋275＋390＋120＋11＋10＋21＝1 001 元/人。分解如下:

①交通费:(接机 1 次×300 元＋3 天×1 000 元)÷19 人＝174 元/人。

(其中 300 元是接待社在 200 元接机成本的基础上加了 100 元的利润;1 000 元是接待社在 800 元车费成本的基础上加了 200 元的利润。)

②门票:60＋35＋25＋45＋50＋60＝275 元/人。

③房费:260/间÷2 人×3 晚＝390 元/人。

(其中 260 元是接待社在每间房 200 元住宿费成本的基础上加了 60 元的利润。)

④餐费:120 元/人。

⑤导游服务费:11 元/人。

⑥保险:10 元/人。

⑦单房差:21 元/人。

(由于该旅游团是 19 人,出现了单男或单女,从而产生单房差。390 元/人÷19 人＝21 元/人)

接待旅行社利润:接待旅行社总报价－接待旅行社的计价(总成本)＝100 1 元/人－853 元/人＝148 元/人。

接待旅行社总利润:148 元/人×19 人＝2 812 元。

接待旅行社对组团旅行社进行报价时可以通过 QQ、MSN 等方式进行联系和沟通,但最后的确认环节必须通过行程报价单,以传真的方式进行。传真件上要有双方单位操作人员的签字和单位的盖章。见表 4-1。

表 4-1 团队行程报价单

团号		团队等级		人数	
接团时间、地点			接待旅行社标志		
送团时间、地点			组团旅行社标志		
全陪姓名、电话					
地陪姓名、电话					
行程安排					
接待标准	1.住宿： 2.用餐： 3.导游： 4.门票： 5.交通： 6.保险： 7.其他：				

	项目	单价(元/人)	人数	合计(元)	备注
分解报价	餐费				
	房费				
	门票				
	交通费				
	导服费				
	保险费				
	其他				
	合计				

说明	付款方式：于出团前三天预付团款不少于80％，余款于团队离开前由全陪现付。 感谢贵社的支持与厚爱！祝生意兴隆！ 请看清内容，确认无误后盖公章并签字回传后最终确认。 请填写你社账号信息： 　　户名： 　　银行： 　　账号： 组团旅行社确认：　　　　　　　　　　　　　接待旅行社确认： 负责人(签字)：　　　　　　　　　　　　　　负责人(签字)： (公 章)　　　　　　　　　　　　　　　　　(公 章) 　年　月　日　　　　　　　　　　　　　　　年　月　日

(三)组团旅行社的内部计价和对外报价

1.组团旅行社的内部计价

组团旅行社内部计价是组团旅行社根据接待旅行社报价、城市间交通费用、接送费用、全陪费用等计算组团旅行社总成本的过程。组团旅行社的计价方式,可以根据接待旅行社的地接价加上组团旅行社的往返交通费用、接送费用、全陪费用来进行计价;也可以根据目的地的食、住、行、游分项进行计价。

(1)组团旅行社内部计价第一种方法

组团旅行社计价＝接待旅行社地接价＋组团旅行社的往返交通费用＋接送费用＋全陪费用。

例:美丽丹东江、海、湖、山、异国风情七日游

D1(五):哈尔滨乘火车2123/2126次(20:40)赴丹东。宿:火车。

D2(六):早餐后游览国家级风景名胜区,中华第一历险名山凤凰山,往返倒山车。游览凤凰洞、碧霞宫、仙人座、罗汉峰、飞来石、烽火台等。凤凰山位于丹东西北70公里,以其雄、险、奇、幽、秀名列中华历险名山之首,游览凤凰山,可以说是步步高,步步险,步步紧,儿步一重天。它以雄险的山岳型自然景观为主要特色,属长白山余脉,最高峰是蹿云峰,海拔836.4米。山上险峰如云,巨石林立,悬崖峭壁之上还有明清时期摩崖题刻40余处,攀登此山可使您一览中华第一历险名山之魅力。(安全设施齐全,有缆车直达山巅,但最好您亲自攀登,乐在其中)。(含早、中、晚餐)。宿:丹东。

D3(日):鸭绿江风情一日游。游览朝鲜战争时期被美军飞机炸断的著名的鸭绿江大桥(断桥)、参观彭德怀率志愿军赴朝参战铜像群,感受当年志愿军雄赳赳气昂昂跨过鸭绿江的英雄气概(40分钟)。乘船游览美丽的鸭绿江,靠近朝鲜岸边近距离观赏朝鲜平安北道首府——新义州市风情(30分钟),游览鸭绿江风情休闲广场。参观抗美援朝纪念馆(90分钟),午餐后丹东市内自由购物。(含早、中、晚餐)。宿:丹东。

D4(一):早餐后赴万里海疆第一岛——大鹿岛,乘旅游汽车赴孤山码头(车程约1.5小时),抵达后在候船区等候客船,转乘客船(含保险)赴大鹿岛风景区(客船船程约1小时),远眺黄海美景。抵达后,转乘岛上小交通(往返)。大鹿岛位于丹东北部120公里,是黄海北端一个较大岛屿。东西长约4公里,南北宽1.5公里,景区面积30平方公里,其中陆域面积6.6平方公里。旅游资源丰富,曾出现过海市蜃楼奇景,是避暑、观光、休闲、度假胜地。(含早、中、晚餐)。宿:大鹿岛。

D5(二):游览岛内风光,观看邓世昌塑像、月亮湾天然海滨浴场、海滩拾贝、海鲜市场自由活动。大鹿岛四面环海,盛产对虾、梭子蟹、海螺、杂色蛤、文蛤以及各种鱼类等上百个品种,且以鲜活著称,为美食家赞不绝口。岛上有二郎石、嘎巴枣树、滴水湖、老虎洞、骆驼峰、邓世昌墓和邓世昌塑像、海神娘娘庙、英式导航灯塔以及丹麦教堂遗址等多处自然和人文景观,岛前环抱的月亮湾、双珠滩,为中国北海角最大的天然(黑沙滩)浴场,游人拾贝、垂钓、冲浪、晨观日出、夜半听涛。晚可自费品尝中国最北方海域优质的海鲜美味(丹东梭子蟹中国第一)。(含早、中、晚餐)。宿:大鹿岛。

D6(三):午餐后乘船下岛,乘车返丹东。乘火车2124次(15:58)返哈尔滨。(含早、中餐)。宿:火车。

丹东接待社综合报价为 749 元/人。

接待标准：

住宿标准：二星或准二星饭店双标房

用餐：5 早 9 正餐（饭店不含早）

门票：鸭绿江游船 60 元/人，鸭绿江断桥 30 元/人，抗美援朝纪念馆免费（不含讲解），凤凰山 80 元/人（含倒站车），大鹿岛往返船票 120 元/人（含岛上交通车）

用车：旅游空调车

导游服务：优秀导游服务

哈尔滨组团旅行社计价＝接待旅行社地接价＋组团旅行社的往返交通费用＋接送费用＋全陪费用＝749＋254＋10＋50＝1 063 元/人。其中：

丹东地接报价：749 元/人。

哈尔滨至丹东往返火车票：[122 元（硬卧）＋5 元（订票费）]×2 次＝254 元/人。

接站送站费：10 元/人。

全陪费用：50 元/人。

（2）组团旅行社内部计价第二种方法

根据目的地的食、住、行、游分项进行计价。

以上例为例，哈尔滨组团旅行社的计价为：

①哈尔滨到丹东往返火车票：[122 元（硬卧）＋5 元（订票费）]×2 次＝254 元/人。

②接站送站费：10 元/人。

③全陪费用：50 元/人。

④目的地交通费：94 元/人（进口空调旅游车）。

⑤目的地门票：290 元/人。

⑥目的地房费：150 元/人。

丹东：110 元/间÷2 人×2 晚＝110 元/人。

大鹿岛：20 元/人×2 晚＝40 元/人。

⑦导游服务费：10 元/人。

⑧餐费：20 元×9（正）＋5 元×5（早）＝205 元/人。（正餐 20 元/人，早餐 5 元/人）

哈尔滨组团旅行社计价：往返火车票＋接送站费用＋全陪费用＋当地门票＋当地车费＋住宿费＋导游服务费＋餐费＝254＋10＋50＋94＋290＋150＋10＋205＝1 063 元/人。

2.组团旅行社对外报价

组团旅行社对外报价是指组团旅行社在内部计价的基础上加上一定的利润向旅游者报出参团价格。组团旅行社对外报价有两种方法：一种是直接在计价上加 10％的利税，另一种是采用成本加成法进行分项计算。

（1）直接在组团旅行社内部计价的基础上加 10％的利税。组团旅行社对外报价，主要是向旅游者报价，就是把上述计价加上旅行社的税金，传真或报知旅游者，旅游者接到传真后，将对几家组团旅行社的报价进行比较，最后定下参加某一家旅行社组织的旅游活动。按照上述组团旅行社的计价结果，加上 10％的利税就可以对旅游者报价了。以上例为例组团旅行社对旅游者的报价为：

哈尔滨组团旅行社计价：254＋10＋50＋94＋290＋150＋10＋205＝1 063元/人。

哈尔滨组团旅行社对旅游者的报价：1 063元＋1 063元×10％＝1 170元/人。

其中，107元是组团旅行社的利税。

（2）分项计算法。分项计算法，是根据接待旅行社的价格，对每一项旅游服务进行计算，然后，计算出组团旅行社的报价。

例如：丹东××旅行社组织19位旅游者，乘中国国航CA1632次航班于2011年5月12下午17：30到达首都机场，由北京××旅行社负责地接，接机后入住北京××酒店。5月13日早餐后游览天安门广场、故宫博物院、恭王府、什刹海历史文化风景区、天坛公园。5月14日早餐后游览八达岭长城、定陵及鸟巢、水立方外景。5月15日早餐后免费参观中国人民革命军事博物馆，游览圆明园。午餐后乘中国国航CA163113次航班于13：15返回丹东，结束愉快旅程。

各服务单位的价格如下：北京××酒店普标200元/（间·晚），故宫门票60元/人，天坛公园门票35元/人，圆明园遗址公园门票25元/人，八达岭长城门票45元/人，定陵门票50元/人，恭王府门票60元/人，22座金龙客车一天的租金为800元；接机1次200元；导游服务费200元/团；保险每人10元。

接待旅行社向组团旅行社报价为1 001元/人。

①交通费：（接机1次×300元＋3天×1 000元）÷19人＝174元/人。

（其中300元是接待社在200元接机成本的基础上加了100元的利润；1 000元是接待社在800元车费成本的基础上加了200元的利润。）

②门票：60＋35＋25＋45＋50＋60＝275元/人。

③房费：260元/间÷2人×3晚＝390元/人。

（其中260元是接待社在每间房200元住宿费成本的基础上加了60元的利润。）

④餐费：120元/人。

（餐标：20元/（人·餐），6个正餐，含双早）

⑤导游服务费：11元/人。

（200元/团÷19人＝11元/人）

⑥保险：10元/人。

⑦单房差：21元/人。

（由于该旅游团是19人，出现了单男或单女，从而产生单房差。390元/人÷19人＝21元/人）

组团旅行社报价：1 748＋210＋275＋450＋120＋11＋10＋24＋124＝2 972元/人。

分解如下：

①机票：（1 030×80％＋50元机场建设费）×2次＝1 748元/人

（丹东—北京往返机票按八折计算）。

②城市中交通费：（接机1次×400元＋3天×1 200元）÷19人＝210元/人。

（其中400元是组团社在接待社300元接机报价的基础上加了100元的利润；1 200元是组团社在接待社1 000元交通费报价的基础上加了200元的利润。）

③门票：60＋35＋25＋45＋50＋60＝275元/人

④房费：300/间÷2人×3晚＝450元/人。

（其中300元是组团社在接待社每间房260元报价的基础上加了40元的利润。）

⑤餐费：120元/人。

⑥导游服务费：11元/人。

⑦保险：10元/人。

⑧单房差：24元/人。

（由于该旅游团是19人，出现了单男或单女，从而产生单房差。450元/人÷19人＝24元/人。）

⑨全陪费用：(1 748元＋200元/间×3晚)÷19人＝124元/人。

（包括全陪导游人员往返机票及住宿费用）

组团旅行社利润：组团旅行社总报价－总成本＝2 972－（接待社报价1 001元＋往返机票1 748元＋全陪费用124元）＝99元/人。

组团旅行社总利润：99元/人×19人＝1 881元。

(四)计调报价的影响因素

1.旅游变动成本对旅游报价的影响

(1)旅游购物对旅游团价格的影响

旅游购物已经成为旅游者旅游成本的重要组成部分，同时旅游购物回佣也成为旅行社的利润点，购物店通常通过停车费、进店人头、购物流水等多种方式对旅行社及其司陪人员进行奖励，购物佣金一部分作为导游人员工资及司机车补，一部分返回旅行社从而变相降低了旅行社的接待成本。旅游商店根据购物店位置、品种类别、先后次序及规范化程度决定购物店的回佣数额。计调人员在核价时应根据行程特点考虑到购物因素，在科学合理的情况下最大限度地降低旅游成本，但一定要安排正规购物店，老乡店是旅行社在行程中应该避免的。

(2)航空公司对旅游团价格的影响

航空机票是旅游成本的重要组成部分，团队机票政策的好坏直接影响到旅游产品的市场价格竞争力。机票政策受市场状况、票量大小、公关力度的影响极大。获得一手机票价格成为旅游团成本控制的关键。

(3)饭店餐饮对旅游团价格的影响

饭店价格及餐费标准根据旅游线路、地理位置、新旧程度、旅游时间及有无星级差别很大，在设计行程及价格核算时必须做好充分的市场调研工作。特色餐（如海鲜餐、水席、烤鸭、烧烤、风味餐）一般费用较高，需另加费用，报价和结算价格会有差异，从而影响旅行社成本构成。

2.特殊情况对旅游报价的影响

(1)特殊人核价

计调人员在核价时要考虑到不同身份、不同年龄及不同国籍人员的相关规定，比如老年人、军官、儿童的优惠问题，一般在不确定情况下先收全价后所有优惠当地现退或采取当地现付的方式，外国人参加国内旅游若办旅游保险按入境旅游保险执行，部分特殊门票有内外之分，计调人员在核价时应综合考虑。

（2）住宿核价

在住宿核价时要注意是否出现单房差；一旦由于人数变化引起房间数变化，要随时通知接待旅行社和导游人员增减；领导有无住商务或总统套房的；全陪、司机的陪同房要算在成本内。

（3）餐饮核价

在餐饮核价时要注意就餐的次数有无变化；有无增加特色餐；个别晚餐餐标有无提高；早餐是否由原订桌餐改为自助，增加多少费用。

（4）机票核价

计调人员在核价时应准确掌握、灵活机动，在航空团队机票折扣低于5折时，经过核算，儿童机票可以考虑按成人机票价格出；旅游团队用车一般按包车核价，然后按人头平均计算，散客按人核价；要注意，如果有退票，发生的退票手续费和退票费如何处理；中途加点的车费是否已经收回；因不可抗力导致行程改变引起的车费变化。

（五）计调报价的技巧

按照接待旅行社的计价结果报价，能否通过洽谈与组团旅行社成交，关键是看计调人员的报价技巧。如果不能成交，计调人员前面所做的一切工作都属于无用功，这样既耽搁时间，又没有工作效率。所以报价技巧至关重要。

1. 知己知彼

一方面要了解本地区其他接待旅行社的接待价格。知己知彼，百战不殆。在本地区同样的行程的接待价格中选择最高和最低的进行比较，从中选择一个平衡点。价格过高会导致组团旅行社另找他家，价格过低会使接待旅行社的利润受到影响。另一方面要清楚地知道本旅行社的优势、劣势，洽谈中所存在的风险，以及可能出现的机会，并运用SWOT分析法进行科学的分析。

2. 注重细节

报价的细节影响接待旅行社的利润。与组团旅行社联系时，计调人员要问清对方单位、姓名、电话、传真、所需产品、等级标准、团队大概人数、出行日期、旅游者有无特殊要求、是公司哪位业务员的客户及相关信息，并在台账上做好详细记录。

3. 作业速度要快

报价的速度影响旅游产品的销售。在旅行社激烈竞争的今天，时间就是金钱、时间就是利润，计调人员在报价时速度一定要快，给组团旅行社留下快速高效的印象。国际间过去的规范是24小时回执，随着资讯的发达和竞争的日益加剧，今天的回馈速度已缩短到2小时，甚至10分钟。很多组团旅行社将会不自觉地从回执速度上判断报价方的业务熟练程度。

4. 报价要准确

计调人员在接到传真预报时应该认真审查、核实，尤其是要确认人数，发生人数变更的情况应该重新核定价格，如有利润空间可以不改变价格。报价一经报出就不要轻易变更,否则会给组团旅行社留下言而无信的印象,从而影响接待旅行社的信誉。在给予组团旅行社承诺时,要实事求是地讲明特殊情况,如"旺季""调价""不可预见"等情况。

5. 报价要合理

计调人员应该按照市场规律办事,报价合理,并且有商量和回旋余地,这样才能保证交易成功的概率。计调人员应充分认识到,在获取合理利润的前提下,提高市场占有率是旅行社的首要任务,所以原则上对外报价时应注意:供应标准全程要求在四星和五星的团队,毛利润不高于180元/人;供应标准在三星以下的团队,毛利润不高于100元/人;10人以下独立成团的团队,人均毛利润可灵活掌握。

对旅游者报价一般要求每人报价,需有儿童及成人价之分,一般不必分解报价;向接待旅行社询价时一般要求分解报价,以便明确成本构成。

6. 体现合作的诚意

在报价的过程中,计调人员要付诸合作诚意。当今旅行社业的合作早就不再囿于团来团往、账款两清的商业交际。旅行社的不同在于"信任",在于"交给你可以放心睡觉"。一忌"乱开价",一定要留给组团旅行社利润空间;二忌"没商量",一定要设身处地为组团旅行社着想;三忌"不作为",一定要用心对待对方的询价。

思 考 题

一、名词解释

旅游产品价格　固定成本　变动成本　利润　报价

二、简答论述

1. 简述旅行社主要的定价目标。

2. 列出旅游产品人均报价核价公式。

3. 简述计调人员报价的技巧。

三、实训项目

计调行程报价

1. 实训目的

通过行程报价的实训,让学生熟悉当地主要旅游景点门票、各级别饭店及常用旅游车型等方面的价格信息,在此基础上熟练掌握计价、报价的程序。

2. 实训地点

本地旅游企业。

3. 实训步骤

(1)了解本地区团队食、住、行、游、购、娱等的分项价格信息。

(2)收集食、住、行、游、购、娱等的团队分项点的名称、地址、联系电话、门市价、团队价格、团队优惠方式等信息,注重信息搜集的准确。

(3)设计相关表格,将各分项信息汇总、制表,做好信息统计工作。

(4)熟记各主要行程报价,注意熟记的方法和技巧,注意了解旅游者最想知道的信息。

(5)实训教师现场指导,以小组为单位,轮流扮演旅游者向计调人员询问旅行社产品价格,要求学生报价快速、准确。

四、分析案例

一家组团旅行社计调人员赵某接到一位客户的咨询电话,称他是某公司负责人,该公司有 120 人准备去海南旅游 5 天,分成 3 批,每批 40 人。请该旅行社给一个报价。赵某接完电话后立即向海南一家接待旅行社咨询,对方计调人员周某报价为 2 680 元/人,赵某在这个报价的基础上将每人加了 150 元的利润后,就马上向客户报价 2 830 元/人,客户认同此价格,准备第二天到旅行社签订旅游合同并交付全部团款。这时海南接待旅行社计调人员周某打来电话说报价有误,应该是 2 880 元/人。赵某马上与该客户联系,说明海南接待旅行社的工作失误这一情况。但是,不管怎样解释该客户始终认为这家旅行社和计调人员赵某没有信誉。于是放弃了在这家旅行社报团。赵某向本社经理汇报了情况,认为由于海南接待旅行社的工作失误,使自己的一个大客户丢失,决定今后放弃与海南这家接待旅行社的合作。

请问:

1. 接待旅行社计调人员周某给组团旅行社计调赵某报价时存在哪些问题?应该吸取哪些教训?

2. 组团旅行社计调人员赵某给客户报价时存在哪些问题?今后应该注意哪些问题?

第五章

计调业务操作

学习目标

　　学完本章,学生要熟悉旅游接待计划、接待流程,掌握组团计调业务流程、接待计调业务流程、出境计调业务流程、散客和大型旅游团接待计调业务流程、入境计调业务流程等相关知识,掌握每一个完整的接待计划都应包含的内容和计调业务的实施步骤。

内容结构

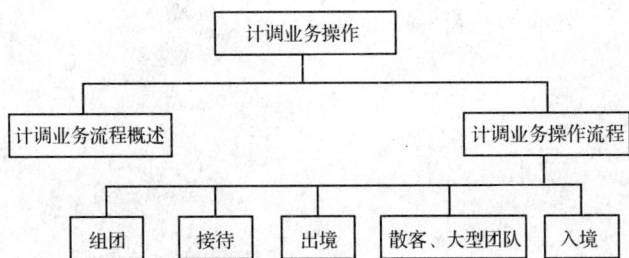

　　接待计划。

导入案例

　　入境部小梅是专门负责西班牙语市场的。该市场旅游业务在 C 旅行社一直不太景气,可是,凭借小梅的热情、执著和良好的专业素养,西班牙一家大旅行社答应给她一个团让她接待,如果接待得好,今后可以发系列团给她。天公作美,这个团一路上都很顺利,领队和旅游者都非常满意。可是到了最后一站,就在团队离境的倒数第二天,地陪出现了漏接事故,使得先前各个环节的一切努力都付之东流。系列团自然也就此销声匿迹了。

　　该团是一个二次返京团,离境的倒数第二天从西安返京。该团的北京地陪因临时套团,在此团到京当天去机场送另外一个团,送彼团和接此团的时间比较接近,所以就直接到机场等候了。按照常规,二次返京的团,陪同都是到汽车公司集合的,除非有特殊情况,计调人员会根据外联下发的更改单,另行安排。

小梅和计调部的小柯是很要好的朋友。小柯也是个负责、细心的老计调人员。小梅有一些急事需要马上处理,所以就口头对小柯说,陪同临时套团,汽车直发机场。小柯不经意地回答说,没问题。然而,时值旺季,团队非常密集,人手紧缺,所有员工都是以一当十地忙碌着。接完一个紧急电话之后,小柯就把这个临时更改忘得一干二净了。结果在团队到达的当天,地陪是左等不见车,右等还是不见车。

司机也觉得奇怪,眼看团队所乘班机都快落地了,地陪还未出现,赶紧与计调部联系,可碰巧那天小柯又在外办事,好不容易联系上了,谁料他也是丈二和尚摸不着头脑。接着又与小梅联系……就这样,折腾了半天,结果还是让团队在机场干等了半个小时。这下,一切的努力全部泡汤,领队的脸色可想而和,一切也都为时太晚了。

事后,小梅埋怨小柯,而小柯却直喊冤枉,友谊从此有了裂痕,系列团自然是另归他社。

【案例点评】 旺季时,团量集中,工作量大,几乎所有员工都会加班加点超负荷工作。此种情况下最容易出差错,就像司机疲劳驾驶时,遵守交通规则都容易出问题,何况不遵守呢。因此,团量越大、工作越繁杂,就越要按流程操作。关系再好、事情再多,小梅也不应靠口头更改,而必须严格按流程规范,发书面更改单给小柯,而且必须要经小柯签字确认。这时,即使小柯正在忙其他的事情,他也会把签收后的更改单放入待处理文件筐中,事后逐一查看,并按轻重缓急的顺序逐一处理。这样操作,就不会出现漏接事故了。即便出现,责任也是有据可查的。事故避免了,小梅和小柯的友谊也便不会有裂痕了。

更改单一般都是一式三份,一份给计调部、一份给财务部、一份外联人员留底。目前,一些大的旅游企业,通过高科技手段实现"无纸办公",开发相应的软件和系统进行业务操作,大大提高了工作效率。但是,不管是以什么形式操作,都会有相应的业务流程,业务流程是不容忽视的。

第一节 计调业务操作概述

计调业务是旅行社计调部根据旅游者预订的服务要求,将饭店、餐饮、景区景点、交通部门等旅游服务部门和其他旅游企业有机整合,为旅游者提供旅游服务的业务。计调业务虽只是旅行社为旅游者提供的服务之一,但却十分重要。旅行社计调业务的主要内容包括:旅游接待计划的制订与处理,统筹安排与协调旅游过程中的各个环节,对接待业务中各环节的操作规范的执行,与旅游相关部门、企业的协调与合作。

一、计调业务操作方法

计调人员要对每个旅游团的接待计划逐项进行具体落实,目前,一般常用的操作方法有流水操作法和专人负责法。

(一)流水操作法

流水操作法就是分别有几个业务员,每人负责一项工作。其流程线是:接待计划(A业务员签收)——订车、船票(B业务员负责)——订房(C业务员负责)——市内交通(D业务员负责)——安排游览活动(E业务员负责)——订文艺节目(F业务员负责)——向接待部下达接团通知(G业务员负责)……

这种操作方法,常被接待量较大的旅行社所采用,它一环套一环,不太容易出现差错,即使在某个环节上发生差错,也容易发现。

(二)专人负责法

专人负责法就是将与本社有关系的旅行社(客户)分成几块,让每个业务员负责一块,从客户发来接待计划起,一直到向本社计调部发来传真确认件为止,均由一个业务员负责到底。这也是一种行之有效的操作方法,尤其是对业务量不太大的小旅行社比较适用。

二、计调业务操作基本要求

(一)操作流程要熟练

计调人员工作的核心就是要知道自己在这个岗位上应该做哪些工作。在旅行社中每一个岗位都有自己的工作范围和责任权限,计调人员每天都有大量的工作需要处理,如果不清楚自己在工作岗位上的工作流程,就会使工作缺少条理性和计划性。从而大大降低工作效率,工作起来不知从何入手,造成工作中的重要步骤和重要信息的缺失。严重的就会给旅行社造成经济损失,给旅游者带来麻烦,失去合作单位对自己的信任。可见,计调人员熟悉自己岗位的工作流程是十分重要的。

(二)灵活处理常见问题

计调人员在实际团队操作过程中会遇到各种各样的问题,有些是由可控因素造成的,有些是由不可控因素造成的。计调人员处理具体问题时要灵活多变。在不违反国家法律和相关政策的情况下,计调人员有权在自己的职权范围内处理团队在操作中遇到的各种问题,防止事态扩大,使各方的损失减少到最低限度。

(三)执行请示汇报制度

请示汇报制度已经成为各行各业普遍遵守的法则,计调人员也不例外。在实际工作中,计调人员对各种事件,包括有利的和不利的都要坚持请示汇报制度。即使计调人员处理完的事件,事后也要向上级部门汇报,使上司清楚地掌握一线信息,这些信息对上级进行战略决策,及时调整经营策略起着至关重要的作用。

三、接待计划的制订

计调部的业务都是围绕旅游接待计划来完成的。一个完整的接待计划,一般都必须包括旅游团的基本情况和要求、日程安排、旅游者名单这三部分内容,制订接待计划的步骤如下。

(一)核实接待项目

在编写接待计划前应当核实以下项目。

1. 旅游团的基本情况和要求

(1)团名、团号、组团旅行社名称;

(2)团队人数;

(3)团队类别:考察团、观光团、疗养团、会议团等;

(4)团队服务等级:豪华等、标准等、经济等;

(5)自订和代订项目;

(6)用餐要求:须特别注明是否有素食者或其他用餐的特殊要求;

(7)地陪要求:语种、水平、性格等;

(8)全陪要求:是否有全陪及其姓名和联络方式等;

(9)组团旅行社责任人姓名及联络方式;

(10)接待各方联系人的姓名及联络方式。

2. 日程安排

(1)游览日期;

(2)出发城市和抵达城市;

(3)各城市间交通工具(飞机、轮船、火车等)及离抵时间,海外团还需了解出入境口岸;

(4)在各地所安排的主要参观游览项目、餐饮、风味品尝、文娱活动及其他特殊要求;

(5)住宿情况(饭店、火车上等)。

3. 旅游者名单

旅游者名单要有旅游者的姓名、性别、国籍、生日、护照号码,分房要求(单间和双间),若为重点团队还应注明旅游者身份,接待方联系人的姓名、电话等。

(二)编写接待计划

在以上事项得到确认后,可以按下列内容编写接待计划。

(1)按旅游路线所经城市的先后,排列出各地接待单位,并注明印发份数(每个合作单位一式三份);

(2)注明旅游路线;

(3)注明旅游团的类别(如游览团、参观团、学习团、考察团、专业团、重点团等);

(4)注明服务等级;

（5）注明住房的预订方式（如旅游者自订、本社代订、委托接待旅行社代订或其他），用早餐情况；

（6）注明风味餐的标准、次数；

（7）若为海外团，注明旅游团出境机票情况（OK票/OPEN票）；

（8）注明全程导游人员人数、姓名、性别及返程票的日期、航班、（车次、船次）等，如无全陪则注明"该团无全陪，请上下站接待旅行社加强联系"字样；

（9）注明旅游团的航班、车次、船次的抵离时间；

（10）注明加收费用的服务项目，如超公里数，特种门票，游江游湖项目，风味标准、次数，专业活动及次数等；

（11）注明旅游团详细名单，包括姓名、性别、年龄、职业、国籍及证件号码等；

（12）注明组团旅行社名称、地址、电话、传真及联系人姓名。

（三）接待计划操作规范

编制接待计划后要发送给有关接待单位。发送日期应尽量提前，以便接待旅行社做好各项接待准备，特别是提早预订好交通客票、文娱节目、饭店及安排落实接待人员等。计划通知要对团队接待要求和基本情况做出详尽说明，其内容和标准如下。

1. 内容

（1）标题和编号

标题应按规定格式写清旅游团组团客户所在国名、客户简称，旅游团号、编号，应注明编发部门和编序号码。

（2）发送单位，即委托接待单位名称

要求名称书写准确，发送单位与文内委托接待事项吻合，不出现漏发、重发、错发等现象。

（3）接待标准和接待服务要求

接待服务一般分为综合服务、小包价、零星委托接待、选择旅游、组合团旅游等几类。接待标准通常有豪华等、标准等、经济等的不同，淡季价销售应予以特别注明；若旅游者还要求其他服务内容或超常规标准服务，文中应尽可能予以详述。

（4）旅游团旅游者名单、人数和基本情况

人数应有男女人数和总人数，名单应按序号注明旅游者身份、护照号码、夫妻关系、性别、职业、民族、国籍、住房要求等，若了解到旅游者其他特殊情况，如个人饮食习惯、爱好、兴趣、病史、特殊要求等，应尽可能书写全面，反映清楚。

（5）预订要求

根据客户要求委托办理预订，如委托接待单位代订饭店、城市间交通工具、市内游览用车、文娱节目及要求安排专业考察、参观、座谈、访问活动等，都应一一予以注明。若是属于客户或组团旅行社预订内容，且已进行了预订和确认，应将其有关情况在文中加以备注,以便使接待单位了解全面接待安排情况。

2.要求

(1)书写规范

正文主体是旅游日程安排。书写时,要求写清旅游团抵离城市(包括出入境)、航班(车次、船次)、日期和时间,市内游览应注明参观项目,就餐和风味安排等。若以上内容尚有不明确之处,应在文中注明"待告",并在得到确切消息时,及时补发通知给有关接待单位。

(2)签写齐全

要签写联系人员姓名、单位、电话、编发日期等,以备遇到特殊情况进行联系,或变更有关委托事项等。

四、计调业务基本流程

计调业务基本流程包括如下步骤:接收计划、发送计划、确认计划、更改计划、归档计划和统计计划。

(一)接收计划

计调人员从各组团旅行社接收到的旅游计划及预报是各种各样的,有系列团、散客团、特殊团、小包价团、单项委托等;有着急的、有不着急的;有用传真发过来的也有用电子邮件发过来的,五花八门。计调人员在收到这些计划后,要及时进行处理,分门别类,编号登记,按照轻重缓急的顺序及时送报相关领导、财务,以及计划中涉及的所有合作部门和机构。分类和编号方法视具体情况而定。

(二)发送计划

计调人员应将分类整理好的计划,提前发送包括民航、铁路、车船公司、饭店及本社订房中心、订票中心、导游人员在内的有关单位和部门,以便这些单位和部门能及时了解接待计划,做好充分的接待准备工作。具体提前多长时间发送计划,视团队和市场情况而定,最好是及时发送、及时预知。

(三)确认计划

为了确保接待计划的顺利实施,杜绝各种责任事故的发生,计调人员要对所发送的计划进行逐一确认,切实落实各接待部门已经明确了的接待任务。确认计划是计调业务流程中至关重要的环节,琐碎繁杂、耗时耗力,但却不容忽视。这要求计调人员认真负责、耐心谨慎。确认计划,要求坚持书面确认的原则,无论是通过传真还是电子邮件形式,一定都要有对方的书面确认。内容包括:确认人、确认项目、确认时间,避免今后不必要的责任扯皮。这一点是需要计调人员特别关注的。

(四)更改计划

俗话说得好,天有不测风云,计划赶不上变化。一个旅游团,说不定哪个环节就会有变化,计调人员要马上将此变化无一遗漏地通知到各相关部门和单位。如人数,不管是减少还是增加,都会影响到用车、用房、用餐和门票等。所有变更都要按时间顺序与原计划存放在一起,以备随时查看,避免出错。传统的变更,都是计调人员以书面形式发送到各相关部门和单位的,计调人员将各部门签收、确认的变更单,按时间顺序逐一粘贴在原计划的背面。现在,书面变更的程序已被电子邮件更改所取代。变更通知是对原计划的修正,若联系不当,则会导致混乱,造成失误,从而影响接待质量。因此,变更仍需要书面确认,流程与确认计划相同。

团队计划变更时,更改的内容主要有以下几方面:人数的增加或减少;因人数变更引起的其他相应变更;抵离航班班次、时间的更改;因航班变更,用餐时间和地点的相应变更。

(五)归档计划

计调人员对外,不但要与饭店、交通、旅游景点、定点商店等机构联络合作,还要与其他旅行社合作;对内,更要与外联、接待和财务等相关部门搞好交接工作。计调人员每天往来的传真、电子邮件、记录等非常多。团队旅游虽然结束了,但结算、统计等后续工作还有待完成。这就要求计调人员务必要将计划作为原始资料归档收存,建立团队业务档案库,妥善保存起来,以便查阅。团队计划档案的留存时间一般为2~3年。

(六)统计计划

为了更好地发展业务,扩大市场份额,适应市场变化,在日益激烈的市场竞争中立于不败之地,旅行社必须对各项经营活动进行认真全面的统计,并进行科学有效的分析,从而及时调整经营方针与经营策略。因此,影响旅行社经营情况的一切数量关系,均是计调人员统计工作的内容。

计调人员统计工作的内容,具体包括如下两个方面。

1. 客源统计

对客源情况的统计分析,是计调人员统计工作最主要的一环。本旅行社一年及各个月份接待的人数、天数,各客源国的客源数量,客源流向及淡、旺季的分布等,都应有详细的统计资料。通过对本期统计数据同上年同期统计数据的对比,从中发现问题,找出规律,有利于旅行社决策部门开拓市场,通过图和表的形式,可以把旅游现象数量方面的资料形象、清晰地反映出来,

2. 合作单位情况统计

旅行社与民航、铁路、饭店、汽车公司、旅游景点、餐厅、定点商店等方面都建立了合

作关系,有必要对合作单位进行全面的统计和分析,看看本旅行社在一定时期内,向以上行业、部门和单位输送了多少客源,为今后能争取到更为优惠的价格提供依据。可根据需求设计出各种各样、不同形式的从各个角度反映本旅行社经营情况的统计表。如用车一览表、旅游景点价格一览表等,对这些表格也要妥善收存,分门别类以备查询使用。

第二节 计调业务操作流程

一、国内组团计调业务操作流程

组团业务是旅行社的主导业务,简而言之,就是经旅游代理商之手把旅游产品销售给旅游者,并与旅游接待服务商一起,共同为旅游者提供满意的旅游体验,从而获得企业利润的经营形态。

(一)国内旅游团的特点

1.准备时间短

国内旅游团的预订期一般比较短,而且由于不需要办理护照、签证等手续,所以国内旅游团的成团时间较短。有些时候,从旅游者提出旅游咨询到旅游团成团出发,只需要一周的时间,使得旅游者客源地的组团旅行社来不及用书面形式及时通知旅游目的地接待旅行社,只好先用电话通知,然后再补发书面旅游计划。旅行社在接待国内旅游团时常会感觉准备时间不像接待入境旅游团或出境旅游团那样充裕。针对这个特点,旅行社应一方面在平时加强对计调人员的培训,使他们熟悉国内旅游团旅游接待的特点和要求,以便能够在接到旅游接待计划后在较短时间内制定出当地的活动日程,做好各项接待准备。另一方面,旅行社应根据当地旅游资源和本旅行社计调人员的特点,设计出针对不同国内旅游团的接待规范和标准活动日程,使计调人员能够按照接待规范和标准活动日程进行接待准备,提高接待准备工作的效率。

2.日程变化小

国内旅游者一般对于前往的旅游目的地具有一定程度的了解,并能够在报名参加旅游团时对旅游活动日程做出比较理智的选择,因此他们很少在旅游过程中提出改变活动日程的要求。另外,国内旅游者往往把旅行社是否严格按照事先达成的旅游协议所规定的活动日程安排在旅游目的地的旅游活动及旅行途中的交通看成旅行社是否遵守协议、保证服务质量的重要标志。所以,他们对于旅行社更改活动日程的反感较之入境旅游团和出境旅游团更加强烈。旅行社在接待国内旅游团时,必须注意到国内旅游团旅游接待业务的这一特点,尽量避免修改活动日程。

3. 消费水平差别大

参加国内旅游团的旅游者生活水平参差不齐,既有收入丰厚的个体或乡镇企业家、外企高级管理人员和工程人员、某些经济效益好的企业员工,也有中等收入水平的工薪阶层人士,还有在校的青年学生。不同生活水平的旅游者在旅游消费水平方面的差异很大。例如,有些消费水平高的旅游者可能要求在档次较高的星级饭店下榻和就餐,乘坐豪华客车、增加购物时间,而另一些消费水平较低的旅游者则可能对住宿、餐饮、交通工具等要求不高,希望增加参观游览时间,减少购物时间。旅行社在接待不同的国内旅游团时,应根据他们的消费水平和消费特点,在征得旅游团全体成员或绝大多数成员同意的前提下,对活动日程做适当的修改,以满足不同旅游者的需要。

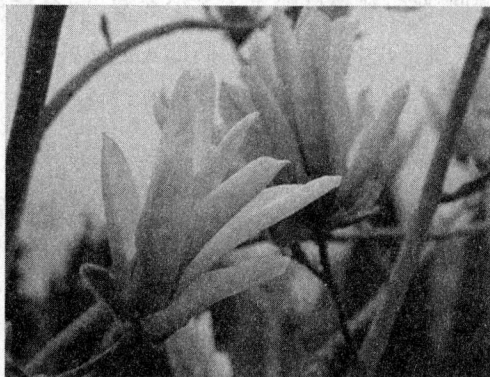

4. 讲解难度小

国内旅游团在游览各地旅游景点时,一般对这些景点事先有所了解。另外,除了少数年龄较大的旅游者外,多数国内旅游者具有一定的文化水平,能够听懂导游人员的普通话讲解,对于导游人员在讲解过程中所使用的历史典故、成语、谚语、歇后语等比较熟悉,容易产生共鸣。因此,导游人员在讲解中可以充分运用各种方法,生动地向旅游者介绍景点的情况,而不必像接待入境旅游团那样,因担心文化上的差异和语言方面的困难而不得不放弃一些精彩的历史典故介绍,也不必担心因旅游者无法理解导游人员讲解中所使用的各种成语、谚语、歇后语等而影响讲解的效果。

(二)国内组团计调业务操作流程

综上所述,国内组团计调业务操作包括策划设计旅游产品、产品询价、产品报价、签订合同、成交签约、发团准备、选派全陪、下发出团通知单、发团监督、团队报账、客户回访、资料归档等 12 个环节,如图 5-1 所示。

1. 策划设计旅游产品

每个旅行社都有很多已向社会公开推出的、已经成型的旅游产品,在接受团体和散客的咨询时,可以向旅游者详细介绍产品的情况、产品的亮点、产品的报价及产品的价格构成等。如果是独立成团,计调人员就必须根据旅游者的要求来重新设计旅游行程。计调人员在设计旅游行程时,一定要根据旅游者的要求进行设计,并经常与旅游者沟通,经过双方多次协商和修改,最后设计出旅游者满意的旅游行程。同时对相关成本(往返交通、地接综费)进行调研,对综合成本进行预估。

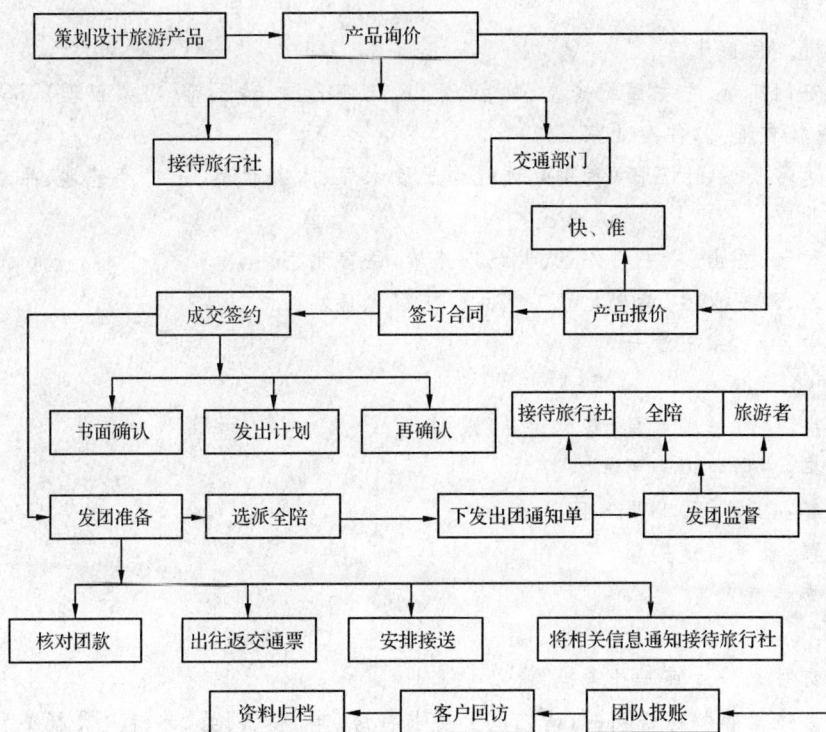

图 5-1 国内组团计调业务流程

2.产品询价

（1）向接待旅行社询价

调阅资料库资料，同时应向两家以上的接待旅行社询价，包括房价、旅游汽车、内路交通、景点门票等，确认相对稳定的要素，如门票、中间段的火车票等有无调整，经常变化的旅游汽车的现行价格，确认接待旅行社的基本价格区间。

国内旅游团如果去 N 个城市，组团旅行社一般也会选择 N 个接待旅行社，一地一个，以降低成本。

（2）向交通部门询价

旅游产品基本确定后计调人员应按照旅游行程的安排立即向航空公司、火车站询价，预订国际机票、国内机票或火车票，使大交通基本有保障。交通费用包括往返大交通费及市内接送交通费。大交通方面要向航空公司询问近期的机票政策、可以选择的航班时间等；向铁路部门、轮船客运单位、汽车客运单位询问火车票、船票、汽车票的价格，火车票可以通过网络查询自行核算时间、车次和价格。

旅行社询价传真样稿

王经理：

您好

7 月中旬我社有团队准备去北京，请按下列要求报价。

一、人数

19＋1 人。

二、行程

1.接机。住宿北京。

2.天安门广场、毛主席纪念堂、故宫、景山、北海公园、恭王府(门票自理)、降旗、王府井夜市(晚餐自理)。住宿北京。

3.八达岭长城、十三陵(定陵)、远眺十三陵水库、水晶世界、土特产基地、品尝北京果脯。住宿北京。

4.颐和园、香山、中关村外景、世纪坛外景,住宿北京。

5.天坛、海底世界、参观北京工艺品。住宿北京。

6.自由活动,乘机返丹。

三、服务标准

1.住房:全程挂牌两星(双标独卫)。

2.用车:旅游空调专用车。

3.用餐:40元/天,5早8正。

4.门票:景点首道门票。

5.优秀导游人员。

四、其他

1.代订丹东—北京—丹东机票。

2.本条线路需特殊说明的,请按以上要求将房、车、餐、门票、导游人员服务费分别报价,并将机票折扣一同报来。

谢谢!

年　　月　　日

通过询价,不仅要掌握旅行行程的基本价格,同时还要确定接待旅行社。

3.产品报价

将询价的情况汇总,与组团人员一起共同核算产品的成本,综合市场定位、营销策划、产品销售等因素后开始进行内部计价。在内部计价的基础上加上一定的利润后,即可向客户报价。报价的项目包括往返大交通费、接待旅行社综合服务费、全陪服务费、市内接送费和一定的利税。

报价环节,是成交的关键环节之一,很多旅行社都对计调人员的报价速度提出了不同程度的要求,并规定计调人员必须正确填写来电(来访)登记表,注明客户需求类型、进度情况及必需的客户资料。这就使来电(来访)登记表成为旅行社自身管理的重要文件,旅行社可以从中了解到计调人员的工作效率和客户的旅游需求。报价要注意快和准。

(1)快

根据客户的要求,迅速地了解客户需求产品的供求状况,目的地有无大型会议或节庆活动等,将客户的产品需求向接待合作伙伴通报并询问接待价格,然后根据客户选定的大交通手段,再加上旅行社规定的利润率水平,合成后报给客户,同时准备该产品的替代性产品,如果客户对报价不满意,还可进一步对客户需求作再次引导,尽量争取让客户购买旅行社的主打产品或优势产品。

（2）准

给客户的报价除要求一定的速度之外，还要求计调人员对产品的核准定价水平比较高，尽可能准确。对于价格敏感度比较高的客户，由于报价的准确，比竞争对手低一点，达成交易的可能性就会大增，同时要对产品的分解报价非常清楚，有时客户在达成意向的时候，又会要求一定程度的优惠，这时就需要计调人员灵活对待。一方面强调利润率已经很低，没法再让，另一方面仔细观察客户的反应，灵活应变，但不能做过多的让步，以避免团队利润太低或没有利润。

4. 签订合同

与旅游者确定价格之后，便可签订正式的旅游合同了。计调人员在与旅游者签订旅游合同时，应对旅游合同的具体内容作出真实、准确、完整的说明，并根据《旅行社条例》第二十八条规定，载明下列事项：旅行社的名称及其经营范围、地址、联系电话和旅行社业务经营许可证编号；旅行社经办人姓名、联系电话；签约地点和日期；旅游行程的出发地、途经地和目的地；旅游行程中交通、住宿、餐饮服务安排及其标准；旅行社统一安排游览项目的具体内容及时间；旅游者自由活动的时间和次数；旅游者应当交纳的旅游费用及交纳方式；旅行社安排的购物次数、停留时间及购物场所名称；需要旅游者另行付费的游览项目及价格；解除或者变更合同的条件和提前通知的期限；违反合同的纠纷解决机制及应当承担的责任；旅游服务监督、投诉电话；双方协商一致的其他内容。

与客户达成协议，签订合同，主要包括以下内容。

（1）与客户约定付款方式和金额。

（2）与客户约定签订合同的时间和地点。

（3）提醒客户签约时的注意事项，应准备的资料和物品，如身份证等。

（4）向客户说明签约合同的种类，以及签订合同时的注意事项，并在敏感的条款上加以重点说明和提示。

（5）签约完成后应认真审核，然后再确认，避免出现纰漏。

（6）收足团款。收款，是业务收入得到确认的关键环节。与客户达成服务协议后，一般情况不能答应客户先旅游后付款的要求。在出游前，至少要让客户支付旅游的基本成本和大交通的所有费用，如果能收全款最好。

案 例

某国际旅行社通过一个销售人员，得到某金融机构有计划到桂林旅游的情报，于是，便派组团部的部门经理登门拜访。部门经理通过和客户的交谈，认为客户资金实力强，每年都有奖励旅游的计划，由此产生了将该客户发展成为长期客户的意念。销售人员为了拿到业务提成，也积极促成这项业务。由于旅行社方表现过于主动，客户提出了是否可以先旅游后付款的要求。组团部经理出于对本社旅游服务质量控制体系的信心和对金融机构不可能拖欠团款的信任，未向上层领导请示便擅自做主，同意让客户只预付大交通的费用,剩余团款待旅游结束后再支付。结果,出乎预料,旅游结束后组团部经理前去收款,遭到了客户的拒付和投诉,说接待旅行社的导游人员在旅途中讲了一些格调不高的"荤段子",引起该单位员工的极大不满。由于剩余团款数额巨大,远超过该项业务所产生的利润,因此导致了旅行社一段时间内的极大被动。后来,组团部经理请旅行社高层领导出面道歉,同时出示了接待旅行社对该导游人员的处理意见,并答应减少部分旅游费用,如此这般,还经历了大半年的时间,客户才把团款支付给旅行社。

5. 成交签约

(1)向接待旅行社发传真再确认最终行程及结算方式

组团旅行社计调人员应向选定的接待旅行社发出正式的团队预告,将产品的旅游行程计划书正式地发给接待旅行社,以方便接待旅行社提前做好准备工作。向接待旅行社以传真或电传形式预报计划,紧急情况也可先用电话预报,后发传真。预报的目的,是为了使接待旅行社将此团纳入该社的接待计划,要接待旅行社及早订房、订票。预报应尽可能在团队到达前30天发出。预报内容有:团号、旅游团人数、团员构成情况(性别、年龄、民族、有无特殊旅游者)、抵离时间、旅游线路、交通工具要求、食宿标准、要求等;特别应标明离开的交通工具、车次、航班及其他内容,并要求接待旅行社在3~5天内予以回复。

预报传真

北京×旅行社:

我社组织的BJ110512一行20+1人于2011年7月12日乘K28次火车于13日上午8:30抵达北京火车站,请按常规行程安排去长城、颐和园、北戴河等地游览,并请即预订7月16日晚K27次21张回丹硬卧票。此团系重点客户,请务必保证晚上硬卧离京。另,此团7月14日、15日宿北戴河,请代订标准房10间,加全陪房1间,正式计划及旅客名单后发。谢谢合作!

丹东×旅行社

业务部×××

2011年7月5日

(2)等待接待旅行社回传确认出团事项

组团旅行社计调人员应等待接待旅行社回传确认,落实好团队的所有细节。

①书面确认。团队预报发出后,接待旅行社应在最短的时间给予书面回答,主要的是要对预报的内容逐一加以确认,最重要的仍是机(车、船)票落实情况。但由于预报较早,情况的变化肯定会有,因此就需要不断发出传真更改,并较早地发出旅游者名单。

确认传真件

丹东×旅行社×××先生:

贵社发来BJ110512一行20+1人预报悉,已按计划订妥去北戴河D21次21张硬卧票和住宿饭店。请早发名单。谢谢关照!

北京×旅行社

计调部×××

2011年7月5日

②旅程变更。如果旅游行程或旅游人数有变化,应在 24 小时内通知到各门市部及相关收客部门,在黑板上、网上做变更动作,并以加急通知形式在网上发布,或及时以书面形式告知接待旅行社,并要求对方书面确认。

重要更改

北戴河×旅行社国内部×小姐:

您好。我社组织的 BJ110512 一行 20+1 人原报 2011 年 7 月 14 日乘 D15 次中午 12 时 40 分发车抵达北戴河,有误。应乘 D21 次 2011 年 7 月 14 日上午 7 时发车,于上午 9 时 02 分到达北戴河,请予回复确认。

北京×旅行社

业务部×××

2011 年 7 月 6 日

紧急更改

北京×旅行社×小姐:

我社组织的 BJ110512 一行 20+1 人原订 2011 年 7 月 12 日乘 K28 次赴京,现因出票问题,名单上 1、2、8、11、16 五位旅游者改乘 7 月 12 日(周二)中国国航 CA1632 航班抵京,预计 17:30 抵首都机场,请派车及导游人员接机,并安排住宿。给贵社增加麻烦,请原谅。

该团接待计划此次变更后,组团旅行社、接待单位、联络方式、团队基本情况及要求、旅客名单等均无变化。

谢谢合作!

丹东×旅行社

业务部×××

2011 年 7 月 10 日

(3)计划的发出

计划发出环节主要包括以下几个方面。

①团队预报计划以后,经过双方多次更改确认后,在基本内容,如人数、日程无大变化的情况下,应该在团队到达第 1 站前 10～15 天内,将正式计划邮寄或传真至接待旅行社。正式计划以正式文件打印、盖公章,每地寄出两份以上。它既是计划,也是对方的结算收款依据,应力求正确。一般在正式计划发出以后,不应再有大的变更。

②正式计划也应发至本社有关各部,如接待、财务、档案等部门。

计划

北京×旅行社、北戴河×旅行社国内部及本社接待、财务各部:

现将我社组织的 BJ110512 一行 20+1 人计划发给贵社,请贵社接计划后按约以内宾标准团接待。订妥车票,按计划内容安排游览,并做好上、下站联络。如有更改请即通知我社和下站接待旅行社。团款已按约预订 80%,差额部门有全陪结清。此团系重点团,请各社予以关照。谢谢! 祝合作成功!

丹东×旅行社

2011 年 7 月 11 日

③确认具体行程。

行程计划

A．日程安排

第一天 7.12(二)丹东—北京 K28 次,宿火车上。

第二天 7.13(三)上午 8:30 抵京,游览天安门广场、故宫博物院、恭王府、什刹海历史文化风景区,王府井步行街自由活动。建议游览:老北京一条街、天主教东堂、王府井百货大楼。宿北京。

第三天 7.14(四)上午 9:02 抵北戴河,餐后乘坐长城号游轮,观秦皇岛港的风采,后前往黄金海岸沙雕大世界,游玩碧螺塔酒吧公园。宿北戴河。

第四天 7.15(五)清晨在鸽子窝公园观海上日出,赶海拾贝,早餐后游览奥林匹克公园、五佛山、山海关、三宝海产品市场,体验北戴河风土人情。晚餐后乘汽车大客返京。宿北京。

第五天 7.16(六)到达北京中关村科技园区,参观游览清华大学、北京大学,途中观览中华世纪坛,午休后游览圆明园。晚餐后北京—丹东 K27 次,宿火车上,结束愉快旅程。回到温馨的家。

B．注意事项

·请北京×旅行一定订妥 14/7(四)D21 次软座 20＋1 张,确保 16/7K27 次硬卧 20＋1 张;

·请北戴河×旅行社订妥 14/7(四)长城号游轮船票 20＋1 张;

·名单中 4、5 喜素食;

·请北京×旅行 13/7 晚餐加标准每人 30 元作为欢迎;

·各地请一律派空调车观光。

C．联系人

北京×旅行社联系人×××

电话:010—××××××

传真:010—××××××

北戴河×旅行社联系人×××、×××

电话:0335—××××××

传真:0335—×××××××

本社联系人×××

电话:0415—××××××

传真:0415—××××××

附一份打印的正式名单,名单要写明姓名、性别、年龄和身份证号码。这样的一份计划就比较明白清楚,便于接团作业。

④发计划应附上回执,以便对方寄回,确认收到无误。

计划回执

丹东×旅行社：

　　贵社发来 BJ110512 团计划收悉。我社将按贵社计划接待此团。

　　此致

敬礼！

北京×旅行社

2011 年 7 月 12 日

　　(4)再确认

　　团队出发前 24 小时以内,作业人员还应对计划进行一次最后的再确认,以防接待旅行社疏忽和遗漏,发现问题可及时补救。特别要强调,作业人员千万不能因怕麻烦而不确认。

　　有时在团队出发前还会发生特殊情况,如旅游者家中发生重大事情而不能外出旅游。因此,要发紧急通知。

紧急通知

北京×旅行、北戴河×旅行社及本社有关部门：

　　现因我社组织的 BJ110512 团名单 20＋1 人中,13、14 两位旅游者家中主要亲属生病住院,不能参加此团,请取消这两位旅游者的一切车、船票和住房。请各社关照,尽量减少损失,如产生必须之费用请报我社,由我社承担。

　　谢谢,不便之处请谅解！

丹东×旅行社

业务部×××

2011 年 7 月 12 日

6.发团准备

　　签订合同收取团款后,如果是乘飞机出游,则须将客户全体人员名单,建档保存。同时应完成各项旅游要素的操作落实工作。

　　(1)核对团款

　　出团前 24 小时将团队核算表、旅游者信息表、团队原始资料等交财务部核对团款,坚持"团款不到账不操作"的原则。

　　(2)确认大交通票据

　　在航空公司要求的最后名单递交日,根据旅游者报名人数和旅行社的营销目标,确定机票机位,并在航空公司要求的最后出票日出票,尽可能地避免退票损失;同样,火车票也是在铁路部门规定的最后日期出票。票出后检查票内容是否正确。计调人员所操作团队如遇乘早航班必须将机票发到旅游者手里。

（3）安排接送

组团旅行社应按照旅游行程特点预订旅游大巴车,安排接送站。同时将航班(车次、船次)起止地点、时间以传真形式传给接待旅行社,以保证接待旅行社准时接站。

7.选派全陪

组团旅行社在发团时都会选派全陪随团行动,任务是代表组团旅行社协调团队关系,监督接待旅行社执行旅游接待计划并保证接待的质量。全陪与接待旅行社导游人员的密切配合,是团队正常运行的重要因素。

（1）全陪的选派标准

计调人员应从具备以下几个条件的工作人员中选拔全陪。

①熟悉业务,知识丰富。团队运行过程,涉及的业务部门繁多,各方面关系都需要协调,各种情况都可能发生,知识丰富并熟悉业务的全陪善于处理各种关系,善于预测可能发生的各种变故,并能采取恰当的应对措施,使旅游者满意,旅行社也放心。

②有职业道德,责任心强。全陪是旅游者合法利益的维护者,是保证旅游行程圆满完成的责任人。其工作十分辛苦,且不容出一点差错。只有爱岗敬业、责任心强的导游人员,才能胜任全陪工作。

③有较强的独立工作能力。全陪必须具有较强的亲和力和语言表达能力,能与旅游者充分沟通交流并有熟练处理各种突发事件的能力。组团旅行社选择全陪时,应对其工作能力进行全面评估,尽可能选择独立工作能力强的导游人员从事全陪工作。

（2）出游说明会

出游说明会,是在临出行前全团旅游者的第一次集中开会,向旅游者说明此次旅游的注意事项。出游前的说明会尤其对出境旅游非常重要,会议内容主要包括向旅游者说明集中出行的时间、地点,携带的有关证件,安全、纪律要求,以及目的地的天气、风俗习惯,旅游者着装及言行举止方面的基本要求。说明会对于散客拼团的团队尤为重要。一次成功的出游前说明会,一方面可以使全陪与旅游者拉近感情,另一方面可以增强旅游者的团队观念,避免团队运行过程中出现不必要的麻烦。说明会上,须向客户说明自费项目有多少、行程中安排的购物点有多少、需要消费的金额有多少,使旅游者做到心中有数,最后给旅游者发放旅游包、旅游帽或胸牌。

8.下发出团通知单

出团通知单包括两类,一类是发给全陪的,包括旅游团的名称或团号、旅游团成员的姓名、性别、年龄、职业、民族、宗教信仰、旅游团所到各地接待旅行社的联系人姓名和电话、地陪的姓名和电话、旅游团在沿线各站的抵离时间、所乘交通工具、交通票据的落实、旅游团所经各地下榻饭店的基本信息、本团饮食规格和标准等内容。另一类是发给旅游团成员的,包括集合时间和地点、基本行程安排、旅游过程中的注意事项、全陪的姓名和联系方式、主要的费用等内容。出团通知单应在发团前三天交到全陪和旅游团成员手中。见表5-1。

表 5-1 出团通知单

发至单位： 联系人： 电话： 传真：

出自单位： 联系人： 电话： 传真：

_____ :

您好！

感谢参加我社_____游,请您于___月___日___在____准时集合,届时请认____标志,请务必带好本人身份证原件(请核查身份证是否过期),持临时身份证及16岁以下儿童必须同时持户口本原件,导游人员举_____旗帜伴您快乐之旅。请您按车号乘车。

导游人员电话：

团号		团队等级		人数	
接团时间地点		接待旅行社标志			
送送时间地点		组团旅行社标志			
全陪姓名电话					
地陪姓名电话					

行程安排	
接待标准	1.住宿： 2.用餐： 3.导游人员： 4.门票： 5.交通： 6.保险： 7.其他：
接待约定	1.携带身份证件 2.持有优免证件的参团旅游者均不享受景区任何优惠政策 3.行程内的自付费项目也是行程安排内容,但旅游者可自由选择参与,不参与的旅游者需在景区门口下车,自由活动等候 4.在旅游行程中因不可抗力,危及旅游者人身、财产安全,旅行社不得不调整或者变更旅游合同约定的行程安排时,应当在事前向旅游者作出说明;确因客观情况无法在事前说明的,应当在事后作出说明 5.旅游者须自行保管自己的贵重物品 6.不允许旅游者离团。如旅游者私自离团,则视为旅游者自愿提前终止合同,并自愿放弃合同中未发生的接待事项和费用,我社概不受理因此而产生的一切后续争议
温馨提示	1.患有心血管病、心脏病的旅游者要依据身体状况选择适度的活动和时间,带好急救药 2.天气较为炎热,请带好防晒油、太阳镜、太阳帽等 3.现在处于汛期,请旅游者带好雨具

9.发团监督

组团旅行社计调人员应在出团前24小时再次与接待旅行社落实和确认,以防接待旅行社疏忽和遗漏,发现问题可及时补救。在团队进行过程中,计调人员应和接待旅行社、陪同、领队及旅游者保持联系,掌握团队的行程,发现问题及时沟通和解决。团队接待质量反馈表见表5-2。

表 5-2 　　　　　　　　　　　　　团队接待质量反馈表

尊敬的旅游者:

　　为不断提高旅游服务质量,树立我社企业新形象,诚请阁下对本次旅游提出宝贵意见,使我们的服务不断改进,让您下次旅游更加满意!

　　　　　　　　　　　　　　　　　　　　　　　　　　　　　　　　　　　　　×××旅行社

　　　　　　　　　　　　　　　　　　　　　　　　　　　　　　　　　　年　　　月　　　日

团　号				单　位													
全陪导游人员				地陪导游人员													
旅游行程				旅游日程													
项目	住宿			餐饮			用车服务			景点完整		购物			全陪导游人员			地陪导游人员
	好	中	差	好	中	差	好	中	差	是	否	好	中	差	好	中	差	好	中	差
导游人员是否履行安全责任				安全工作是否到位													
评价或建议																	

1.旅游者代表签名: 　　　　　　　　　联系电话:

2.全陪注明团队实到人数:

3.全陪签字: 　　　　　　　　　　　　地陪签字:

4.旅游监督电话:

　　组团旅行社在将团队交予接待旅行社后,并不意味着工作的结束,组团旅行社还应对接待旅行社接待过程中的服务质量进行监督,在团队旅游结束后对接待旅行社的服务进行评估,目的是维护旅游者和旅行社的利益,为今后再次与接待旅行社合作积累资料。这方面工作主要从以下几个方面进行。

　　(1)监督接待旅行社的接待情况

　　组团旅行社要与接待旅行社保持密切联系,及时获取团队运行的有关信息,督促接待旅行社按照合同提供质价相符的服务。遇到突发事件,发团旅行社要负责协调各个方面的关系,及时排除困难因素,确保旅游活动的顺利进行;碰到由于天气等不可预见因素而导致旅游活动的中断或旅游行程的更改时,发团旅行社要与接待旅行社配合做好旅游者的思想工作,并按有关规定及时处理理赔事宜,避免事态的扩大、扩散。

　　(2)监督全陪的工作情况

　　组团旅行社计调人员在团队发出后应该要求全陪定期向组团旅行社汇报团队的情

况,组团旅行社要随时处理全陪的要求和建议,有重大情况及时向旅行社高层汇报,并负责贯彻落实领导指示,同时还要向接待旅行社了解全陪在工作中是否认真履行自己的职责。要求全陪认真填写全陪日志;要求导游人员在团队返回后三天内汇报情况、写出团总结,交旅游者意见反馈表;旅途中如果发生重大事故,应单独撰写事故报告,就事故原因、经过、处理办法及旅游者满意程度进行专项汇报。全陪日志见表5-3。

表 5-3 **全陪日志**

团号		组团旅行社	
接待旅行社		导游人员姓名	
接待时间	年　月　日至　年　月　日	人数	
途经城市			

团内重要旅游者、特别情况及要求

旅游者的意见、建议和对旅游接待工作的评价

该团发生的问题和处理情况(意外事件、旅游者投诉、追加费用等)

全陪意见和建议

导游人员对全过程服务的评价：　　　　　　　合格　　　　　　　　　　　　不合格

行程状况	顺利	较顺利	一般	不顺利
客户评价	满意	较满意	一般	不满意
服务质量	优秀	良好	一般	比较差
导游人员签字		日期		
部门领导签字		日期		

（3）监督旅游者的游览情况

计调人员在团队发出后应该向全陪、接待旅行社了解旅游者游览的情况，在第一时间发现问题，并及时与接待旅行社协商加以解决，保证团队顺利游览。对旅游者违规行为要搜集证据，为以后处理问题留下依据。

团队按计划结束行程后返回客源地，如果是重要的组织型客户，旅行社一般应该安排主要领导到机场、火车站接机（车），同时为客户的主要出游决策人接风，以进一步稳固客户对旅行社服务的良好印象，确保将该客户发展成为 VIP 客户。如果在行程中出现一些小的接待问题，旅行社领导的接机和接风则是一个很好的弥补机会，同时可为旅行社收回剩余团款打下良好基础。

10.团队报账

（1）如果组团旅行社派出了全陪，则全陪应向计调人员报账，将其出行前所借的备用金与旅行社结清，在计调部报账，经审核无误后，报财务部。财务部退回其借款单，并根据规定支付相应的出团补助。全陪须在领取单上签字。有的旅行社配备了实力较强的财务管理部门，计调部的团队计划须同时报送财务部，最后由财务部进行单团核算，并向全陪支付导游人员补贴。

（2）如果团队发生接待质量问题，则根据旅游合同和与客户协商的结果，向客户支付一定金额的赔偿金。如果旅行社出现违约情况，一般支付团费 20％的违约金。

（3）团队结束，接待旅行社均会很快传来团队催款账单，组团旅行社计调人员应根据团队实际运作情况进行单据和费用的审核及结算，实事求是，纠正差错，在无接待质量问题和企业资金允许的情况下，根据和接待旅行社的合作合同向接待旅行社支付团款，以保持企业在接待合作伙伴中的良好信誉。此时确定接待旅行社账号、开户行、开户名称、联系人、电话，并将汇款单以传真形式发给对方财务部以便查询。

（4）根据陪同及财务提供的有关费用情况，登记团队收入台账、成本核算单（表5-4），详细记录每个团队的收支及利润情况。成本核算单一式两份，一份报财务部记账，一份留计调部，与团队其他资料一起备案。

表 5-4　　　　　　　　　　　　成本核算单

团号		组团旅行社		国籍		人数	成人＿＿人
抵离时间	＿＿月＿＿日＿＿时＿＿机（车、船）到后用＿＿＿＿＿餐			入住酒店			
	＿＿月＿＿日＿＿用＿＿餐乘＿＿机（车、船）离开						儿童＿＿人

（续表）

项　目			成 本 核 算			
			人数	单价	金额	备注
综合服务费	餐费	餐厅				
		餐厅				
		餐厅				
	门票	景点				
		景点				
		景点				
		景点				
	房费	饭店				
		饭店				
	去＿＿＿＿地汽车费					
	过路过桥费停车费					
交通费	乘飞机、火车、汽车去＿＿＿地					
	订票费					
其他						
实收		成本结算总额			毛利	
备注			总经理（签字）			

11. 客户回访

（1）在团队顺利结束行程返回后，计调人员应通过电话或登门对旅游者进行回访，了解旅游者对团队的满意程度，如果客户对于接待有意见，则应予以安抚，同时答应以后一定改进。回访体现了旅行社的周到服务，是建立客户忠诚度的重要手段。

（2）回访结束后，计调人员要认真填写客户管理档案，将旅游者做成回头客，因为开发一个新客户的成本要比维持一个老客户的成本大得多，要详细地记录旅游者信息，便于以后与客户进一步联系。根据了解到的客户信息确立定期的对客户电话或登门拜访计划，以实现持续性销售。

（3）如果发生投诉事件，计调人员首先要调查情况，了解事实真相，分清谁是责任方；其次要积极主动地在自己的职权范围之内解决问题，将事态控制在最小的范围之内；最后要最大限度地维护客户利益。实践证明，如果计调人员能够妥善处理投诉，客户的回头率在 67％左右。

12. 资料归档

团队结束后，要将所有操作传真件及单据复印件留档，作为团队资料归档。团队归档内容包括以下内容：

（1）标准行程；

（2）旅游者原始报名表，收款凭证或团队协议书；

（3）旅游者信息表；

(4)询价传真；

(5)确认传真；

(6)订票单；

(7)订车单；

(8)退款单；

(9)付款单(接待旅行社)；

(10)结算单(同行结算)；

(11)出团通知；

(12)接待旅行社质量跟踪表；

(13)全陪服务及质量跟踪表；

(14)全陪出团领取明细表；

(15)全陪出团日志。

二、国内接待计调业务流程

国内接待计调业务流程,包括客户来电接待、产品询价、产品报价、业务确认、落实接待计划、地陪出团、接团监督、送团工作、团队报账、客户回访、资料归档等 11 个操作环节。如图 5-2 所示。

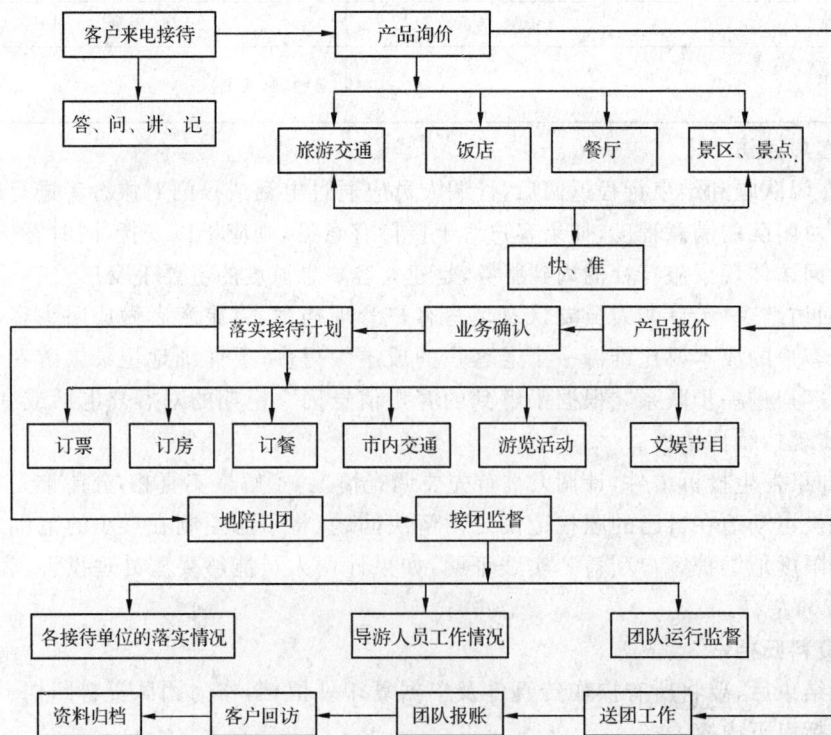

图 5-2　国内接待计调业务流程

(一)客户来电接待

1. 接待要求

在接听电话时,首先要在电话铃声响起的 2～3 声接起,这样既不会让对方感到突然,又不会让对方感觉等待的时间太久;拿起电话时要自报家门,告知对方你是旅行社的哪一个部门和你是谁;交谈时语气要平和,态度要友好;结束谈话时,要向对方表示良好的祝愿及再次与对方合作或谈话的愿望。

2. 接待客户来电的四大要素

在接听客户的咨询电话时,一定要做好电话记录,问清旅游者的基本情况和要求。如,是散客还是团队、出团时间、往返大交通、住宿标准、人数、主要旅游景点、是否需要全陪及特殊要求等。认真记录与客户谈话的要点,留下对方的联系方式。为了减少和避免工作中的失误,计调人员应该重复确认客户提出的要求。

对于计调人员而言,接待客户的态度,可以用 16 个字来概括:语言清晰、言简意赅、语气和蔼、态度热情。接待过程中应该注意"答、问、讲、记"四字要诀。

(1)"答"字诀

一个优秀的计调人员应该具有优秀的倾听技巧,了解客户真实的旅游需求。解答客户来电询问的旅游行程价格及行程问题,一定要熟悉该旅游产品的价格,才能做到报价准确,具体行程的介绍要简明扼要,让客户感觉到企业的服务水平和员工的服务素质。

(2)"问"字诀

与客户的沟通中,应注意按照一定的顺序询问客户的旅游需求,弄清楚客户想到什么地方去旅游,对什么类型的产品更感兴趣,旅游的时间(天数、具体出游时间)、人数(成人、儿童、老人各多少人,男女比例如何)、出游类型(独立成团还是拼团出游),主要旅游景点,是否需要全陪,联系方式(手机、办公室电话、传真、电子邮箱),特殊要求等。

一次条理清楚、要素齐全的询问,对于确定一个团队至关重要,在接待旅行社纷纷设立办事机构,主动促销的市场状况下,计调人员接到的每一个电话,都是由数额不菲的市场宣传费用换来的。因此,一定要珍惜每个客户的来电,以确保和客户电话沟通的高效性。

(3)"讲"字诀

讲述该行程的特征和突出的卖点,强调自身的服务优势。接待旅行社的计调人员,应该对本企业的产品特征非常熟悉,将各种类型的产品特征和卖点提炼熟记在胸,与客户沟通的时候恰当地表达企业产品的卖点和与众不同的地方是获得客户认可的重要手段。因此,提炼产品卖点是企业提升产品品质的重要工作。另外,可从以下几个方面来强调产品的质量和服务优势。

①对产品卖点的介绍。例如,景点的等级、景点的特点、合理的行程安排、独到的服务细节、精心选择的风味餐、精心安排的集体互动主题活动等。

②对熟练业务队伍的介绍。例如,导游人员、计调人员的业务水平,导游人员获得的荣誉称号,导游人员的特点等。

③对产品基本要素的介绍。例如,饭店、餐馆、旅游用车,自选娱乐项目的等级和服务水准,标准的客户用餐单等。

④对企业实力的介绍。例如,企业获得的各种荣誉称号、企业实力的体现(经营历史、注册资金、分支机构的多少、上年接待人数、固定合作伙伴的数量,以及其他客户的评价等)。

(4)"记"字诀

与客户沟通时,还要及时记录一些与客户沟通的关键点。如上述所问及的事项,要认真填写进接待登记表,特别注明客户的需求类型及进度情况,与组团旅行社确定产品内容、来团日期、接团地点、旅游者人数、旅游者男女比例、有无儿童、有无特殊要求(少数民族饮食生活习惯、孕妇、残疾人、病人)及返程方式(火车还是汽车、飞机)等。即使当时不能实现产品销售,也可以及时对客户进行跟踪,以确保销售的顺利完成。

(二)产品询价

1. 向组团旅行社询价

询问对方的联系方式、人数、时间、具体景点行程、需要接待的标准、往返交通、旅游者身份及其他要求。

2. 向协作单位询价

与交通部门、饭店、餐厅、旅游景区联系,确定机票、火车票、船票、住宿、餐饮、景点游览等价格,并进行审核。

(三)产品报价

根据客户的要求对行程进行报价,填写本社接待登记表,且特别要注明进度情况。要做好不同地区组团旅行社的报价,应一团一议,要熟悉房、餐、车的情况,对利润多少胸有成竹,方能作出准确报价;应根据客户的要求,将客户选定的产品打印出来,然后报出产品价格,同时还应为同客户进行第二次价格谈判,准备好适当的应对措施。

1. 报价方式

旅行社通常采用下列两种方式报价。

(1)总报价

总报价是将分项旅游产品价格总计后加上旅行社综合利润而形成的行程总价,包括综合服务费、房费、交通费、附加费和合理利润等费用。

(2)分项报价

分项报价是顺应市场要求而产生的新型报价方式,它详细列出分项费用,透明度高,便于组团旅行社和旅游者了解费用的组成以维护其利益。分项报价主要包括以下内容:旅游者所住饭店的住宿费用及订房手续费;一日早、午、晚三餐的收费标准以及风味餐费;飞机、火车、轮船、内河航运和汽车客票价格及订票费用;其他费用(如导游人员服务费、旅游意外保险费等)及附加费。

2. 双方议价

在发出报价后,对方会根据报价议价,在坚持成本价+合理毛利的原则下,经部门经理签字后与对方确定最终价格,并编制地接团队行程报价确认书。

3. 报价跟踪

给客户报价后,应该在较短的时间内进行二次跟踪,询问客户情况,争取客户确认,达成合作意向。由于客户在确定每个团队接待合作伙伴时,总是要进行多轮询价,最终选定他感觉比较信得过、服务态度好,并且价格较低的那家旅行社进行合作。因此,主动进行第二次问询是非常重要的,即使你的价格比别人有竞争力,如果不主动向客户靠拢,客户选择你的几率也会大打折扣。如果客户要求进行二次价格减让,在保住基本利润的前提下,可以根据实际情况进行适当的再让利,或者采用赠送礼品等方式进行感情沟通,争取尽快成交。

4. 报价时应注意的问题

(1)计调人员报价时对旅行社利润应进行合理的计算。一般是在分项产品集合价格(成本价)基础上贴加利润,作为行程的总价。对海外团队也可采用综合服务费总价包干的方式报价,以避免烦琐的核算。

(2)计调人员在报价时,应注意核实相关分项产品的最新变动价格,正确预测团队到来时旅游产品可能存在的涨价空间(如黄金周的价格就比平时上涨 50%～80%),然后向组团旅行社报价。

(3)计调人员报价应及时准确,不宜反复修正报价,尤其对海外团队,一旦确定价格,原则上组团旅行社都不会同意临时修改,如果出现报价与实际接待价的倒挂,接待旅行社就只能自担损失。

(4)计调人员报价应具有一定的灵活性,如针对接待难易程度和季节差异给予不同的报价。譬如,国内部分景区、购物店、自费项目点会按照旅游者人数给予接待旅行社和司机、导游人员一定的佣金或回扣,计调人员在报价时同样可以考虑给予长期合作的组团旅行社一些让利,使组团旅行社可以借机降低参团价格,吸引更多的客源。

(四)业务确认

1. 确认程序

当组团旅行社与接待旅行社之间就旅游行程和报价达成一致后,双方即进入旅游接待计划确认阶段。这一阶段有下列两种情形。

(1)组团旅行社要求确认接待计划

组团旅行社把团队接待计划传真给接待旅行社时,在计划中会附有一份回执,要求接待旅行社在收到接待计划后,将团队计划落实情况确认后盖章回传给组团旅行社。这样,组团旅行社收到回执后就可放心发团。接待旅行社对确认的接待计划负有法律责任。旅游团接待计划单见表5-5。

表 5-5 　　　　　　　　　　　**旅游团接待计划单**

时间：　　　　　　　　　　　　　　　　　　　　　　　　编号：

团号		团队等级		人数	
组团旅行社名称			接待旅行社名称		
组团旅行社标志			接待旅行社标志		
送团时间、地点			接团时间、地点		
全陪姓名、电话			地陪姓名、电话		

行 程 安 排

行程		项目	饭店	联系人	电话
D1		早			
		中			
		晚			
		住			
D2		早			
		中			
		晚			
		住			
D3		早			
		中			
		晚			
		住			

	项目	单位	付款方式	
结算	住宿		付现□	挂账□
	餐饮		付现□	挂账□
	景点		付现□	挂账□
	旅游车		付现□	挂账□
	保险		付现□	挂账□
	导游人员服务		付现□	挂账□
	其他		付现□	挂账□

总计	挂账	付现金	全陪现付团款	带现金

备注	

　　　　组团旅行社确认：　　　　　　　　　　　　接待旅行社确认：

　　　　负责人（签字）：　　　　　　　　　　　　负责人（签字）：

　　　　　　（公章）　　　　　　　　　　　　　　　（公章）

　　　　年　月　日　　　　　　　　　　　　　年　月　日

（2）接待旅行社对接待计划不能确认时，要主动通知组团旅行社

接待旅行社计调部收到组团旅行社发来的接待计划后，应立即落实接待事宜。遇有

不能确认的团队或团队计划中不能确认的项目,要及时通知组团旅行社,以便组团旅行社及时做出调整。

2.确认内容

如能确定双方达成合作意向,可采取传真方式确认,并填写旅行社团队确认书。确认书内容包括:价格、行程、时间、人数、住宿标准、餐饮标准、用餐人/次数、车型、区间交通票、返程交通票、全陪姓名、联系电话等。

(1)与对方协商付款方式及付款时间;

(2)与对方确定违约补偿办法;

(3)与组团旅行社拟定协议书,协议书的基本内容包括旅游时间,付款方式及付款时间,交付金额,双方的权利、义务、违约责任等。

(4)核实签字。在双方没有任何异议的情况下,签字生效。计调人员一定要注意,如果任何一方没有签字,则协议或旅游合同无效。

(5)如遇变更,及时做出团队接待计划更改单,以传真方式向组团旅行社发送,并要求对方书面确认。

(五)落实接待计划

接待旅行社在收到组团旅行社接待计划后应及时予以落实。由于计划落实的情况将直接影响到接待工作的成败,所以绝不可掉以轻心。接待旅行社的计调人员应委派专人负责,逐项落实。旅游团接待计划单见表5-6。

表5-6　　　　　　　　　　　　　　旅游团接待计划单

团号		组团旅行社			全陪		电话	
地陪		司机			车号		电话	
人数		餐标		早　正		接团标志		
	月　日　时　车到				用　餐,月　日　时用		餐后　车离	
入住饭店			用房	人间　间,人间　间		陪同房		
日　期		行　程			餐厅		联系人	
备注					部门经理			
					制表人			

1.订票业务

计调部在落实订票业务时,一定要仔细核对接待计划,根据组团旅行社要求向票务人员下达订票计划单,注明团号、人数、航班(车次、船次)、用票时间、票别、票量,并由经手人签字。如遇变更，及时通知票务人员。如果团队中有小孩，要单独注明；订轮船票要注明船舱等级；订飞机票千万不可将姓名、护照号码或身份证号码写错。

订票计划及订票通知单发出后，经常会出现组团旅行社人数增减，团队行程或航班、车次更改，甚至订票取消等情况。当接待旅行社计调部收到组团旅行社的变更通知后，要及时通知票务科调整计划。

2. 订房业务

接待旅行社计调人员要根据团队人数（含司陪人数）、要求，以传真方式向协议饭店或指定饭店发送订房计划书并要求对方书面确认（注意男女比例、是否产生自然单间或住三人间，儿童是否占床位、付费方式及人数）。如遇人数变更，及时做出更改通知，以传真方式向协议饭店或指定饭店发送，并要求对方书面确认；如遇饭店无法接待，应及时通知组团旅行社，经同意后调整至同级饭店。

多数组团旅行社将订房权交给接待旅行社负责，但也有个别组团旅行社采用委托代订房或自订房的方式订房。

（1）委托代订房

委托代订房是指组团旅行社在接待计划中注明某团队要求住在哪家饭店，然后委托接待旅行社向该饭店订房。接待旅行社计调部在接到接待计划后，要根据组团旅行社要求及时向指定饭店办理订房委托业务。办理委托一定要以书面的形式进行，用传真将订房委托书发给指定饭店，原件存档备案。

一般情况下，饭店销售部会在收到委托书3日内给予确认（或不能确认），并将确认单发回接待旅行社。计调人员收到饭店的确认单后，要仔细核对饭店确认的入住时间及天数、客房的间数、餐食的标准等，如有误差应及时与饭店联系，予以更正。计调人员应妥善保管确认单，并在接待计划上注明该团住房确认情况。如果发出订房委托书3日后仍未接到饭店的确认单，计调人员应及时与饭店销售部取得联系，查询该团的住房预订落实情况。能确认的应催发确认单，不能确认的也要求发书面回执，以便及时调整住房预订。

在旅游旺季时，某些旅游热点城市常常出现订不到房的情况，在这种情况下，计调人员要每天向饭店询问客流量，掌握饭店的空房数，进行合理安排。一般情况下，首先要保证重点团的住房，对实在无法按计划安排指定饭店的团队，应按国际惯例在同档次的饭店间调整，并将调整情况通报组团旅行社以取得组团旅行社的谅解。

（2）自订房

自订房是指组团旅行社或旅游者直接向饭店订房。组团旅行社在旅游接待计划中应注明团队住宿饭店名称，并标明订房方式为"自订"。对于自订房团队，接待旅行社计调人员应向饭店销售部核实团队的自订房情况。如果自订房饭店尚未确认的，接待旅行社计调人员应主动转告组团旅行社向饭店办理确认手续。

3.订餐业务

根据团队人数、要求,以传真或电话方式向协议餐厅发送团队用餐计划单。如遇变更,及时做出团队用餐计划更改单,以传真方式向协议餐厅发送,并要求对方书面确认。订餐时要注意餐厅地点、菜系、菜单、菜量、饭量、有无少数民族饮食安排、用餐时间、付费方式等内容。

4.市内交通

旅游团抵达后的市内用车由接待旅行社计调人员负责安排落实。计调人员应根据团队人数及用车要求合理安排车辆,安排车辆时要注意车型、座位数、是国产空调车还是进口空调车、付费方式等内容。计调人员应先将月度计划送交汽车公司总调度室,以便公司调配车辆。为了减少差错,在团队抵达前两至三天内,根据人数、要求安排用车,以传真方式向协议车队发送团队订车计划单并要求对方书面确认。如遇变更,及时做出团队订车计划更改单,以传真方式向协议车队发送,要求对方书面确认并提供车辆的乘客保险单等手续。

5.游览活动

计调人员对游览内容的安排要尽可能突出当地的特色。一般性的参观游览已远远不能满足旅游者的需求,从对世界旅游市场的动态分析看,文化旅游、专业旅游及特种旅游已成为受普遍欢迎的旅游项目,因此,计调人员应针对不同层次旅游者的特点,推出合适的游览项目。

6.文娱节目

由于我国旅游业起步较晚,饭店内供旅游者娱乐的设施较少,一般城市的商业网点到晚8点左右就关门了。旅游者晚饭后往往无事可做,深感时间被浪费。为了使旅游者度过愉快的夜晚,旅行社通常为每个旅行团(尤其是在本地住宿两晚以上的团队)均安排文娱节目。

计调人员选择文娱节目时,应考虑旅游者的兴趣爱好、宗教习惯和心理承受价格。一般以民族风情表演、民俗表演或其他轻松愉快的歌舞、杂技表演为主。这类节目吸引力强,短小精悍,又无语言障碍,能获得较好的演出效果。

(六)地陪出团

计调人员负责地陪的选择和委派。由于地陪的服务质量不仅关系到旅游者的满意度,也决定着双方旅行社的形象甚至一个地区、一个国家的旅游形象,影响到旅行社的经济效益,因此计调人员应本着高度负责的态度,认真选拔地陪。具体要求是:

(1)必须选派已取得导游人员证的地陪。

(2)必须掌握地陪的基本情况(包括带团年限、证书编号、外语语种、地陪等级、投诉及表扬记录、仪容仪表、身体健康状况、个性品质等),选拔语种对口、等级高、无不良投诉的优秀地陪来带团。

(3)必须考察地陪的业务技能,择优选用。要考察的技能包括地陪的知识储备、敬业精神、服务意识、服务技能、语言能力、应变能力等,择优选用以保证服务质量。

(4)如果是长期合作客户,他们大都会挑选以前与自己合作过的地陪以确保服务质量。

（5）如果是第一次合作，一定要派一个经验丰富、讲解熟练、接待能力强的地陪，为客户提供优质的服务，从而实现"一次服务，终生客户"的服务理念。

（6）根据团队来源、旅游者购物能力的强弱和地陪带团的顺序进行合理分配，并通知导地陪领取旅行社派遣单等。

（7）计调人员一般提前 3 天将旅游接待计划交给地陪，特殊语种或重点团队应提前派发。

（8）提示地陪领取带团所需要的各种门票单、行李单、旅游者意见表等。发给地陪旅行社社旗、旅游车标志、喇叭等上团必备用品。地陪如果需要借款，必须写下欠条。

（9）向地陪交代带团注意事项。如团队重点旅游者、民俗禁忌；用餐标准、司陪住宿等内容。地陪必须严格执行接待计划，不得随意增减计划内容。如遇组团行程或旅游者行程与接待旅行社行程不符时，必须立即向计调人员汇报，不得擅自做主。

（七）接团监督

计调人员在实际操作过程中对接团的监督往往不太重视，认为旅游团已经开始了旅游行程，不会出现大的问题，即使有问题，只要自己出面协调解决也不会造成严重的后果。在旅游过程中，接待旅行社计调人员应重视团队的跟踪工作，与导游人员保持紧密的联系，时刻把握团队动向，解决团队运行中出现的问题；团队行程结束后，计调人员应及时收集反馈意见，对团队运行情况和导游人员服务质量进行评估，以提高旅行社的工作实效。为了防患于未然，与各方保持良好的关系，计调人员的监督作用非常重要。其监督工作主要体现在以下几个方面。

1. 监督接团过程中各接待单位的落实情况

（1）监督交通工具的使用情况

特别要注意旅游车的设施设备是否齐全、车况如何。它常常对团队的接待质量和利润产生着决定性影响。在旅游旺季，旅游车队的车辆和司机都在超负荷运营，因此，容易出现车辆故障。如果出现这种情况，应立即联系企业长期合作的车队，尽快安排替代车辆，同时接待部经理要在当天同全陪及旅游者代表见面，赠与小礼品，或在当天的就餐中进行上酒、加菜等抚慰工作，以确保旅游者的满意度。

（2）监督餐饮部门落实用餐情况

特别是餐厅的卫生情况，提醒地陪订餐时及时把旅游者的宗教信仰和个别旅游者的特殊要求转告餐厅，避免出现不愉快和尴尬的局面。旺季时，尤其是重要客户的团队，在就餐前 1 小时一定要对餐厅进行跟踪，以确保旅游者到餐厅后可以马上就餐。这对操作系列夏令营、老年团队尤为重要。

（3）监督饭店的住宿情况

特别要重视住宿地点的环境、设施等。提醒饭店严格按照协议约定的标准向旅游者提供住宿。避免出现跑房现象。

2. 监督地陪的工作情况

旅游旺季时经常出现地陪甩团现象。有些素质较差的地陪，发现团队购物能力较差，自己无法得到理想的购物返佣时会发生甩团现象。出现这种情况的时候，一定要及时把甩团地陪的相关材料报送旅游行政管理机关严肃查处，彻底清除这种旅游界的害群之马。计调人员除了监督地陪是否出现甩团现象之外，还要监督地陪实施旅游接待计划的情况及地陪的服务态度和服务水平，以及全陪、旅游者对地陪的意见评价。

计调人员对地接导游人员的监督可以采用实地监督的方法来进行。即在实施接待计划的同时，计调人员到达现场对各个部门及地陪进行监督。但是，在实际操作中，这一点在执行时会有困难。如果条件允许的情况下，可以采用此方法。此外，计调人员可以通过电话询问来监督。如向地陪询问各个接待单位的接待情况，向各个接待单位询问地陪的工作情况，向旅游者询问地陪的态度等，这在实际工作中比较常见。

3. 团队运行监督管理要点

（1）建立健全旅行社的接待总结制度

要求导游人员写出接团总结工作汇报，内容包括团队总体运行情况、接团中发生的重大事故的原因及处理结果、旅游者的意见和建议等。接团总结工作汇报可作为旅行社业务档案予以保存，为旅行社日后的接待工作提供参考。

（2）抽查陪同日志和接待记录

接待旅行社计调人员可以从陪同日志和接待记录中了解旅游团接待情况和相关部门的协作情况，及时发现问题并采取补救措施；同时也可据此提高导游人员接待水平、改进产品以及完善协作网络。

（3）审查重大事故报告

通过审查重大事故报告，可以让旅行社总结教训、积累经验，并有助于及时发现问题，采取应对和补救措施。

（4）处理旅游者的表扬和投诉

表扬是旅游者对接待人员工作的肯定，旅行社通过对优秀工作人员及其事迹的宣传，在接待人员中树立榜样，提高整体服务意识；投诉则是旅游者对服务质量不满的表示，处理得好可以争取到旅游者的理解，挽回不利影响。

（八）送团工作

团队接待结束后，可由公司部门经理以上管理人员出面送团，以显示对旅游者的重视，有利于将该旅游者发展成为企业的长期客户。

如果在团队接待过程中出现失误，送团就是弥补过失、留住客户的最好机会，可以采取向旅游者道歉和送小礼品的方式，对旅游者进行安抚，给组团旅行社和旅游者留下一个好印象，同时争取全陪的配合，在接待意见上签字，以便顺利收取剩余团款。

（九）团队账目处理

1.报账

团队按接待计划结束行程后，地陪应向计调人员报账，将出行前所借的备用金与旅行社结清，由计调人员在计调部报账，审核无误后报财务处，地陪收回其借款单，根据规定领取相应的带团补助并在导游人员费领取单上签字。

2.结账

团队行程结束时，计调人员应根据地陪和全陪反映的情况，将全陪签字认可的团队质量评价单，传真给组团旅行社，同时要求组团旅行社在团队离开时，将剩余团款汇出或由全陪支付剩余团款。

3.团队收入核算

团队接待工作完全结束，根据地陪及财务提供的有关费用情况，登记团队收入台账、成本核算单，详细记录团队的收支及利润情况。成本核算单一式两份，一份财务记账，一份留计调部与团队其他资料一起归档备案。

（十）客户回访

团队接待结束后，计调人员应该在两天之内通过电话对组团旅行社进行回访，了解组团旅行社对团队接待的满意程度，一则了解组团旅行社的意见；二则体现本社的服务周到。这也是稳定客户、扩大客源的途径之一。在这个环节中要做好客户档案管理工作，认真填写组团旅行社客户管理档案，包括企业名称、联系电话、传真、电子邮件、总经理姓名及联系方式、全陪姓名及联系方式、企业规模、组团流向等信息，以便今后与客户加强进一步的联系，将其做成回头客。

（十一）资料归档

资料归档主要包括以下内容：

（1）标准行程；

（2）旅游者信息表（电脑统一出表）；

（3）询价传真；

（4）确认传真；

（5）订票单；

（6）订车单；

（7）订房单；

（8）订餐单；

（9）结算单；

（10）本社出团通知；

（11）接待旅行社质量跟踪表；

（12）地陪出团领取物品明细表；

（13）地陪出团日志。

三、出境计调业务流程

(一)出境旅游概述

出境旅游是我国三种旅游业务(入境旅游业务、国内旅游业务、出境旅游业务)中出现最晚的一种。它是我国对外开放政策的产物,也是旅游业发展到一定阶段的必然结果。

1. 我国公民出境旅游构成

我国公民出境旅游由港澳游、边境游、出国游三大部分构成。

(1)港澳游

香港游是内地最早开办的出境旅游业务。1983年11月,广东省作为试点率先开放本省居民赴香港旅游探亲。1984年,国务院批准开放内地居民赴港澳地区的探亲旅游。1997年之前,赴港澳地区旅游的内地居民就逐年增多。随着港澳陆续回归,内地居民赴港澳地区旅游人数更是突飞猛进,如今内地旅游者已成为港澳地区最主要的客源。港澳游的发展为我国公民自费出境旅游奠定了基础。

(2)边境游

边境游作为我国公民出境旅游的一种特殊形式,是在边境地区初级的易货贸易基础上发展起来的。1987年,国家首先开放辽宁丹东口岸至朝鲜新义州过境一日游,时至今日,已开放中朝、中俄、中蒙、中哈、中越、中缅等口岸边境游,边境游已有很大发展,不仅极大地促进了边境地区的经济发展,而且对繁荣、稳定边疆起到了积极的作用。

(3)出国游

近些年来,随着我国综合国力的提升、经济的快速发展,世界各国开始关注潜力巨大的中国消费市场,纷纷降低入境许可的门槛;同时我国人民生活水平的提高、消费观念的更新、可自由支配收入的大大增加、法定长假的出现、出境游费用的降低、出境手续的简化,使得出境旅游业务逐步成为我国旅游市场一个新的消费热点。对于我国旅行社业来讲,巨大的市场潜力、强烈的市场需求、高额的利润无疑为其增添了新的活力并提供了广阔的发展空间。

2. 出境旅游团的特点

(1)活动日程稳定

出境旅游团的活动日程一般比较稳定,除非发生极其特殊的情况,否则它的活动日程很少发生变化。无论是组织出境旅游团的旅行社还是负责在旅游目的地接待的旅行社,都必须严格按照事先同旅游者达成的旅游协议,安排旅游团在境外及境内的各项活动。组织出境旅游的旅行社应委派具有丰富接待经验的导游人员担任出境旅游团的领队,负责在整个旅行途中关照旅游者的生活。

(2)消费水平高

出境旅游团的消费水平比较高,旅游者一般要求在旅游期间乘坐飞机或豪华客车,下榻在档次比较高的饭店,并往往要求在就餐环境比较好的餐厅用餐。此外,出境旅游团的购物欲望比较强烈,采购量和采购商品的价值均较大。旅行社的领队在陪同出境旅游团在境外旅游期间,应在当地接待旅行社导游人员的配合下,组织好旅游者的购物活动,满足他们的需要。

(3)文化差异比较大

出境旅游团的成员中,有许多人从未到过旅游目的地国家或地区,缺乏对那里的历史、文化、风俗习惯等的了解,与当地居民之间存在着文化上的较大差异。特别是像我国这样的自身文化传统悠久,出境旅游发展时间较短的国家,旅游者除了在文化上与旅游目的地国家有较大的差别外,在语言方面也存在着一定的差异。目前,我国参加出境旅游的旅游者,除个别人外,外语水平一般比较低,许多人干脆根本不懂外语。到达境外后,同当地人交流成为一个严重的问题。有些旅游者由于既不会讲当地语言也不懂英语,结果闹出不少的误会和笑话,甚至发生上当受骗的事情。因此,旅行社应选派熟悉旅游目的地国家或地区的风俗习惯、历史沿革,精通旅游目的地语言或英语的导游人员担任出境旅游团的领队,在境外充当翻译,以帮助旅游者克服文化和语言方面的障碍。

(二)出境计调业务操作准备

1. 语言准备

为了更好地达到语言上的沟通和操作上的便利,出境计调人员必须熟练掌握旅游目的地国家的语言。

2. 法规法律的准备

由于目的地国家的法律法规与我国有不同之处,掌握和了解该国的法律法规是出境计调人员必备的技能之一。

3. 宗教与风俗习惯准备

世界上很多著名国家及旅游城市之所以能吸引游人前往,很大原因是由于其民族风格、风俗习惯及宗教信仰的独特魅力,留在历史长河中的谜团和名胜古迹充满神秘的诱惑。比如,泰国的人妖、印度的佛教、埃及的金字塔、南非的好望角、中东的耶路撒冷、欧洲的古堡与风情等。出境计调人员熟悉旅游目的地国家或地区的习惯与风俗,对于制定产品、策划产品、介绍产品等将会带来意想不到的效果。

4. 交通连线的准备

利用航线、选择航班、取舍航线成为出境计调人员策划产品的首要技能。利用得好,经济实惠利润高,有市场竞争力;利用得不好,则会造成成本高利润低,在市场竞争中也会处于被动和劣势。

5. 汇率的准备

汇率是一国货币兑换另一国货币的比率,是以一种货币表示另一种货币的价格。当接待国的币种汇率下降了,或人民币升值了,此时应该赶快汇款,这样可以控制支出费用,起到节约成本、扩大利润的目的。出境计调人员接待境外旅游团时也要利用好对己方有益的利率变化。因此,操作出境团的计调人员平常就应该多关注汇率的变化,尤其是在接待国或客源国的政策与经济乃至突发事件时,更要多加注意。

6. 公共假期的准备

国外的法定假期与旅游季节与我国有所不同,出境计调人员平时应关注时事、新闻,如欧洲国家经常会有罢工行为导致无法接待旅游的情况,计调人员在策划产品和制定出团计划时考虑到此方面的因素就不会陷入被动。

7. 签证出境的准备

签证出境是出境计调人员必须掌握的技能。各国的签证期与手续、方式及收费标准不同,因此出境计调人员必须熟练掌握我国以及旅游目的地国家的签证要求和程序。

8. 审核资料的准备

出境计调人员在工作中应该养成平稳的心态。审核旅游者的资料要严肃认真,马虎不得。护照或者证件有效期必须在半年以上,要有明确的目的地和动机,护照上填写的内容一定不能有涂改;担保书要有依据,中英文对照内容不能潦草随意,一旦粗心造成退签,不但会给旅行社带来不便和损失,还有可能由于计调人员的失误导致旅游者终身无法出国旅游,因此计调人员在审核时要认真负责,规范审核。

9. 正确掌握出入境卡填表的方法

因境外各国的出入境卡、海关申报单信息内容为英文,所以领队要指导、帮助旅游者填写,填写内容要正确,以免产生麻烦。了解并正确填写出入境卡是每个出境计调人员的基本工作准备。

(三)出境旅游相关证件

1. 护照

护照是一个国家的主管机关发给本国公民出国或在国外居留的一种证明其身份的证件。护照一般分为普通护照和外交部护照,有些国家也颁发团体护照(旅游团、体育代表队、文艺团体及各种专业团体等)。每一个要出国的中国公民,都必须拥有一本合法有效的中国护照。中国护照首页上的正式行文是:"中华人民共和国外交部请各国军政机关对持证人予以通行的便利和必要的协助。"

(1)有效期

中华人民共和国护照的有效期一般为10年,16岁以下中国公民的护照有效期为5年。

(2)办理机关

办理护照的机关是在本人户籍所在地的公安局出入境管理处。

(3)合法性与有效性

合法性是指护照是在国家指定的主管机关办理的而非伪造的。有效性是指不过期的,没有涂改的,属于本人的,有签证印章(签注)的护照。

（4）重要提示

①护照为本人重要身份证件，持证人要妥为保存、使用，不得涂改、转让、故意损毁。任何组织和个人不得非法扣押。

②护照的签发、换发、补发和加注由公安部委托的公安机关出入境管理机构、中国驻外使馆、领馆或外交部委托的其他驻外机构办理。

③本人的护照遗失或被盗，在国内应立即向当地户籍所在地的公安机关出入境管理机构报告，在国外应立即向当地或附近的中国驻外使馆、领馆或外交部委托的其他驻外机构报告。

④短期出国的公民在国外发生护照遗失、被盗等情形，应向驻外使馆、领馆或外交部委托的其他驻外机构申请中华人民共和国旅行证。

（5）申办护照

①所需资料

中国公民因私出国（境）申请审批表、旅行社出具的正式发票、个人身份证、户口卡和照片数张。发票、身份证、户口卡还需要准备复印件。

②手续

旅游者本人持上述资料，到所在地公安局出入境管理部门交验后办理护照。为了不影响正常出游，最好提前办理相关手续。

2. 签证

签证是一个主权国家国内或驻国外主管机关在本国或外国公民所持的护照或其他旅行证件上的签注、盖印，表明允许其出入本国国境或者经过国境的手续，也可以说是颁发给他们的一项签注式的证明。

签证制度是国家主权的象征，是国家对于外国人的入境实施有效控制和管理的具体表现，并以此达到维护国家安全及国内社会秩序的目的。

（1）签证的作用

签证是一个主权国家为维护本国主权、尊严、安全和利益而采取的一项措施。签证是一个主权国家实施出入本国国境管理的一项重要手段。一个国家的公民如果希望到其他国家旅行、定居、商贸、留学等，除必须拥有本人的有效护照或旅行证件外，另一个必备的条件，就是必须获得前往国家的签证。否则，是不可能成行的。

（2）签证的种类

目前，世界上大多数国家的签证分为外交签证、公务（官员）签证和普通签证。我国现行的签证有外交签证、礼遇签证、公务签证和普通签证四种。

计调人员应详细地掌握以下签证知识。

①移民签证和非移民签证。依据申请人的入境目的，签证可分为移民签证和非移民签证。获得移民签证的，是指申请人取得了前往国的永久居留权，在居住一定时期后，可成为该国的合法公民。而非移民签证则可分为商务、劳务、留学、旅游、医疗等几个种类。

②反签证。反签证是指由邀请方为来访人员在前往国的出境管理部门办好签证批准证明，再连同申请人的护照、申请表格等材料呈递该国驻华使领馆。驻华使领馆凭批

准材料，在申请人护照上签证，无须请示国内相关部门。一般来说，获得反签证就意味着入境已获得批准，护照送交前往国驻华使馆后也不用等太长的时间。目前实行反签证制度的国家大多是亚洲国家，如日本、韩国、印度尼西亚、马来西亚、新加坡等。

③口岸签证。口岸签证是指在前往国的入境口岸办理签证（又称落地签证）。一般来说，办理口岸签证，需要邀请人预先在本国向出入境管理部门提出申请，批准后，将批准证明副本寄给出访人员。后者凭该证明出境，抵达前往同口岸时获得签证。目前，对外国公民发放口岸签证的国家主要是西亚、东南亚、中东及大洋洲的部分国家。

④另纸签证。另纸签证也是签证的一种形式，一般签证多是在护照内页上加盖签章或粘贴标签。而另纸签证是在护照以外单独签注在一张专用纸上，它和签注在护照上的签证具有同样作用，但必须和护照同时使用。

⑤互免签证。互免签证是随着国际关系和各国旅游事业的不断发展，为便利各国公民之间的友好往来而发展起来的，是根据两国间外交签署的协议，双方公民持有效的本国护照可自由出入对方的国境，而不必办理签证。互免签证有全部互免和部分互免之分。

⑥过境签证。一国公民在国际间旅行，往往要途经一两个国家才能最终进入目的地国境。这时不仅需要取得前往国家的入境许可，而且还必须取得途经国家的入境许可，这种入境许可称为过境签证。关于过境签证的规定，各国不尽相同。不少国家规定，凡取道该国进入第三国的外国人，不论停留时间长短，一律需要办理签证。按照国际惯例，如无特殊限制，一国公民只要持有有效护照和前往国入境签证或联程机票，途经国家均应发给过境签证。

⑦ADS 签证。ADS（Approved Destination Status）的中文解释是"被批准的旅游目的地国家"。加注 ADS 签证后仅限于在被批准的旅游目的地国家一地旅游，此签证在目的地国家境内不可转签，不可延期。持有这种签证的人必须团进团出。

（3）中国公民申办外国旅游签证的程序

我国旅游者须持签注有效签证的护照方可出国旅游。所前往的目的地国家的旅游签证通常由旅行社统一向该国驻华使领馆申办。申办时，旅游者需积极配合旅行社准备签证资料，不同旅游目的地国家对我国旅游者出国游的资质审查项目也不尽相同，项目种类有简有繁，所以出境游要认真准备，及早准备，以实现如期出行。

中国公民申办外国签证,无论是委托旅行社代办,还是自己办理,一般都需要经过下面几个程序:

①递交有效的中国护照。

②缴验与申请事由相适应的各种文件。

③填写外国签证申请表格,同时缴付本人照片。

④同前往国驻华大使馆或领事馆官员会见(有些国家不需要)。

⑤大使馆或者领事馆,将填妥的各种签证申请表格和必需的证明材料,呈报本国内务部门审查批准。有少数国家的使领馆有权直接发给签证,但仍须转报国内备案。

⑥前往国家的主管部门进行必要的审查后,将审批意见通知驻华使领馆。

⑦申请者向有关国家的驻华使领馆缴纳签证费用,也有些国家根据互免签证费协议,不收费。

⑧外国使领馆对送交申请签证的护照一般有以下要求:送交外国驻华使领馆的护照有效期必须在 6 个月以上;持照人必须在护照上签名。

3. 旅行证

旅行证是中华人民共和国护照的代用证件,由中国驻外的外交代表机关、领事机关或外交部授权的其他驻外机关颁发。旅行证分为 1 年(入、出中国国境一次有效)和 2 年(入、出中国国境多次有效)两种,由持证人保存、使用。如有效期满,不得延期。

旅行社通常颁发给下列几类中国公民:

(1)未持有效港澳居民来往内地通行证,但拟前往大陆的港、澳同胞;

(2)未持有效台湾居民来往大陆通行证,但拟前往大陆,或需从国外直接前往香港、澳门特别行政区的台湾同胞;

(3)无有效中国证件,需回国的中国公民;

(4)在美国出生的儿童,其父母双方均为中国国籍,且未获美国(或其他国家)永久居留权者;

(5)领事官员认为不便或不必持用护照的其他人员。

4. 健康证明

世界各国为预防传染病,在国际机场、港口和陆地口岸设立卫生检疫站,对入出境旅客及交通工具进行检疫。

出境旅游者须持有国际预防接种证明书,因该证件的封面为黄色,通常称为黄皮书,它是旅游者本人健康状况的证明。如果没有黄皮书,旅游者可能会被拒绝入境,或予以检疫隔离。

获得黄皮书的渠道包括以下两种:

(1)到当地卫生检疫部门申请接种注射,领取黄皮书。一般情况下,旅行社在召开出境前说明会时,请卫生检疫部门的医生来统一进行接种注射。

(2)团队出境前,在机场、口岸卫生检疫部门办理黄皮书,购买药盒。

5. 海关申报单

根据我国海关规定,需报关的物品一定要填写海关申报单,主要填写物品名称、规格、数量、价值、型号等信息，并走红色通道出入海关。

（四）出境计调业务操作流程

出境计调业务操作流程与国内计调业务操作流程基本相同，不同的是出境计调业务操作多了签证、送关、召开行前说明会等工作，比国内游的流程要复杂。如图5-3所示。

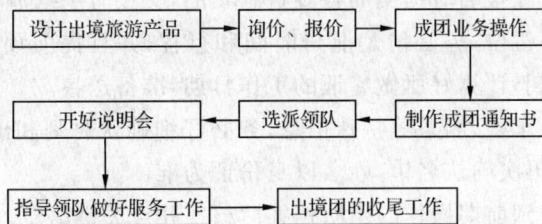

图 5-3　出境计调业务流程

1.设计出境旅游产品

出境旅游产品的设计，主要是根据客源地旅游者对出境旅游产品和地区的需求，并针对他们的要求与愿望，结合旅游目的地国家或地区的旅游资源的分布，以及当地接待旅行社的产品设计，综合制作出符合旅游市场的旅游产品。

首先，要问清楚旅游者将去的目的地是哪里，也就是他们要去哪几个地区或国家。然后根据旅游者人数、出团时间及其他要求给旅游者报价。

其次，要清楚所去的地区和国家不同，对证件的要求是不一样的。计调人员要根据旅游者要去的国家或地区，知道准备资料、做签证需要多长时间，以此决定旅游者可参加什么时间段的旅游团。

出境旅游产品设计应遵循旅游行政管理机关所发布的规范要求：具有安全保障，符合国家法律法规、部门规章、国家或行业标准的要求，正常情况下能确保全面履约，发生意外情况时有应急对策，满足不同消费档次、不同品位的市场需求，可供旅游者选择，对旅游者有吸引力。

2.询价、报价

（1）计调人员根据团队的具体情况进行询价

询价时选择合适的接待旅行社报价是关键。询价时一定要注明各项要求，如饭店、车、小费、导游人员等，这些信息将直接影响最终价格，询价时务必写明人数、出发日期、详细行程，包含内容的标准，如报价包含三星或四星饭店、中式午晚餐、中文导游人员、豪华旅游大巴车、常规景点门票、国际航班、保险、签证、特殊服务项目等各项要求。每个团队需要由2家以上的接待旅行社报价。

（2）价格询回后选择合适的接待旅行社进行操作

首先，将价位和对方谈到相对合适的程度；其次，将谈好的价格确认给接待旅行社；再次，将团队的详细信息，如详细名单、最终行程、举牌接机、分房名单、航班时间、特殊服务项目等用书面的形式交给接待旅行社。

（3）报价

计调人员依照行程常规报价单所列价格及旅行社相关规定向团队进行报价。

3.成团业务操作

(1)当旅游者对出境游产品满意后,与旅游者签订出境旅游服务合同,提醒旅游者有关注意事项,并向旅游者推荐旅游意外保险。

(2)认真审查旅游者提交的资料物品,对不适用或不符合要求的及时向旅游者退换。同时,妥善保管旅游者在报名时提交的各种资料物品,交接时手续清楚。

(3)团队如需预订机位,务必清楚航班时间和行程,并且提前预订,提供名单。预订机票确认团队出发日期,计算好所做签证的工作日期,准备送签。

(4)如行程中有火车票、船票等特殊信息,务必仔细确认时刻和出票日期以及出票地点。出机票前一定要再次确认名单,姓名以身份证为准。

(5)核实材料。接到前期操作的团队档案后核实几点关键信息。

①团队出发名单及行程(电子版),行程中注意出发日期、航班时刻、景点、出签日期、详细的名单。

②是否有完备的接待旅行社信息、地接确认单、接待旅行社操作人的联系方式、接机信息(举牌接机)、订房数。

③出签日期以及出签种类。

④流程表是否齐备。

⑤确认操作成本预算。

⑥核对机位订单和行程,如有不同,立刻进行更改,更改时注意机位的取消期限和新的机位的更改。

(6)签证签出以后,计调人员要核对正确名单、签证有效期、签证生效期、航班时刻和行程,与销售人员确认是否可以出票。出票时对清行程和名单以及票价,并将票价留底。支付机票费用的支票需要提前1天交财务打支出单,交部门领导、财务、总经理签字。

(7)出境名单盖完章后交送团人,并提醒送团人团队回程日期,以便收取护照消签。机票和护照由送团人保管并带到机场,导游人员机票由导游人员自带。

(8)将最终出团的名单和订房数交给接待旅行社,并向接待旅行社索要团队账单。需要立刻付钱的接待旅行社务必和财务提前预约费用,并在签证签出后打支出单、签字,以便财务将钱备好。

(9)团队如需公司派遣自己的导游人员,需要提前10天安排,并第一时间通知导游人员,以便导游人员做好相应的准备工作。

(10)通知导游人员交接时要告诉其提前1天来旅行社拿团队资料。交接工作有以下几点需要做。

①确认正确详细的团队行程和名单。

②确认接待旅行社最终行程,包括饭店和车的信息,在行程当中要标明各地饭店,务必与中文行程核对,无误后留底,复印件交给导游人员。

③将导游人员机票交给导游人员。很多导游人员为中国香港、台湾的导游人员,英文姓名不同于汉语拼音,需要核对后再出票。

④预支款需要导游人员来交接后自行去财务领取,计调人员一定要提前约好。导游

人员预支款只预支境外固定产生费用的 50％，其余回国后凭收据报账。

⑤特殊服务项目在确认价格后，以书面形式通知导游人员。

⑥将各种报账表格交给导游人员，包括：境外购物一览表、商店联络表、导游人员报账单、意见反馈表、餐厅一览表、导游人员注意事项，叮嘱导游人员要严格按照注意事项执行。在境外购物一览表中要对所进商店画钩，提醒导游人员务必进店。

⑦如需为导游人员出内陆机票，务必在团队成型后提前出票，交给导游人员。

⑧团队出境时提醒导游人员在境外收齐旅游者的护照和机票，并在回国后配合送团人员将登机牌和护照收回消签。

(11)如遇到导游人员在境外上团，没法给导游人员预支费用，团队回国后再给其全部报销。交接用传真形式。

(12)团队出发前需要将团队名单、行程盖章后传真至保险公司，为旅游者上保险。

4.制作成团通知书

成团通知书是经过一系列的程序运作之后确定下来的最终结果，是向旅游者发出的正式出团通知。制作通知书要做到以下几点。第一，文字简练、清楚、明白。第二，内容准确。第三，书写的抬头要有礼貌性的用语，结尾一定要有旅游者的签字回执。为此有以下提及注意的事项。

(1)准确的旅行团编号；

(2)确切的出发时间、地点；

(3)领队的姓名及手机号码；

(4)旅游者未能按时抵达集合地点的处理意见；

(5)飞机的航班号和起飞的时间；

(6)回程的时间及地点；

(7)所需带物品。

出团通知书

尊敬的旅游者：

欢迎您参加中旅总社组织的赴台湾旅行团！

团号：C90316TAHX029T，领队：×××先生，手机号：×××××××××××请您做好出发准备，具体要求如下。

一、日程安排

出发时间：2009 年 03 月 16 日。

早上：6点整在北京首都机场T3号航站楼国际出发厅6号门里侧集合。到后请马上与领队联系、签到。由领队统一办理登机手续，过时不候。于北京时间8点30分乘CA185航班前往台湾桃园机场。

返程时间：2009年3月22日。

北京时间12点50分，乘CA186航班从桃园机场返回北京，于北京时间16点10分抵达，结束愉快的旅行。

二、请务必带上赴台通行证。

三、请您根据当地气候带服装及常备药品。目前天气为春、夏季。因车上空调较凉，请准备一件外套放在车上。

四、请带足防晒用品，雨伞。

五、请您一定按此通知及注意事项（附后）准时参团。

六、出租汽车预约电话：×××××××××。

七、境外司机导游人员小费人民币每人×××元（请统一交给领队）。

如团员未遵守要求而发生问题，责任自负！

出团通知书确认回执

我已收到出团通知书及此团的确认行程并已认真阅读，对团队行程、集合时间、要求注意事项均已清楚及了解。

团号：C90316TAHX029T。

特此确认！

×××

2009年××月××日

5. 选派领队

（1）领队的选派标准

组团旅行社计调人员应以领队的工作职责为标准，对领队的自身素质和能力进行考察，选择合格、恰当的领队人选。其考察标准如下。

①所选择的领队应熟悉目的国出入境手续办理的有关程序和规定。

②所选择的领队应了解目的国的情况，包括历史文化、法律法规、风俗习惯、宗教信仰、礼节禁忌等。

③所选择的领队应有较高的外语水平。领队主要是在境外带领团队，协助当地导游人员工作，在很多情况下都需使用外语，所以领队应有较高的外语水平，这是开展工作的基本条件。

④所选择的领队应有较强的责任心和工作能力。

（2）对领队进行管理

①组团旅行社要负责做好申请领队证人员的资格审查和业务培训。业务培训的内容包括思想道德教育、涉外纪律教育、旅游政策法规、旅游目的地国家的基本情况，领队人员的义务与责任等。

②对已经领取领队证的人员,组团旅行社要继续加强思想教育和业务培训,建立严格的工作制度和管理制度,并认真执行相关规定。

6.开好说明会

开好说明会非常重要,这是计调人员首次与全团的人员见面的会议,也是旅游活动的一部分。说明会的主持人可以是计调人员,也可以是领队人员;可以在旅行社里面开,也可以到旅游者所要求的地方开,给旅游者以方便。说明会应注意以下细节。

(1)在旅行社里开说明会,应该注意环境幽雅、洁净。

(2)签到与点名。

(3)备齐所发送的资料与物品。

(4)说明会的内容包括:欢迎词、计调人员(领队)自我介绍、对旅游者提出要求、行程说明、通知集合时间及地点、提醒旅游者带好有关物品、货币的携带与兑换、卫生检疫、安全提示、出入国境注意事项、相关的法律法规知识以及旅游目的地国家的风俗习惯等,并向旅游者翔实说明各种由于不可抗力导致组团旅行社不能完全履行约定的情况,以取得旅游者谅解。

(5)应落实分房、国内段返程机票是否已定或是交款、是否有特殊要求的旅游者、收取支付小费等事项。

(6)主持人讲话要口齿清楚,内容有层次;突出重点,尽量不讲重复的话。

(7)给旅游者留出提问题的时间;拿不准的问题,不要急于回答。

(8)要特别强调的是出发当天一定要准时,杜绝迟到。

说明会——赴台湾旅游注意事项

为了使您的台湾之旅轻松而愉快,我们把一些在台湾期间应注意的事项列举如下。

一、出入境

1.报到

请团员按出团通知的要求,准时到达集合地点。机场内人多拥挤,请注意保管财物。

(1)行李

①手提行李每人限携带一件,托运行李重量以不超过 20 千克为准。随身携带手提行李重量不得超过 7 千克,长宽高不超过 23 厘米×36 厘米×56 厘米,总尺寸不超过 115 厘米。

②贵重物品不能放在托运行李内(各种证件、现金及贵重物品),酒类物品、洗漱用品及化妆品、水果刀、小剪子及指甲刀不能随身携带,必须托运。

③请在行李牌上清楚填写中英文姓名、电话。托运行李交运航空公司后,请您务必保管好自己的行李托运小票,并请核对小票上的航班及目的地是否与您当日所乘坐的航

班及所前往城市一致。

（2）出境

①海关。如您携带需要再带回境的单价超过人民币 5 000 元的摄像机、照相机、笔记本电脑等物品，应填写 2 份申报单，海关检核签章后将其中一份申报单退还旅客凭此办理有关物品复带进境手续。

②携带外币。根据国家规定：每人可携带美元 5 000 元，人民币 20 000 元。如超额携带，一经查出，责任自负。

（3）入境

①携带物品。每位旅客可免税携带烈性酒 1 瓶及香水少量（必须托运），香烟200 支。

下列物品禁止带入台湾：所有国际性的违禁品；新鲜蔬菜、水果，腌制之鱼、肉类等。

②入台证。台湾入台旅游证件一个团队只有一个签证号，必须随团统一办理入出境手续，不能单独行动，或同其他旅游团入出境，否则将会被拒绝入出境。

二、食宿

1.住宿

（1）旅行社为您安排的是观光级饭店，相当于大陆四星级饭店。

（2）饭店内的自来水为生水，请煮开饮用，有的饭店也有饮水机在楼道提供饮用水。

（3）妥善保管个人财物，贵重物品可放于前台或房间内的保险箱内。

（4）台湾电压为 110 伏，插座为双扁插孔式，部分旅馆有 220 伏设备。请酌情自备转换插头或变压器备用。

（5）台湾饭店一般都提供洗漱用品，拖鞋（非一次性）等，为了环保，有些饭店没有摆放洗漱用品，如需要可与饭店服务人员联系，均免费提供。建议大家最好自行准备。

（6）部分饭店冰箱饮料为电脑自动计费，饮料一经取出即无法放回原位，若无需要，请不要把饮料从冰箱固定位置取出。

（7）如果饭店电视节目有收费电视放映，按下遥控器上"有料"按钮，饭店会自动计费。无心观看，请不要随意选择一般电视节目以外的频道。

（8）团队观光活动结束后，自由活动时，请结伴而行，不要单独行动，更不要去偏僻的地方。离开饭店外出时，房间钥匙请交还前台，请携带饭店名片以备迷路时使用。

（9）关于温泉。入住温泉旅馆可免费享用旅馆内的温泉浴场。体验温泉时，需穿游泳衣。进入温泉浴场后，应先在淋浴处将身体冲洗干净，然后再进入温泉池泡温泉。在温泉池内搓澡和拧毛巾被认为是极其不礼貌的行为，请一定避免。老人及儿童不宜长时间洗浴，并需有亲友陪同，酒后、心脏病患者及身体虚弱者禁止入浴，否则后果自负。

（10）退房时将私人电话费、饮料费和房间钥匙交到前台结账。

2.饮食

（1）台湾饮食比较清淡，此次经历也是对风俗的一个了解。

（2）团队用餐一律不含酒水费用。

（3）可以根据个人口味带些榨菜、辣酱等。

三、游览

1.根据行车路程安排,行程中景点先后顺序有可能调整。

2.请牢记旅行中集合时间及地点,旅游车的牌照号码。如果在当地走失,请拨打当地导游人员手机求救。

3.道路行驶方向与大陆一致,街上摩托车很多,横穿马路时一定走人行横道,注意留意信号灯。

4.在整个行程中不得脱团、离团。

四、购物

1.以团体观光为主,购物时请尽快决定是否购买,以免影响旅程安排。

2.购物时,所购商品需另加商品5%的消费税。在大型综合性购物商场,购买新台币3 000元以上的可退税商品时,可前往退税柜台当场办理退税手续。也可到机场办理退税事宜。详细退税方法请咨询当地导游人员。

3.购买电器商品时,请注意电压、制式、说明书等问题,是否在大陆可以使用。

4.在台湾消费一般都使用新台币,部分大型商场也可以使用信用卡(双币卡)。

五、其他

1.天气

台湾属于热带与亚热带气候,夏长冬短,最好带好雨具,去阿里山要备一件夹衣。月平均温度表如下:

单位:摄氏度

地区	1月	2月	3月	4月	5月	6月	7月	8月	9月	10月	11月	12月
台北	10~17	12~20	18~25	23~28	25~32	25~36	25~36	25~36	25~35	22~30	18~27	15~23
台中	15~23	15~23	19~26	23~28	25~32	25~34	25~34	25~34	25~34	22~29	20~25	18~23
高雄	17~23	17~23	19~25	23~30	25~33	26~37	25~37	25~37	25~36	25~32	21~28	19~24

2.货币

(1)根据国家规定,您最多可兑换5 000美元/人,14岁以下儿童减半。

(2)人民币在台湾可直接到指定的13家银行办理换新台币业务(银行名称可咨询当地导游人员),汇率以银行当天公布汇率为准。

(3)台湾的纸币面值为1 000元、500元、200元、100元,硬币分为50元、20元、10元、5元、1元。1元人民币折合4.2元左右新台币。在机场、银行都可以换到新台币。换汇后请保存好换汇水单。

3.药物

请自备少量常用药品。

4.通信

全球通及联通CDMA手机在大陆办理国际漫游手续后,可以在台湾使用,与大陆通话可使用电话卡或饭店房间内的电话。

(1)人在台湾打回电话到大陆(座机)

002+86+10+电话号码

（2）人在台湾打回电话到大陆（手机）

002＋86＋手机号码

（3）人在大陆打电话到台湾（台北）

00＋886＋2＋台北座机电话

5.时差

没有时差。

6.提示

为了您在本次旅游途中的安全，我们特别请您遵守下列事项，这是我们应尽的告知责任，也是为了保障您的权益。

（1）搭乘飞机时，请随时扣紧安全带，以免气流影响安全。

（2）贵重物品请托放至饭店的保险箱，如需随身携带切勿离手，小心扒手在身旁。

（3）住宿饭店时请随时将房门扣上安全锁，勿在灯上晾衣物，勿在床上吸烟。听到报警器响，请由紧急出口迅速离开。

（4）搭乘快艇请扶紧把手并坐稳，勿任意移动。晕船或晕车的旅游者请提前半小时服用晕船（车）药。

（5）团体需一起活动，不能擅自离团。

（6）夜间如需外出，请告知领队或团友，并结伴出行，应特别注意安全。

（7）切勿在公共场合露财，购物时也勿当众清数钞票。

（8）遵守领队所宣布的观光区、餐厅、饭店、游乐设施等各种场所的注意事项。

（9）请妥善保管通行证、机票及个人贵重物品，请勿放于巴士、旅馆、房间以及大行李中，并谨防扒手及陌生人搭讪。

（10）在台湾有些东西是不能作为礼物相赠的。禁以毛巾赠人、禁以扇子赠人、禁以刀剪赠人、禁以甜果赠人、禁以粽子赠人、禁以鸭子赠人、禁以雨伞赠人。

（11）台湾将洗手间叫化妆室。

7. 指导领队做好服务工作

（1）出行前业务准备

①核对护照内容，包括正文页与出境卡项目是否一致，出境卡两页是否盖章，出境卡是否有黄卡，是否与前往国相符，签证的有效期、签证水印及签字等。

②参照护照核对机票（包括中英文姓名、前往目的地国家名称）、行程（包括国际段和国内段行程、日期、航班等）、名单表。

（2）出团必需品准备

①护照、机票、名单表；

②团队计划、自费项目表；

③旅游者问卷表、领队日记簿；

④旅游者房间分配表；

⑤各国出入境卡、海关申报卡；

⑥团费；

⑦国内外重要联系电话；

⑧导游人员旗、胸卡、名片；

⑨旅游者胸牌、行李标签、旅行包（核对该团是否提供）；

⑩随身日用品（如闹钟、计算器、笔、纸等）、常用药品等。

（3）办理出境手续

旅游者出入任何国家国境，均须根据当地政府的规定，办理入境手续，按国际惯例进行海关检查、出入境证照管理和查验、卫生检疫。

海关是检查行李、货品、违禁品、课税品、金银币券等；出入境证照管理和查验是检查旅客护照、签证、机票等，清查飞机（船舶）离到站旅游者数；卫生检疫是对旅客、货物、交通工具进行检疫。

出境前先将以下程序简略介绍给旅游者，当领队办理有关手续时，可选择一名旅游者协助自己工作，负责把其他旅游者统一集合在一起。

①团队集合

A. 领队要提前于约定集合时间的 20 分钟抵达，以社旗示意集中旅游者，清点人数。

B. 向旅游者讲清办理出境的相关程序及手续。

C. 将需海关申报的团员护照分出，让其持护照、机票走红色通道。

D. 向旅游者宣布出海关后进入办理登机手续大厅内的集中地点，由领队统一办理团队登机手续，防止旅游者走失。

②办理登机手续

A. 领队主动收齐护照，将护照与机票一起交给柜台办理登机卡和行李托运手续。

B. 在值机柜台领取机票、证件、登机卡时一定要清点数目，并检查机票是否只撕去应该使用的那一联；统计托运行李数，务必清点准确，并保存好行李牌，以便在飞机抵达后为旅游团提取行李。

C. 有的班机不对号入座，分发登记牌座位号时，可以适当照顾一家人或亲朋好友，发牌后旅游者可以自行调整。

D. 带领旅游者按顺序排队进行安检，领队在自己过安检的同时照顾旅游者过安检，到最后一名旅游者过关后再离开安检处。

E. 注意观察旅游者有无遗忘物品在安检处，同时告知旅游者应该到几号候机厅候机。

③通过边检

A. 领队一定提醒旅游者填写出境登记卡，必要时给予帮助，并请旅游者按顺序排队通过边检。

B. 过卫生检疫，出示黄皮书或购买药物领取黄皮书；

165

C. 过边检时,让旅游者按照名单表的顺序排队,依次通过;未上名单表的旅游者可填写出境卡走其他通道;注意1米线,尊重检查人员。

D. 将名单表交边检官检查,边检留存一份,另一份加盖边检章后,由领队收存,以备入境时核查。

E. 最好自己先过关,过关后站在里侧注视旅游者过关,观察旅游者是否有需要解决的问题,直到最后一名旅游者通关为止。

F. 注意一定要叮嘱旅游者登机时间及指定登机口。

(4)途中服务

①引导旅游者尽快找到座位入座。

②帮助旅游者安置其随身携带的行李。

③注意清点人数,确保全团人员均登上飞机。

④协助空中服务人员提醒旅游者系好安全带,以确保旅途安全。

⑤及时向空中服务人员反映旅游者提出的问题并积极协助解决。

⑥安排并协助旅游者认真填写入境卡。

(5)办理国外入境手续

到达旅游站或目的地后,办理有关入境手续,通常称为"过三关",即卫生检疫、证照检查、海关检查。入境的E/D卡及申报单应事先填妥,不论在飞机上或在机场内,都应该事先将规定卡片备妥,证件收齐。旅游者出机舱后,先从入境移民局检查开始,接着再取行李至海关处检查,按顺序办理。

①过移民局关(边检关)。带团走出机舱后随即前往移民关卡(边检关),旅游者手持护照可分散过关,领队可先于旅游者通过移民关卡,以方便照顾旅游者,在里侧等候旅游者,观察旅游者过关时有无问题,每一位旅游者过关后,立即收回其护照由领队统一保管。

②领取行李。招呼旅游者保管好随身携带的物品,找好行李小推车,带头并协助旅游者到行李传送带上提取行李,备好行李牌,点好行李件数,带领旅游者走出行李厅前往海关处通关。

③过海关。经检查行李件数无误,到海关办公室报告团体性质、人数、国籍、行李件数,并配合海关的检查工作。同时告诫旅游者切勿离队,因国外机场庞大复杂,而且旅游者对语言、环境均不熟悉,离散后难以寻找。

④海关检查完毕立即出关与当地接待人员联络,并将行李交其负责,然后带领团员登车,清点人数,至此,入境手续才算办理完成。

如在公路上过境,领队应将团员证件收齐,让团员在车上坐好,请求移民单位派员上车检查。

(6)落实境外旅游接待

①交接团队。团队到达旅游目的地后,领队应马上与接待旅行社导游人员进行接洽,并把团员的基本情况向导游人员做一个简要的介绍,这既便于导游人员了解情况、方便工作,又标志着组团旅行社的领队与导游人员合作服务的开始。同时领队要将导游人

员介绍给团队旅游者，然后清点团员人数与行李，与导游人员一起引导旅游者上车，并安排旅游者入住饭店。

②商定行程。待安排妥当后，领队要与导游人员核对行程计划，把组团旅行社的意图、需要及特别提及的问题说出来，游览项目的前后顺序可以调整，因为计划要根据当地具体情况而定，这是很正常的。但是项目不可以减少，除非旅游者自愿放弃而且一定要有旅游者的签字为凭证。领队要与导游人员对两份计划的内容进行仔细核对，如有不同要及时请示，等待指示。

③协调关系。在境外旅游期间，领队应尽量与导游人员、司机搞好关系，共同协作，把旅游活动安排好，如遇导游人员或司机提出无理要求，或者有侵犯旅游者利益行为时，例如随意增加自费项目、降低服务标准、故意延长购物时间或增加购物次数等，领队应及时与导游人员严正交涉，维护旅游者的正当权益，必要时向接待旅行社投诉并向国内组团旅行社报告。

④友情提示。抵达目的地后，领队要注意关照旅游者，清点人数，防止旅游者走失，防止财物被盗，如有陌生人前来搭讪，要有自我防范意识。

⑤境外服务。领队带团出境到了目的地把团队交给接待旅行社的导游人员后，领队的工作并不是就暂时告一段落、没有责任了，此时领队的责任是代表旅行社按旅行合约的内容，协助接待旅行社导游人员落实行程中的交通、餐饮、住宿、游览等服务项目。旅游团在国外旅途中行程急促，流动面广，这就要求领队应全程照料团队的登机、食宿、购物、游览等活动，并协助解决可能遇到的问题。如遇意外情况，领队必须当机立断采取措施解决问题，保证行程不受阻或中止，以圆满完成预期任务。

（7）办理国外离境手续

办理国外离境手续与在中国出境时基本相同，通常都是先办理登机手续，再过海关与移民局。

①登机手续。在国外办理登机手续，从集中托运行李，收取护照，到领取登机牌，直到派队过关，这一环节通常是在当地导游人员的协助下完成的。

②过海关。过关前，领队应告诉旅游者航班号、登机口、登机时间，叮嘱旅游者一定要按时登机。如果海关人员要求开箱检查时，旅游者应给予积极的配合。过关后，要及时提醒旅游者不要忘记拿好自己的物品。

③过移民局（边检）时，旅游者手中应持有护照、该国移民局所要求的出境卡和登机牌。可以集中排队过关，也可以分散过关。持团体签证或落地签证的旅游者，领队应要求团队旅游者按名单顺序排队，配合接受相关检查，依次审核出关。

④安检。安检指进入候机厅准备上飞机之前的安全检查，领队要提醒旅游者把自己身上带有金属的小物品掏出来。

⑤引导团队登机。

167

(8)办理回国入境手续

①过边检关。下飞机回国后的第一关就是边检关,在名单上的旅游者一定要按名单上的顺序排队,依次到边检审验护照,领队须将名单交边检人员审验盖章。要求填写健康声明书的,要认真填写。健康声明书通常不必每人都填写,只要领队在统一名单上说明全团人员均健康即可(有规定检疫疾病的除外),但人数较多的团队入境时尽量每人填写一份并提前填好,以避免麻烦。

②领取行李。领队要提示旅游者本团航班的行李在几号行李传送台领取,并认真负责地协助旅游者领取到他们托运的行李,准备过海关。

③过海关。领队须告诉旅游者遵守中国边检及海关规定,不得携带违禁品、管制品及未经检疫的水果入境。按照海关规定,须报关的物品一定要报关并认真填写报关手续,持报关物品和填报单走红色通道,接受检查。

④友情提示。入境抵达机场后,领队须防止回家心切的情绪,勿急、勿躁。在所有的旅游者领取到行李后,再与旅游者告别,旅游的全部行程方告结束。

8.出境团的收尾工作

(1)领队应在团队回国后叮嘱接团人收取护照和登机牌。

(2)领队应在团队回国后根据接待旅行社账单、导游人员报账单、机票订单存底以及签证数量,开始核算实际成本。做完成本单后交由销售人员本人签字,再由计调人员签字后报备财务核算成本。

(3)领队在核算成本的同时将接待旅行社和导游人员余款的账单做好支出单,让部门领导审核并签字,再由财务、总经理签字后,放财务准备付款。

(4)成本操作完毕后,领队应将所有资料装入专门的信封或口袋并写上团队名称,存放入档案库,并在电脑里备份团队档案。

(5)至此,团队操作流程结束,最后需要跟踪团队反馈,记录下团队历史记录中的重要信息,以便今后取长补短。

(五)出境计调业务操作注意事项

出境计调业务的操作流程和国内计调业务的操作流程大致一样,但由于出境旅游业务操作存在语言和通信上的差异,所以应特别细致,而且要防止上当受骗。以下问题必须格外引起重视。

(1)要签订有法可依的合同契约,一切按合约办。

(2)要辨别签证的真伪,防止受骗上当。

(3)旅游者应得的待遇,特别是用餐、住房标准、购物次数等,要有协议或书面确认。

(4)付款事宜要采取多种方式。如分为预付部分、现付部分,旅游者平安回国后结算付清等。

(5)重视旅游者的人身安全,一定要上保险。

(6)一切业务交往均以书面为准。

(7)团队出发前,通过说明会等方式,教育团员遵守国外的法律,以及团员守则等。

(8)旅游者回国,计调人员要主动做好访问等善后工作。

四、散客、大型旅游团接待计调业务流程

(一)散客接待计调业务流程

1.散客旅游概述

(1)散客旅游定义

散客旅游又称自助或半自助旅游,它是由旅游者自行安排旅游行程,零星现付各项旅游费用的旅游形式。这里所说的"半自助旅游",是指一些旅游者要求旅行社为其安排一项或多项旅游服务,其余旅游活动则由自己安排。

从散客旅游的定义看,散客旅游不同于团队旅游,主要有如下三点区别。

第一,散客旅游的旅游行程由散客自行安排和计划,而团队旅游则多为旅行社或旅游服务中介机构来安排。但是,这并不意味着散客进行的旅游活动完全不经过旅行社,相反,某些散客在出游前的旅游咨询和出游后的某些旅游事项也经过旅行社或委托旅行社办理。

第二,散客旅游的付费方式是零星现付,即购买什么、购买多少,都按零售价格当场支付,而团队旅游多采用包价形式,即全部或部分基本旅游服务费用由旅游者在出游前一次性支付。

第三,由于第二个差别,散客旅游的旅游项目的价格相对贵一些,因为每个旅游项目散客都按零售价格支付,而团队旅游在某些旅游项目上可以享受折扣优惠,因而相对较为便宜。

(2)散客旅游的特点

与团队旅游相比,散客旅游形式灵活、价格透明、自由度大、选择性强。它具有如下主要特点。

①批量小。由于散客旅游多为旅游者本人外出或与家人、朋友结伴而行,因此同团队旅游相比,其人数规模小得多。对旅行社而言,接待散客旅游的批量比接待团队旅游的批量小得多。

②批次多。虽然散客旅游的批量较小,但是,由于散客旅游的发展非常迅速,采用散客旅游形式的旅游者数大大超过团队旅游旅游者数,而且日趋增多;同时,由于世界各国都在积极发展散客旅游业务,为其提供各种方便条件,散客旅游更得到长足的发展。这样,旅行社在向散客提供旅游服务时,由于其批量小但总人数多的特征而形成了批次多的特点。由于散客要求旅行社提供的服务往往不是一次性的,有时同一散客多次要求旅行社为其提供服务,更增加了旅行社的工作量。

③预订期短。同团队旅游相比,散客旅游的预订期比较短。这是因为散客旅游要求旅行社提供的不是全套旅游服务,而只是一项或几项服务,有时是在出发前临时想到的,有时是在旅途中遇上的,但往往要求旅行社能够在较短时间内为其安排或办妥有关的旅

行手续。

④变化多。散客往往由于旅游经验欠缺,在出游前对其旅游计划缺乏周密的安排,因而在旅游过程中可能随时变更其旅游计划,导致更改甚至全部取消出发前向旅行社预订的服务项目,而要求旅行社为其预订新的服务项目。

(3)散客旅游服务的类型

旅行社为散客提供的旅游服务主要有如下三种类型:单项委托服务、旅游咨询服务和选择性旅游服务。

①单项委托服务。单项委托服务是旅行社为散客提供的各种按单项计价的服务项目,主要包括抵离接送、行李提取与托运、代订饭店、代租汽车、代订代购并确认交通票据、代办入出境临时居住和旅游签证、代办国内旅游委托、提供导游人员服务、代向海关等部门办理申报检验手续等。

旅行社向散客提供的单项委托服务分为外地旅游者来本地旅游的委托、本地旅游者去外地旅游的委托和本地旅游者在当地旅游的委托。旅行社向散客提供的单项委托服务主要是通过旅行社在各大饭店、机场、车站、码头等地设立的门市柜台和社内散客部进行的。

②旅游咨询服务。旅游咨询服务是旅行社散客部工作人员向旅游者提供各种与旅游有关的信息和建议的服务。这些信息包括的范围很广,主要有旅游交通、饭店住宿、餐饮设施、旅游景点、旅行社产品种类与价格等。旅游建议则是旅行社散客部工作人员根据旅游者的初步想法向其提供若干种旅游方案,供其参考和选择。旅游咨询服务分为电话咨询服务、信函咨询服务和现场咨询服务。

③选择性旅游服务。选择性旅游是通过招徕,将赴同一旅行线路或旅游景点的不同地方的旅游者组织起来,分别按单项价格计算旅游费用的旅游形式。选择性旅游项目的具体形式多种多样,主要有市内游览、晚间文娱活动、风味品尝、到近郊或临近城市旅游景点的短期参观游览活动,如"半日游""一日游""数日游"以及"购物游"等。

接待购买选择性旅游产品的旅游者,是旅行社散客旅游服务的另一个重要方面。由于选择性旅游具有品种多、范围广、订购时间短等特点,所以比起接待旅游团更为复杂、琐碎。为此,旅行社应该着重做好及时采购、搞好接待两方面的工作。

2. 散客接待计调业务操作形式

随着我国旅游市场的迅速扩大,散客旅游已经成为旅游市场的一个重点市场,散客型旅游产品逐渐成为市场的主打产品之一。旅行社散客接待计调业务操作形式主要有如下两种。

(1)自己设计、采购并销售(大型旅行社)

现在国内各大城市的大型组团旅行社,基本上都已经具有自己设计开发散客旅游产品的能力。他们通过企业对区域市场消费特点的及时把握,根据当地旅游市场的消费趋向调查,确定主要的旅游目的地,与旅游目的地的主要接待旅行社协商,并获得其支持,同时利用自己多年来在当地旅游要素市场奠定的优势,与航空公司、铁路运输、巴士公司等交通运输部门签订包机、专列、包车合同,以大批量的采购获得各项要素的价格优势,将采购的接待产品和大交通进行有机组合,这样,就完成一个典型的散客旅游产品的设计与开发。

计调人员在自己设计、采购并销售旅游产品时需注意以下事项。

①获得大交通部门的支持,是产品设计、销售成功的关键。大交通的提供者,出于平衡不同销售渠道利益的需要和掌握更多的话语权的目的,往往对当地组团大社和对旅游目的地来的办事处一视同仁,给予同样的价格政策。从旅游目的地来的办事处的营销服务人员,一般情况下可以获得接待旅行社更多的价格支持,再加上办事处的中性地位,所以,更多的中小型旅行社愿意与大交通的提供者合作。这就给大型组团旅行社散客型产品的销售带来了很大的挑战。因此,现在大型组团旅行社一般采取航线或专列买断的方式进行产品操作。

②建立一个分布更广、销售能力更强的同业分销网络。在本地市场的垄断性操作,可以掌握产品的定价权,获取更高的利益分配,但是也存在着一定的产品分销风险。在中小型旅行社品牌意识日益增强,更乐意和办事处合作的今天,组团大社可以通过中性产品品牌的建立和共享、业务操作的安全性、向中小旅行社让利销售等方式,获得广大中小旅行社的认同,建立强有力的销售网络。

(2)从批发商手里获得产品分销权,售后获得销售佣金(中小型旅行社)

目前,我国的旅行社大都是中小型旅行社,他们没有自己的散客旅游产品开发能力,主导客户是组织型客户。他们通常是从批发商手中获得散客型旅游产品的分销权,然后通过广告形式进行市场开发,最后,再根据收旅游者数的多少从批发商手中获得一定数量的佣金。现在每个旅行社都有一批接待旅行社设在当地市场的办事处的名单。这批接待旅行社的营销机构就成了中小型旅行社散客旅游产品的提供商。出于企业品牌塑造的考虑,中小型旅行社不愿意和当地的组团大社合作,更乐意接受这些接待旅行社办事处的服务。

计调人员从批发商处采购产品时需注意以下事项。

中小旅行社应选择实力强、经营时间长、接待信誉好的接待旅行社营销机构合作。现在,客源市场一个重要的旅游目的地中营销服务机构就多达几十个。他们绝大多数是目的地接待旅行社派驻的。因此,在选择此类产品提供商时,可重点考察营销服务机构的派出社在当地旅游市场的信誉,进驻当地的时间、经营业绩、产品模板的规范化程度、产品销售佣金的额度等。经营时间越长、业绩越好的批发商越珍惜自己的市场地位,一般不会发生恶性事故和重大服务质量问题。很多旅行社就是因为过于看重办事处给予的销售佣金额度而选择了那些携款潜逃的不法之徒,给自己的商誉带来了重大的损失。

3. 散客接待计调业务操作流程

旅行社推出的散客旅游产品是一个非常标准的产品,具有明确的价格政策,报价相对比较容易,只需要将价格政策和时间限制向客户清楚地阐明即可。在促使客户尽快报名的时候,可以向客户说明产品的畅销程度,最好马上确定,否则不能保证位子等。

(1)熟悉广告刊登的所有产品,以及每个产品中的重要景点或行程安排特色。

(2)每天与批发商电话确认行程线路报价和发团时间。

(3)接听咨询电话,回答旅游者提出的问题。旅行社的复电复函必须做到询问清楚对方的要求,说明本社的服务项目、旅游产品,说清收费标准。

(4)在旅游者到来前,与批发商确认行程线路、时间、大交通、报价等,同时准备相关资料、计算器等工具。

(5)旅游者到来,热情接待,用规范语言、手势及动作接待旅游者就座,同时介绍行程内容及特点,由旅游者填写旅游者登记单、签订散客合同书,同时收取团款,开具发票或收据。

(6)旅游者离开,马上将散客确认传真发给批发商并确认。

(7)收到批发商出团通知和大交通票据后,联系旅游者确定取票时间和方式,将出团通知单及票据送到旅游者手中。

(8)如合同规定提供导游人员服务,应派出较灵活的导游人员,以适应散客要求多、易变的特点。

(9)行程结束,电话回访旅游者并将全部信息资料存档。

4. 散客接待计调业务接待人员工作守则

(1)接听电话

①讲话语速放慢、吐字清晰,使用标准普通话及礼貌用语。

②讲解产品时应突出该产品的亮点及特色,用优美的语言美化亮点,使旅游者有一种身临其境的感觉。同时要时刻留意旅游者的意向,不要一味只顾自己说,要给旅游者留出思考和提出问题的空间,一定要耐心回答旅游者所提出的问题。

(2)接待旅游者

①基本要求。注意仪容仪表,使用规范的肢体语言,讲话语速放慢,语气平和,使用标准普通话及礼貌用语。

②业务流程规范。电话咨询——填写报名单——签订合同——收款——开具票据——入网——填写客户跟踪表——交款——报名单分配——取票。

③填写报名单

A. 指导旅游者填写报名单,不得代写,以防旅游者推卸责任。

B. 填写旅游者姓名,必须与有效身份证件相符,否则无法登机。

C. 填写身份证栏,便于计调部了解旅游者年龄及证件号码,因出境旅游须办理签证。

D. 旅游行程须尽量写得清楚、详尽。

E. 旅游人数栏,如 2 成人带 1 儿童(收儿童价),应填写 2+1 人。

F. 旅游日期,应注明全程往返的日期××月××日~××月××日。

G.交通栏,应填写往返大交通,如双卧、卧飞、飞卧、双飞等。

H.人身意外保险栏,由旅游者自愿决定取舍并填写。

I.备注栏主要填写旅游者的特殊要求,如"不含餐、延住、不要返程票等"。

(二)大型旅游团接待计调业务流程

随着我国旅游业的发展,我国旅行社接待的大型旅游团的数量在不断增加,这方面旅游产品的品种也日渐增多。比较常见的大型旅游团有国际会议团、企业奖励团、友好城市访问团、节庆活动团、宗教朝圣团、海洋游船团、豪华列车团及体育、探险、狩猎、钓鱼、观鸟等专业专项团。大型旅游团的利润一般较高,而且对旅行社提高知名度有极大帮助,但是其接待难度也比一般观光旅游团要高。

1.大型旅游团的特点

(1)人数多,时间短,活动项目多,专业性强,服务要求高。他们还常常需要安排一些特殊的节目,享受特别的待遇,例如群众性的欢迎、欢送场面,组织联欢会或专场文娱表演,安排领导会见和大型宴会等。

(2)由于人数多、时间紧和活动项目多,旅行时常常要安排专机或专列,活动时要安排大型车队接送,租用大型会场和厅堂,入住大型饭店甚至必须分住若干个饭店。

(3)接待这类大型的高档团,其社会影响大,有时政治性也很强,因此安全保卫工作的任务重。

(4)有的大型团要求去交通及接待条件差的地区甚至到穷乡僻壤去活动,这使得接待工作的困难更多。

2.接待大型旅游团时计调人员需要注意的问题

对计调部而言,接待大型旅游团须达到下列要求。

(1)对选派的导游人员有较高要求,其必须具有一定的专业知识、良好的外语基础、热情的服务态度、严谨的工作作风、良好的身体素质、敏捷的思维以及得体的仪容仪表。

(2)在安排大型旅游团的运行时,要求计调人员具有较高的业务水平、严谨的工作作风。如果无法达到上述要求,就无法准确理解旅游者的意图,无法根据要求进行安排,以至于完不成接待任务。

(3)计调人员要有足够的前期时间做好准备工作,因为大型旅游团的接待涉及面广而且复杂,往往不是旅行社一家所能承担的,还要依靠外事、公安、文化、教育、科技、经济、宗教、交通、保险等许多单位的支持协助,甚至有时要请有关专业单位负责旅游团的专业活动,但生活、旅游接待以旅行社为主。因此,旅行社必须派出以有丰富组织工作经验的计调人员为核心,会同有关部门组成的有力的工作班子,事先周密计划,做好各项准备工作,还必须要有临场指挥能力,才能保证各项活动的进行和对意外事件的调整和补救。同时还要制定安全预案,以应对意外事故的发生。

3. 接待大型旅游团的操作要点

基于大型旅游团活动人数众多、活动时间较长、活动范围较大、活动内容较杂的特点,在接待的具体操作、安排上旅行社务必谨慎、细心,对旅游者的食、住、行、游、购、娱等方面都必须一丝不苟地安排,在安排中做到从宏观调控到微观调节一步不漏。其要点叙述如下。

(1)制订书面计划

要做好大型旅游团的安排接待,必须有完整的接待体制图,有详细的书面计划。书面计划一般由以下五部分组成。

①接待体制图,包括一般事故与紧急事故对策。

②与各相关接待单位的联络事项、要求、时间、联系人以及配合细则。

③详尽的相关情报或对方信息。信息越多越准,越有成功的把握。所谓"不打无准备之仗",就是指在具体行动之前,必须掌握应该拥有的情报。

④整个团队的行程示意图,以掌握在行程中哪些地方万一发生事故应及时与哪些单位联系。

⑤各地风俗、气候等情况的简介。

(2)团队抵达前的组织工作

①强调做好接待服务的重要性。

②要求每个导游人员根据日程计划,事先准备有针对性的导游人员词。

③要求统一服装、标牌、胸卡,准备好导游人员旗、话筒、对讲机(或手机)等途中用品。

④配备一名随团医生,准备好各种药品。

⑤仔细研究确认游览景点所需时间及车辆安排,统一指挥调度,使之运行畅通。

⑥确定旅游者就餐时的桌号及桌上放置的标志,重点旅游者就座处应放有姓名牌。旅游者由各车导游人员按规定入口引进餐厅,以便数百人能迅速对号入座而不致堵塞通道。

(3)团队抵达前夕的准备工作

①各有关单位再次确认活动日程和确切的时间。

②检查接待人员的精神准备和物质准备,通知每人负责的车号、旅游者人数、房号。

③部门经理亲临机场(车站、码头)查看迎接团队的场地、停车地点。

④安排专人到下榻饭店与饭店有关人员共同检查房间内各种设施是否完好可用。

⑤与车队领导联系,安排好出车顺序,车上贴好醒目的车号和标志。

五、入境旅游团接待计调业务流程

(一)入境旅游团的特点

1. 停留时间长

入境旅游团的第一个特点是在旅游目的地停留的时间比较长。以我国的旅游市场为例,除了少数港澳同胞来内地旅游的团队外,多数入境旅游团在我国大陆旅游时,通常在几个甚至十几个城市或旅游景点所在地停留。因此,入境旅游团的停留时间少则一周,多则十几天,少数入境旅游团曾经创下在华旅游时间长达40多天的记录。由于在旅游目的地停留的时间长,所以入境旅游团在旅游期间的消费一般较多,能够给旅游目的地带来比较多的经济收益。因此,计调人员在接待入境旅游团时,应针对这个特点,为入境旅游团安排和落实其在各地的生活服务和接待服务,使旅游者慕名而来,满意而归。

2. 外籍人员多

入境旅游团多以外国旅游者为主体,其使用语言、宗教信仰、生活习惯、文化传统、价值观念、审美情趣等均与旅游目的地国家有较大差异。即使在由海外侨民或本国血统的外籍人士所组成的旅游团中,多数旅游者由于长期居住在旅游客源国,其生活习惯、使用语言、价值观念等方面也发生了重大变化。例如,许多来华旅游的海外华人已经基本上不会讲汉语,或根本听不懂汉语普通话了。因此,旅行社在接待入境旅游团时,必须充分尊重他们,为其配备熟悉其风俗习惯、文化传统并能够熟练地使用外语的导游人员担任入境旅游团的全程陪同或地方陪同。

3. 预订期长

入境团体旅游的预订期一般比较长,从旅游中间商开始向旅游目的地的接待旅行社提出接团要求起,到旅游团实际抵达旅游目的地时止,旅行社同旅游中间商之间需要进行多次的通信联系,不断地对旅游团的活动日程、人员构成、旅游者的特殊要求等事项进行反复磋商和调整。另外,旅游中间商还要为旅游团办理前往旅游目的地的交通票预订、申请和领取护照和签证等手续,组织分散在各地的旅游者在事先规定的时间到指定地点集合,组成旅游团并搭乘预订的交通工具前往旅游目的地。因此,相对于国内旅游团体旅游,入境团体旅游的预订时间一般比较长,有利于接待旅行社在旅游团抵达前充分做好各种接待准备,落实各项旅游服务安排。

4. 落实环节多

在各种团体旅游接待工作中,入境旅游团接待计调业务要求接待旅行社负责落实的环节最多。入境旅游团在旅游目的地停留的时间和地点比较多,其旅游活动往往涉及旅游目的地的各种有关的旅游服务供应部门和企业。为了安排好入境旅游团的生活和参观游览,计调人员必须认真研究旅游接待计划,制定出缜密的活动日程,并逐项落实整个旅行过程中的每一个环节,避免在接待中出现重大人为事故。

5. 活动日程变化多

入境旅游团的活动日程变化比较多,如出发时间的变化、旅游团人数的变化、乘坐交通工具的变化等。因此,计调人员在接待过程中应密切注意旅游团活动日程可能出现的变化,及时采取调整措施,保证旅游活动的顺利进行。

(二)入境业务基础知识

1. 入境有效证件

(1)华侨的护照与签证

居住在国外的保持有中华人民共和国国籍的华侨,持有中华人民共和国护照,在护照有效期期满之前,可以直接向中国驻该国的使领馆提出延期申请,或者是向外交部授权的驻外机构提出延期申请。华侨持有效的中华人民共和国护照归国入境时,无须办理签证。

(2)通行证

通行证制度在我国比较普遍,通行证也是一种有效证件,常在出入境时使用,因其出入的地区不同,名称亦有所不同。

①中华人民共和国旅行证。如果一个中国公民在国外丢失了护照,中国驻国外的使领馆会给失主办一个旅行证,失主在当地国家办理签证后,以此完成余下行程并持此证回国,此证仅一次有效。

②台湾居民往来大陆通行证,简称台胞证。此证件专门颁发给台湾居民往来大陆时使用。也需要签注,同样有起止日期,有效期一般为三个月。

③港澳居民往来内地通行证,简称回乡证。此证具有有效期,是专门颁发给港澳居民往来内地时使用的。此证如果丢失,中国内地当地的公安局经核实后,可发给失主一次性有效证件——中华人民共和国入出境通行证。

2. 外汇知识

(1)外汇概述

外汇,是指以外国货币表示的可用于国际结算的一种支付手段,它包括外国货币(钞票、铸币等)、外币有价证券(政府公债、国库券、公司债券、股票、息票等)、外币支付凭证(票据、银行存款凭证、邮政储蓄凭证等)以及其他外汇资金。外汇并不等于外国钞票。

中国对外汇采取国家集中管理、统一经营的方针。我国现行的《外汇管理法》规定:在中国境内,未经国务院批准,禁止外汇流通、使用、质押,禁止私自买卖外汇和经营外汇业务,禁止以任何形式进行套汇、炒汇、逃汇。

(2)兑换外币

中国境内居民通过旅行社组团出境旅游时,都有资格在银行兑换外汇。原来采取的方式是由旅行社集体办理兑换外汇手续,2002年9月国家外汇管理局将出境游个人零用费由旅行社代购,调整为由游客自行购买。游客可在出境前,持因私护照及有效签证、身份证或户口簿到开办居民个人售汇业务的银行办理个人零用费的购汇手续,也可以委托他人代为办理。若由他人代办,除了提供原规定证明材料外,还须提供代办人的身份证或户口簿。其兑换标准为:赴中国香港、澳门地区可兑换1 000美元的等值外汇,赴中国香港、澳门地区以外的国家和地区可兑换2 000美元的等值外汇。

海外游客来华携入的外币和票据金额没有限制,但入境时必须据实申报。在中国境内,禁止外币流通,并不得以外币计价结算。海外游客可持外汇到中国银行及各兑换点凭身份证件兑换人民币。为了尽量给持兑人提供方便,除了银行以外,一些机场、饭店或商店也可办理外币兑换人民币的业务。兑换时要填写外汇兑换水单(俗称水单,有效期为半年),并妥善保存水单。离境时,人民币如未用完,可凭本人护照和六个月内有效期的外汇水单兑换成外汇,但其兑换金额不能超过外汇兑换水单上注明的金额,最后经海关核验申报单后可将未用完的外币和票证携出。

中国银行收兑的币种主要有欧元、英镑、美元、瑞士法郎、新加坡元、瑞典克朗、丹麦克朗、挪威克朗、日元、加拿大元、澳大利亚元、菲律宾比索、泰国铢、韩元(目前仅在部分省市网点办理)14种外国货币及港币、新台币、澳门元共17种货币。

(3)携带外汇

携带超过政府规定数额的外币出境,需持有关部门的颁发的外币携带证。

3.支付小费

(1)约定俗成

支付小费,既是国际旅游者的一种习俗,也是流行于旅游活动中的约定俗成的一种惯例。支付小费,是一种有礼貌的表现。它显示了旅游者对旅游服务者的认同和感谢,也是旅游者风度的展现。

(2)支付对象

小费首先应该支付给那些辛苦服务、表现出色的司陪(导游人员、司机)人员,领队人员以及饭店的行李员、客房服务员。

(3)适当掌握

小费通常不以个人名义支付,而是由领队人员统一支付。一般在临出国前的说明会上,计调人员已经向团员讲过了。到了国外,如果有的旅游者还想另有表示,领队人员应该乐观其成。小费虽然是一种习俗,但也是建立在自愿基础上的,不能强迫,应晓之以理,动之以情。收取小费的时间与地点应灵活,因人而异。

4.外国旅游者在华的权利与义务

我国《宪法》明确指出:"中华人民共和国保护在中国境内的外国人的合法权利和利益。在中国境内的外国人必须遵守中华人民共和国的法律。"

(1)在中国境内,入境的外国旅游者享受合法权益,享受人身自由不受侵犯的权利;但是,同时他们必须遵守中国的法律,不能够进行危害国家安全、损害公益事业、破坏公共秩序的活动。持签证的入境旅游者,不得在中国从事与其身份不符的活动,如宗教宣传、非法采访等。

(2)在签证的有效期内,入境的外国旅游者可在对外开放的地区自由旅游,但是,必须尊重旅游地区的民风习俗。如果希望去不开放地区旅游,必须事先向所在市、县公安局申请旅行证,获准后方可前往,未经允许不得擅自闯入非对外开放的地区旅游。

(3)外国旅游者经过办理一定的手续是可以进入不对外开放的地区的,其手续如下。

①交验本人护照或在华的居留证件。

②提供与旅行事由相关的证明。

③填写旅行申请表。

④如果入境外国旅游者的签证到期,又希望继续旅行,可以到当地的公安机关申请延长在中国的停留期限,也就是延长签证的期限。

5.外国旅游者的入境签证问题

来我国旅游的外国旅游者必须持有效护照,向我国的外交代表机关、领事馆或者外交部授权的其他驻外机关申请办理签证。

(1)我国相关的驻外机构对于来华旅游的 9 人(不含 9 人)以上的旅游团可发给团体签证,团体签证一式三份,签发的机关存留一份,来华旅游时携带两份,一份用于入境,一份用于出境。

(2)必要的时候,提供有关的证明,例如,来华旅游者申请签证需要出示我国旅游部门的接待证明。但是,在特定的情况下,例如,事由紧急,确实来不及在上述机关办理签证手续者,可向公安部授权的口岸签证机关申请办理签证。

(3)公安部授权的口岸签证机关设立在以下口岸:北京、上海、天津、大连、福州、厦门、西安、桂林、杭州、昆明、广州(白云机场)、深圳(罗湖、蛇口)、珠海(拱北)、重庆等地。

(三)入境计调业务操作流程

1.海外旅游商询价

海外旅游商根据旅游行程安排和相关要求进行询价工作。

2.国内旅行社报价

依据国外客户的计划要求,根据在我国旅游过程中各项服务产品所标的价格,进行估价核算,包括成本和利润,为国外客户准确合理地报价。

3.外方确认报价、订团

在接收到客户的回馈信息之后,与对方进一步交流,也就是讨价还价。遵循平等互利、双赢、不亏本、薄利多销的原则。

4.准备工作

(1)遵照国家有关旅游的法律、法规与外方旅行社签署代理协议(合同书)。

(2)制订接待计划

(3)该团队组成(成团)之后,向外方旅行社发送成团确认书。

(4)采购组团旅行社所在地的服务项目。

(5)安排接待旅行社负责安排各地的游览活动。

如英国一家旅行社把游览中国上海、杭州、南京、西安、桂林、广州的一个旅游团交给北京某旅行社接待。按照惯例,北京某旅行社同样应委托游览目的地的旅行社来进行接待。

(6)向计划行程里涉及的各地方的接待旅行社传送接团通知书,并注明对地方导游人员的要求,请接待旅行社回传确认。

(7)就餐人数、身份证号码、乘机人名、班次、车次、汽车号码、电话必须准确无误。

(8)及时联系与调配房、餐、车、景点、演出、购物、参观、访谈等旅游活动项目。

(9)对于联络单位的联系人、记录人或负责人均须记录在案,以防有误。

(10)所有项目的联系结果都要有准确的记录,以签字为凭证;所有的联络记录、相关材料,特别是成团材料一律保存三年或三年以上。

5.接待工作

向计调部提出该团所需导游人员的标准及要求,派遣导游人员应公平、公正、客观,掌握"量才适用"的原则。做好领队、全陪与地陪之间的协调工作。

6. 团款结算

海外旅游团在订团时一般应付一定比例的团款。比如,在入境时先付一半,接待基本结束时再付清全部团款。在结算之前接待旅行社应将费用结算通知书发送给组团旅行社,组团旅行社应将结算通知书发送给海外旅行商。

7. 总结

与组团计调业务相似。

思考题

一、名词解释

接待计划。

二、简答论述

1. 简述计调业务的基本流程。

2. 简述组团计调操作流程。

3. 简述接待旅行社计调操作流程。

三、实训项目

拟定出境旅游接待计划

1. 实训目的

通过此项目,让学生熟悉、掌握出境旅游资料整理的步骤和内容,并了解制订出境旅游接待计划的主要步骤。

2. 实训地点

本地旅游企业。

3. 实训步骤

(1)小组讨论明确公民因私出境需要的材料,哪些由公民个人准备,哪些由旅行社代办;

(2)明确公民因私出境手续步骤;

(3)收集需要整理的资料,材料收集要全面、规范;

(4)制作公民因私出境所需材料和步骤明细表;

(5)明确旅游者出境的具体接待计划及服务项目。

四、分析案例

某旅行社计调人员孙红组织一个日本重要的旅游团过程中,安排一名非常有经验的导游人员上团。可是接团的前两天,孙红的好友刘英找到孙红,说自己刚刚拿下导游证,想带团挣钱,请其帮忙。孙红挨不住朋友的面子,最后决定换下了有经验的导游人员,让刘英带这个日本的团队。结果刘英不熟悉带团流程,在吃饭的时间方面、住宿的质量方面都没有协调好,而且对景点不熟悉,在讲解方面也有很大的问题,有些景点甚至不讲解。旅游者非常不满意,刘英遭到旅游者的投诉,使旅行社遭受经济损失。

请问:

1. 计调人员刘丽在安排导游人员时存在哪些问题?给旅游者和旅行社造成了哪些损失?

2. 计调人员应该根据哪些标准来选择导游人员?

计调管理

　　学完本章,学生要理解计调采购业务管理、计调课后管理、计调发团管理、计调接团管理、计调投诉管理的相关概念,了解计调业务管理的内容和管理步骤,掌握计调业务的管理方法。

```
                    计调管理
  ┌─────────┬─────────┬─────────┬─────────┬─────────┐
采购业务管理  客户管理   发团管理   接团管理   投诉管理
```

　　计调采购业务、发团管理、接团管理。

　　2008年10月1日,"大规模"沙湖专列宁夏四日游开通。在宁夏的游玩中,由宁夏CL旅行社承担接待工作。第一天的游程很顺利,旅游者玩得也很开心。当天晚上,宁夏CL旅行社安排旅游者在宁夏银川市就餐,晚餐出现了问题。一是,分量不足,上菜速度慢,承诺8菜1汤,可是直到旅游者离桌前却只上了7菜1汤;二是,座位不足,致使一些旅游者站立就餐。最后,经双方协调,使问题及时得以解决。

　　第二天一大早,接待旅行社安排早6:30起床,7:00就餐,7:30出发,赴宁夏沙湖。两个团中有一个团行程按时进行,而另一个团的车却迟迟不到,足足推迟了一个多小时,致使该团未能按时出发,旅游者只能等在大厅里,耽误了游程。究其原因是头天晚上宁夏CL旅行社未联系好所需车辆。在返回银川途中,车胎坏了又无备胎,旅游者既要回来吃饭又要赶火车,被迫在20分钟内草草就餐。在整个游程中,旅游者意见很大,特别是对宁夏CL旅行社的接待极不满意。

宁夏CL旅行社对此游程中出现的问题,自始至终没有给旅游者一个合理的解释,也未表示道歉。地陪的服务更是不尽如人意,时常出现旅游者在车上等地陪的情况。

【案例点评】 首先,在选择接待旅行社时一定要慎重,选择的标准也要明确。旅行社要负责任,从上到下都必须具有极强的责任心,要通过对旅游者负责来树立自身的良好形象。

其次,接待一个旅游团,常要在几天之内,由好几个城市的数家旅行社及数十家提供食、住、行、游、购、娱等服务的企业,按预订程序提供相应的服务才能完成,因此,这是一项相当复杂的工作。计调人员应加强质量管理。其一,要抓住各个接待岗位和工种的工作规范和程序,同时制定必要的纪律;其二,推行全面素质管理,调动员工关心质量的积极性,在负责接待的有关业务部门建立全面质量管理小组,自觉地寻找质量问题;其三,各级领导直至总经理都应注意抓突出的或带有倾向性的质量问题,如重大责任事故、餐饮质量下降等。

最后,全陪或领队代表组团旅行社对接待旅行社的接待服务质量负有督察责任,应该随时检查接待旅行社接待服务的准备情况和旅游过程中的服务状况。本案例中的这个旅游团第二天要分成两个小团队,如果全陪或领队对于所需增加车辆和车况落实等问题,在前一天就做了周密的核实和检查工作,第二天的整个行程就不会出现工作人员和旅游者像"跑接力赛"那样的情况了。

第一节 计调采购业务管理

计调人员是旅行社完成地接、落实出团计划的总调度、总指挥和总协调,其工作繁重、复杂而且琐碎。成功的计调管理往往可以弥补旅游产品的不足或由其他原因造成的失误。反之,会导致旅游产品发生偏差,产生不良后果。因此,计调管理举足轻重,不容忽视。

旅游产品是旅游经营者为满足旅游者在旅游活动过程中的各种需要所提供的有偿服务。旅行社类似一个中介机构,它销售的旅游产品大部分不是自己生产的,而是由其他旅游服务企业提供的,或者说,旅行社向其他旅游服务企业采购旅游产品,经过组合加工之后,转手出售。就我国的旅行社而言,旅行社所出售的旅游产品中,除导游人员服务外,其余的几乎都是从外面采购进来的。旅行社的采购对象涉及饭店、餐馆、航空、铁路、车船公司、景点及娱乐场所等相关单位。

旅行社计调采购业务是指计调人员为组合旅游产品,以一定的价格向相关产品供应商购买单项旅游服务产品的行为。旅行社通过计调采购业务提供旅游者所需的各种旅游服务,保证团队的正常运行。在旅行社产品成本中,由计调部采购的相关旅游服务产品成本占据主要地位,因此,加强计调采购业务管理,对于降低旅行社产品报价、增强企业竞争力具有十分重要的意义。

一、计调采购的任务

(一)保证提供旅游者所需的各种服务

既然旅行社出售的产品大部分是由其他旅游服务企业供应的,旅行社能否满足旅游者的需求,便在很大程度上取决于能否采购到所需要的服务。旅行社销售产品时,需要明确产品的内容和范围,并规定其数量和质量。旅行社采购工作的任务是保证提供旅游者所需的各种旅游服务,这是旅行社经营中一个非常重要的方面。特别是由于我国旅游业的发展历史较短,基础薄弱,在客流量大幅度变化的情况下,旅游产品还有强烈的季节性,随市场的变化而变化,旺季时供不应求,拿不着机位、订不上房间;淡季时又供过于求,到处招不满旅游者。要保质保量地提供各种服务,确实不是一件易事。

(二)降低旅游产品的成本

在旅行社的产品成本中,直接成本占大部分,因此,旅行社降低成本的主要目标应放在决定直接成本高低的关键性因素——采购价格方面。

一方面,我国旅行社行业的价格战很激烈,旅行社的利润率呈不断下降趋势。在此情况下,如果旅行社的采购价格比别的旅行社低,就可以争取到更多的客源,反之就会失去许多客源。也就是说,降低采购价格对增加旅行社的营业额和利润具有越来越重要的意义。

另一方面,我国正处于价格改革和经济高速发展的过程中,旅行社常常会因为相关产品价格的变化和通货膨胀等原因造成自身产品价格的变化。而旅行社出售的产品从报价到成交总有一个时间差,如果在这个阶段某些旅游服务价格上涨幅度过大,将给旅行社造成很多困难;如果随之涨价,将会导致旅游者的不满而丢掉客源;如果自行消化,就会降低利润甚至亏本。因此,如何尽可能保持产品成本的稳定也是采购工作的一项任务。采购是旅行社至关重要的工作,欧美国家的旅行社一般都把采购列为仅次于争取客源的重要环节来对待。而我国的旅行社对此还重视不够,一般都将采购称为"后勤"工作,不少人对采购这个名词还很陌生,更有旅行社只将采购当做一项一般性的事务工作来对待,或者只看到它在保证供应方面的作用,而对它在降低成本和提高经营效益方面的作用估计不足。

二、计调采购业务的管理原则

(一)建立多层次、多渠道的采购协作网络

旅游产品是以服务形式表现出来的产品。它既是一个整体组合概念,又是各单项旅

游产品的有机组合,也就是说,它是旅游目的地地区按食(餐饮)、住(饭店)、行(交通运输)、游(游览景点)、购(旅游商品)、娱(娱乐设施)进行的产品组合。旅游产品中任何环节出现纰漏,都会影响整个产品的完美实现。计调的核心工作,就是通过与旅游相关行业签订合作协议,统筹计划、协调安排,使旅游产品食、住、行、游、购、娱各个环节的服务供给得到保障。因此,与旅游相关行业建立广泛的协作网络,是计调管理工作的重点,也是旅游服务采购的基础。

旅游采购协作网络的建立,具体是指旅行社通过与其他旅游企业及旅游相关行业或部门就合作内容与合作方式达成共识,签订合作协议,明确双方的权利、义务及违约责任,以法律手段保障旅行社所需服务的供给。高质量采购协作网络的建立,能保证组团旅行社在旺季时,以最合理的价格拿到客房、订到机位;淡季时,也能通过同业合作招徕旅游者。

为了保证供应,计调人员应该和有关的旅游服务供应企业,特别是饭店、交通运输企业等,建立起广泛的、相对稳定的、多层次、多渠道的协作关系,尤其是在出现旅游服务供不应求时,协作网越广泛,渠道越多,旅行社取得这些紧缺服务的能力就越强。在出现供过于求的情况时,采购工作的重点转向取得优惠价格方面,而为了得到最便宜的价格,也同样需要有一个广泛的、多层次、多渠道的协作网。

计调人员建立和维护广泛的协作网络,须从两方面入手:一要善于运用经济规律,与协作企业建立起互利的协作关系,实现双赢;二要善于开展公关工作,使企业领导之间及有关营销预订人员之间建立起良好的人际关系,甚至是私人关系,这点至关重要。

(二)正确处理保证供应和降低成本的关系

保证供应与降低成本,是旅行社采购工作中同等重要的两大任务。正确处理保证供应和降低成本的关系的含义,就是"既要保证供应,又要降低成本"。在实际工作中,旅行社要针对不同情况在这两者之间有不同的侧重,或者说,是在不同时期采用不同的策略来协调这对矛盾。在供应紧张时,侧重供应,调动所有关系,全力以赴保证供应;在供应充足时,侧重降低成本,尽可能多地扩大利润空间。例如,在旅游旺季时,机票常常是开展旅游业务最大的困难,报名参团的人数很多,可是机位却迟迟不能确认。此时,谁的社交网络范围广泛、合作关系良好,谁就能拿到更多的机位,也就能保证更高的成团率。这不仅能显示旅行社的运营实力,还能赢得潜在的客源市场。而在旅游淡季时,机位充足,客源紧缩,为了吸引尽可能多的旅游者,旅行社就要争取拿到优惠的价格,降低成本,提高产品的市场竞争力,保证自己旺季不慌、淡季不淡。

(三)正确处理集中采购与分散采购的关系

集中采购是旅行社最主要的采购策略。旅行社是旅游中间商而不是旅游者,它把旅游者的消费需求集中起来向旅游服务供应企业采购,这种采购是批量采购而不是零星分散的采购。按照商业惯例和一般规律,批发价格应该比零售价格低,而且批发量越大,价格也就越低。因此,旅行社计调部应该集中自己的购买力以增强自己在采购方面的还价能力。集中购买有两个方面的含义:一是把本旅行社各部门和全体销售人员接到的全部订单集中起来,通过一个渠道对外采购;二是把订单尽可能集中地投向一个供应商进行采购,用最大的购买量获得最优惠的价格。

分散采购也是旅行社采购时常用的策略,其重要性不亚于集中采购。在供不应求的紧张情况下,分散采购可能更易于获得旅游者所需的服务。另一方面,在供过于求十分严重的情况下,分散采购往往能够得到便宜的价格。这是因为,集中采购数量虽大,但其中远期预订较多,而远期预订具有较大的不确定性。例如,当旅行社和供应单位谈判翌年的采购合同时,旅行社可以提出一个量很大的采购计划,但到时,可能会由于种种原因使实际采购量比计划采购量减少很多。也就是说,计划量大,"水分"(即取消率)含量可能也高,供应单位会因此对买方计划的可靠性缺乏信心,也就不一定愿意把价格定得很低。反之,分散采购多是近期预订,预订时旅行社一般已有确定的客源,供应单位迫于供过于求的压力,常常愿意以低价出售。对于上述问题,旅行社计调可以采取两种策略:其一,和卖方商定适当的数量折扣,不论今后的实际采购量如何,买卖双方都以事先商定的折扣进行集中交易,从而双方都有利可图;其二,如果旅行社判定翌年将出现严重的供过于求情况,则也可以用分散采购的策略,用近期预订的办法获得优惠价格。但是要注意,不论对卖方采取集中还是分散的采购策略,旅行社计调部都应该把内部的购买力集中起来统一对外。

(四)正确处理预订与退订和增订的关系

旅游属于预约性交易,旅行社一般在年底根据其计划采购量,与旅游相关行业洽谈翌年的业务合作。计划采购量一般是由旅行社参照前几年的实际客流量,并根据对翌年的市场预测确定的。计划数额与实际需求之间总会有差距。这就要求旅行社具有良好的预测、约定和应急能力,能处理好预订与退订和增订的关系。也就是说,在正常情况下,即在没有突发和意外事件时,旅行社要对自己往年的客流量有精确的统计,对翌年市场的预测有理有据、准确率高。在与相关行业签订合约时,充分考虑到各种特殊情况发生的可能性,细致入微地约定好临时退订和临时增订条款,尤其是对非常事件和不可抗力造成的退订的约定,更要详尽明确,合理维护自己的权益,避免买卖双方发生不必要的纠纷,在实际运作过程中,如果计划预订量大于实际需求量,就需要临时退订,产生退订费用;反之,计划预订量小于实际需求量时,就需要临时增订,产生增订费用。增订一般还会有一定的数额限制。买卖双方因立场不同,对退订和增订的期限、数额和相应的费用,有着截然相反的期望。买方旅行社希望退订的期限越晚越好,增订的限额越高越好,退订的费用越少越好;而卖方则正好相反。

一般情况下,如果买卖双方能本着互惠互利、相互理解、相互支持的原则,着眼长久和未来,是能够达成共识,共同解决好预订与退订和增订的矛盾关系的。买卖双方协商的结果不可避免地要受到市场供求状况的影响。一般说来,供过于求的市场状况有利于旅行社获得优惠的交易条件;另一方面,双方协商的结果还取决于旅行社的采购信誉。如果在过去几年中旅行社的采购量一直处于稳步增长状态,其计划采购量与实际采购量之间的差距比较小,卖方就愿意提供较为优惠的条件。

(五)正确处理计划变更的采购

旅游计划的变更以及突发事件的发生,都会影响到旅游活动的进程,并影响到原先的采购,这就需要计调部对采购工作进行调整。

一般来讲,计划变更后的采购工作,应遵循以下三条原则。

首先,变更最小原则。将计划变更所涉及的范围控制在最小限度,尽可能对原计划不做大的调整,也尽量不引起其他因素的变动。

其次,宾客至上原则。旅游计划是进行旅游活动的依据,旅行社一旦同旅游者约定,就不应随便更改,尤其是在旅游活动过程中。对于由不可抗拒因素引起的行程变故,应充分考虑旅游者的意见,并求得他们的谅解。

第三,同级变通原则。变更后的服务内容应与变更前的安排在级别、档次上力求一致,尤其是在饭店设施和服务方面。由于计划变更造成旅游者利益损失的,旅行社应给予合理的赔偿或补偿,也可采取加菜、赠送小纪念品的形式弥补因变更给旅游者带来的损失。

(六)加强对旅游采购合同的管理

目前,一些大的旅行社或旅游公司成立了专门的部门来承担对旅游采购合同的管理工作。由此可见,对旅游采购合同的管理工作在旅行社工作中占有非常重要的地位。

1.签订旅游采购合同的意义

合同是指当事人之间为了实现一定的经济目的而明确相互权利、义务关系的协议。签订合同是当事人为避免和正确处理可能发生的纠纷而采取的行为,目的在于确保各自经济利益的实现。

旅游采购不是"一手交钱,一手交货"的简单交易,而是一种预约性的批发交易,是一次谈判、多次成交的业务,谈判和成交之间既有时间间隔又有数量差距。旅游采购的这种特点,使得计调人员与协作部门之间签订旅游采购合同显得更为必要,它可以预防各种纠纷的发生。但是由于目前旅游业竞争激烈,加之我国旅游立法不够健全,旅行社的采购协作网络也相对不固定,因此采购中也就很少使用旅游采购合同。计调人员在与旅游服务供应企业交易时,大多使用传真订购,且传真文本格式五花八门,这也是目前买卖双方经济纠纷不断的一个原因。随着我国旅游业的发展,旅行社与其他旅游企业都应积极推行格式化合同制,以利于我国旅游业更加健康地发展。

2. 旅游采购合同的基本内容

旅游采购合同的基本内容有以下五个方面。

(1)合同标的

合同标的是指合同双方当事人权利、义务指向的事物,即合同的客体。旅游采购合同的标的就是旅行社购买和旅游服务供应企业出售的旅游服务,如客房、餐饮、汽车运输等服务。

(2)数量和质量

由于旅游采购合同是预购契约,不可能规定确切的购买数量,只能由买卖双方商定一个计划采购量,或者是规定一个采购和供应制度。关于质量则由双方商定一个最起码的质量要求。

(3)价格和付款办法

旅游采购合同中应规定拟采购的服务的价格。由于价格常常随采购量的大小而变动,而合同中又没有写明确定的采购量,因此,可商定一个随采购量变动的定价办法,同时要规定在合同期内价格可否变动及其变动条件。在国际旅游采购合同中应规定交易所用的货币以及在汇率变动时价格的变动办法。此外,还要规定优惠折扣条件、结算方式及付款时间等。

(4)合同期限

合同期限是指签订旅游采购合同后开始和终止买卖行为的时间。一般是一年签一个合同,也有的是每年按照淡旺季签两个合同。

(5)违约责任。违约责任是指当事人不履行或不完全履行旅游采购合同所列条款时应负的法律责任。按照《中华人民共和国合同法》规定,违约方要承担支付违约金和赔偿金的义务。

3. 旅游采购合同的存档

为了方便查找,以备不时之需,计调人员要将所有的合同分门别类地进行整理存档,并随时更新。旅游采购合同的存档也为再次续签合同、协商价格、控制成本、把握商机和掌握主动提供了有效依据。

在市场经济条件下,旅行社与旅游相关行业之间的关系,应该是在互利基础上、有法律制约的经济合作关系。在旅游产品消费过程中,为了满足旅游者食、住、行、游、购、娱等各种需求,旅游相关行业之间必须互惠互利、真诚合作。要建立旅行社招徕的旅游者不仅是旅行社自己的客户,也是所有旅游相关行业的客户的概念。合作者之间要相互支持、相互体谅,换位思考,不计较一时一事的得失,着眼未来,顾念大局,双赢互利。

三、计调部采购业务管理内容

根据旅游产品的组合性,旅游采购协作网络的建立可从以下几个方面进行。

(一)餐饮网(食)

餐饮服务是旅游供给必不可少的一部分,是旅游接待工作中极为敏感的一个因素。均衡的营养搭配,色、香、味、形的感观刺激,清洁、优雅的用餐环境,专业到位的用餐服务,都会给旅游者,特别是海外旅游者留下深刻的记忆,更是其旅途中莫大的享受与难忘的体验,都会影响旅游者对旅行社产品的最终评价。旅行社必须与餐饮业建立合作关系,既可使旅游服务采购中选择余地较大,而且又是关系重大的一项工作。

计调人员在选择餐饮网点时,首先要考虑到地理位置的多样性,根据行程的不同,就近用餐,还要考虑不同旅游者的饮食习惯和口味。因为对一个现代旅游者来说,独具风味的异地美食是旅途之必需。旅游餐饮网点选择的好坏,会直接影响到旅游者对所购买的旅游产品的最终评价。

餐饮采购是旅游服务中选择余地较大,又是最敏感、受人为因素影响最大的一项采购,因此要给予高度重视。

(二)饭店网(住)

饭店是旅游者的第二个家。选择不同星级标准和地理位置的饭店,以满足不同旅游者的多样化需求,是旅游产品组合中至关重要的环节。饭店还是一个国家或地区旅游接待能力的重要标志。如果计调人员安排的饭店服务不符合旅游者要求,将直接影响接待工作的质量。因此,计调人员必须与饭店等住宿部门建立长久、稳定的合作关系,这是旅游服务采购工作的重要组成部分。

如今,在许多旅游必去、商务活动集中的城市里,地理位置和接待质量好的饭店非常抢手,尤其是在旅游旺季,如果没有良好的协作关系,旅行社很难拿到价格合理的房间。在此类城市里,饭店业完全是个卖方市场。旅行社与饭店等住宿单位的关系,是一种经济合同关系。因为饭店的固定成本也很高,其产品具有不可贮存性,所以,对饭店来说,在营业期间保证最大限度的客房出租率是十分重要的,同时饭店提供的服务又是旅行社产品的必要组成部分,这样双方就有了合作的基础。

(三)交通运输网(行)

城市间和城市内旅游交通服务是旅游者在旅游活动过程中实现空间转移的必然媒

介。因此,迅速、舒适、安全、方便的交通服务是旅行社产品不可或缺的组成部分,并对旅游日程的实施、旅行社的信誉产生至关重要的影响。所以,旅行社必须与包括航空公司、铁路局、水上客运公司和旅游汽车公司等在内的交通部门建立密切的合作关系,并争取与有关的交通部门建立代理关系,经营联网代售业务,这在我国目前的交通运输状况下显得尤其重要。

现代旅游者外出,最关心的事情之一就是能安全、方便、舒适、快捷、准时地抵离旅游目的地,以免影响行程。因此,旅行社必须与这些公司保持密切协作,以保障旅游行程的顺利进行。

对于旅行社来说,通过与交通运输部门的合作,一方面可以及时购买到交通票据,向旅游者提供自己的旅游产品,从而实现旅行社的主要经济目标;另一方面还可以从交通运输部门得到一定比例的佣金。而对于交通运输部门来说,由于运输的固定成本高,市场调节能力较差,即使只有一名乘客,飞机、火车、汽车也得照飞、照开,因此,交通运输部门也都非常热衷于同旅行社进行业务合作,以寻求稳定的客源。

(四)游览景点网(游)

游览景点是旅游行程中的核心内容,也是某一旅游地旅游资源的集中表现。某一旅游地的旅游资源,是指能够激发旅游者旅游动机,并进行旅游活动的各种自然资源、人文资源和社会活动的总和,是旅游目的地吸引力和竞争力的核心,是旅游产品的核心组成部分。因此,为了满足不同层次旅游者多样化的旅游需求,与各旅游地的名胜古迹、寺庙园林、名人故居、民宅村落、各类博物馆、传统工艺品工厂以及各种娱乐机构等,保持良好的协作关系也是非常重要的。随着旅游业的发展,各地新的旅游景点如雨后春笋般出现,与其保持良好的协作关系,是开发新的旅游产品的关键。

(五)旅游商店网(购)

人们每到一个地方旅游,总要购买些具有当地特色的纪念品,或赠送亲朋好友,或留做收藏以示纪念。旅游购物属于旅游者的非基本需求,但现代旅游过程中,没有购物的旅游是极少的。合理的购物安排还能为国家创汇。因此,为了使购物活动成为旅游活动中丰富多彩、不可缺少的一部分,也为了方便旅游者节省时间,并免遭不良商贩及黑店的蒙骗,计调人员必须选择质量与信誉上乘的旅游商店,如珠宝古董、书画印章、土特产品等,作为定点商店,并与之建立相对稳定的合作网络。

(六)娱乐设施网(娱)

娱乐也属于旅游者的非基本需求,然而,在现代旅游中增长知识、了解旅游目的地的文化艺术已成为旅游者日益普遍的需求。娱乐是旅游活动的六要素之一,特别是组织好旅游者的晚间文化娱乐活动,不仅可以消除旅游者白天参观游览的疲劳,具有寓休息于娱乐中的效果,而且可以丰富、充实旅游活动,起到文化交流的作用,为整个旅程锦上添花。这就要求旅行社与娱乐行业建立必要的合作关系。

(七)保险网络(财务)

旅游保险通常有两种:一种是旅行社责任险,一种是旅游意外伤害险。根据国家旅游局的规定,旅行社必须投保旅行社责任险,旅游者一旦参加旅行社组织的旅游活动,就可享有该项保险的权益。旅行社责任险的赔偿范围是很狭小的,它只对由于旅行社的责任疏忽和过失产生的旅游者损失进行赔偿,这往往并不容易断定。旅游意外伤害险,是由旅游者自愿购买的。旅游保险是旅游活动得到可靠社会保障不可忽视的重要因素,是指对旅游者在旅游过程中因发生各种意外事故造成经济损失或人身伤害之时给予经济补偿的一种制度。旅游保险有利于保护旅游者和旅行社的合法权益,还有利于旅行社减少因灾害、事故造成的损失,它对旅行社的发展具有重要意义,由此为旅行社和保险公司提供了合作的前提和基础。

(八)接待旅行社网(地接)

旅游产品是跨地区的,这就需要旅行社与各旅游目的地的旅行社建立广泛的地接合作网络。组团旅行社为了安排旅游者在各地的旅程,需要各接待旅行社提供接待服务,而这对组团旅行社来说,也属于旅游服务采购的范围。组团旅行社应根据旅游者的特点,发挥各接待旅行社的特长,有针对性地选择接待旅行社。接待旅行社接待服务中自身不能供给的部分,则同样通过采购来解决。

旅行社向旅游者销售的旅游产品,通常有一至多个旅游目的地。采购异地接待服务的目的,是使旅游计划如期如愿实现。应该说,旅游产品的质量在很大程度上取决于各地接待质量,尤其是各旅行社的接待质量。因此,选择高质量的接待旅行社,是采购到优质接待服务的关键。旅游地接网络的建立还是满足不同旅游团特殊需求的保障。

总之,旅行社产品的特点决定了旅行社业务合作的广泛性,而在社会主义市场经济条件下,旅行社与旅游业其他部门和行业之间关系的核心是在互利基础上的经济合同关系。只有这种在法律制约下的合作关系,才是旅行社协作网络稳定、健康发展的基础。

四、计调采购业务管理实务

(一)与交通部门的合作

1. 与交通部门合作的步骤

(1)与航空、铁路、船舶、旅游车公司建立联系。计调人员要与这些交通部门提前签订正式的合作意向书或经济合同书,明确双方的责任、权利,保证在旅游旺季时旅游计划能够顺利实施。

(2)及时领取最新价格表和航班、列车运行表,与交通部门保持联系。

(3)了解各种票务的最新规定,然后进行整理、打印、分类、备案。其中包括以下几项内容。

①提前订票的时间限制;

②订票应交付定金的百分比;

③参考交通部门的有关规定明确改票、退票的损失比例。

(4)与交通部门协商、设计、印制一些订单，其中包括以下几项内容。

①飞机票预订单，见表6-1。

表 6-1　　　　　　　　　　飞机票预订单

团号		国籍		人数		组团单位	
乘机日期				航班		去向	
人员	成人	2岁以下儿童		2～12岁儿童		金额合计	开票要求
旅游者							
陪同							
订票日期		订票单位				订票人	
票务员			民航接受人				
联系日期							

②火车票预订单，见表6-2。

表 6-2　　　　　　　　　　火车票预订单

团号		国籍		人数		组团单位	
乘车日期				车次		去向	
人员	成人	1.2～1.5米儿童		1.5米以上儿童		金额合计	开票要求
旅游者							
陪同							
订票日期		订票单位				订票人	
票务员			车站接受人				
联系日期							

③汽车租用单，见表6-3。

表 6-3　　　　　　　　　　汽车租用单

收件人：	发件人：
团队行程	您好！感谢贵处的大力支持，现有我社团队需租用贵处车辆，计划如下：

团队人数：

租车价格：

结算方式：

　　我社要求：车容整洁，车况良好，司机配合服务、热情周到。请贵处协助安排好计划，并回执确认！

　　祝

生意兴隆，合作愉快！

备注

④机/车票变更/取消通知单。

(5)与财务部门协商、设计和印制一些账单,其中包括以下几项内容。

①机/票报账单。

②机/票定(或订)金报账单。

③机/票变更/取消报账单。

(6)根据接待计划实施订票、购票。

(7)明确取票手续和报账程序。

2.与交通部门合作的注意事项

(1)订票时,应注意,因路线、季节的不同,价格也不同,特别是儿童票价优惠的百分比。儿童机票规定的年龄为:2～12岁票价为成人票价的50%,以起飞日期为准。婴儿机票规定的年龄为:0～2岁票价为成人票价的10%,以起飞日期为准。根据不同的航线与价格,所享有的折扣不同。儿童火车票:随同成人旅行的身高1.2～1.5米的儿童,享受半价客票、加快票和空调票(以下简称儿童票)。超过1.5米时应买全价票。每一成人旅客可免费携带一名不足1.2米的儿童。超过一名时,超过的人数应买儿童票。

(2)在取机票或再确认机票时,千万别忘了带齐有关证件。如果是出境团要带个人护照、团体签证;如果在国内旅游要带身份证等。

(3)在订火车票时,要注意火车票硬卧、软卧的差价,还有上、下铺的差价等。

(4)在预订汽车时,要注意汽车的设施设备是否齐全,车况如何,它常常对团队的质量和利润产生决定性影响。

(二)与饭店部门的合作

饭店是旅游业发展的重要物质基础,是成本采购中最重要的一项。在计调人员负责为旅游者提供的食、住、行、游、购、娱一条龙服务的六大服务环节中,排在第二位,可见此项服务的重要性。

1.与饭店部门合作的步骤

(1)与饭店进行业务洽谈,实地考察住宿的环境、设施及服务,然后商定协议价格,签订合作协议书或经济合同书。

(2)了解有关订房的各种规定。具体包括以下几项内容。

①有关订房的各种规定。如有无预订要求或提前预订房的时间;

②明确旺季、平季、淡季的月份划分及其具体价格;

③清楚单、双、三人间,大、中、小套间,豪华、总统套间等不同类型客房在不同季节的价格;

④门市价、旅行社合同价和特殊优惠价,加床费、陪同床费等;

⑤各式早餐、正餐的价格等。

(3)掌握饭店最新客房行情,争取更优惠的房价,要经常与饭店保持联络,及时主动地将旅游者的反映转达给饭店。

(4)设计、印制一些订单,其中包括以下几项内容。

①住房预订单,见表6-4。

表 6-4 　　　　　　　　　　　　　　**住房预订单**

收件单位		发件单位	
收件人		发件人	
传真号		传真号	
团号			
入住时间		入住人数	
入住标准		价格	
中、晚餐标		特殊要求	
备注	1.代订餐、房费结算账单,请寄我社财务部。 2.其他费用均由旅游者自理,本社不予承担。 3.收到订房委托书后,请速将订房回执传回我社。		
请确认!谢谢合作!		负责人签字	
		发件日期	

②变更住房预订单,见表 6-5。

表 6-5 　　　　　　　　　　　　　　**变更住房预订单**

××饭店销售部:

请为我社预订下列团队住房,并速确认。谢谢合作。

团号: 　　　　国籍: 　　　　人数:

抵达时间: 　　离店时间: 　　订房间数:

变更项目: 　　经手人: 　　　联系电话:

报送日期: 　　收到日期:

备注:

1.变更订房费结算账单,请寄我社财务部。

2.其他费用均由旅游者自理,本社不予承担。

3.收到变更订房委托书后,请速将订房回执传回我社。

联系人

年　　月　　日

③取消住房预订单,见表 6-6。

表 6-6 　　　　　　　　　　　　　　**取消住房预订单**

××饭店销售部:

请为我社取消下列团队住房,并速确认。谢谢合作。

团号: 　　　　国籍: 　　　　人数:

抵达时间: 　　离店时间: 　　订房间数:

变更项目: 　　经手人: 　　　联系电话:

报送日期: 　　收到日期:

备注:

1.取消订房结算账单,请寄我社财务部。

2.其他费用均由旅游者自理,本社不予承担。

3.收到取消订房委托书后,请速将订房回执传回我社。

联系人

年　　月　　日

（5）把填制好的订单转交给接待部门或导游人员，以便搞好接待工作。

（6）明确与饭店的费用结算方式和结算周期，规范报账程序。

2. 与饭店部门合作的注意事项

（1）认真研究组团旅行社发来的传真或旅游者的要求，弄清楚旅游者要求的住宿标准。

（2）根据旅游者的住宿要求，在已签订协议的合作饭店中选择符合要求的饭店。

（3）电话联系该饭店销售部，传真发送订房通知单。在订房通知单上准确填写订房要求，尤其是对团号、入住时间、入住标准、入住人数、房价（是否含早餐）、有无特殊要求等项目必须正确、清楚、完整地填写。

（4）注意查收饭店的回复传真。饭店收到旅行社的订房传真后，一般会较快地作出决定，并在旅行社发去的传真上签注相应意见，再回传给旅行社。

（5）收到饭店的确认传真后，计调人员应立即登记，并按照发团日期顺序排列存档。若同一天有多个团队确认传真，可按收到时间先后排列存档。

①订房时，如有重点团队、旅行社经理人团队或团队中有 VIP 旅游者时，旅行社应事先通知饭店销售部或营业部，在其客房内摆放鲜花或水果等。

②对旅游团需要举行小型欢迎仪式，或需悬挂欢迎横幅的，应事先征得饭店的同意，并在指定地点举行，避免影响饭店的正常营业。

3. 订房业务中常见的问题及应对措施

（1）饭店无房，无法确认预订

此类问题一般多在旺季出现。每当此时，计调人员应该立即与其他的协议饭店联系订房；实在无法解决，就要请示经理，提高预订价格。经过这些努力后，基本上就能预订到所需的客房。为了防止类似现象的发生，计调人员在年初淡季前往旅游目的地实地考察饭店时，就应注意与多家饭店签订订房协议，选定的客房类型及价格也应该多样化，同时还应努力与饭店营销部的人员建立起良好的私人关系。

（2）无法拿到理想房价

由于预订时间离入住时间太近或预订的房间很少，计调人员订房时无法拿到理想的房价。遇到这种问题，计调人员应该与平时有业务往来的或有良好私人关系的实力较强的旅行社联系，委托其计调人员帮助联系订房，并以其旅行社的名义入住。实力较强的旅行社同意这样操作的理由在于，若本年度采购量增大，翌年与饭店签订合同时讨价还价的能力将大大加强。

（3）在旅游者前往的目的地旅行社无协议饭店

任何一家旅行社都不可能与所有目的地的饭店签有协议，若出现上述问题，计调人员可采用的解决方案有二：一是多方寻找与饭店有协议的旅行社，通过其联系订房；二是找到当地饭店的联系方式，自行联系订房。这就要求计调人员平时一定要主动收集各种与旅游业务有关的综合信息,并做好对所收集信息的分类。

(4)因故临时增加或减少甚至取消订房

计调人员在工作中常遇到此类问题,此类问题处理起来有一定的难度。对此类业务,计调人员要尽早办理,越早越主动。增加订房时力争原价增订,如果难度较大,也可以同意饭店的涨价,但要将涨价的情况告诉旅游者,由旅游者承担涨价部分的费用。对于减少或取消订房,一般旅行社与饭店在签订协议时有明文规定,计调人员在处理时既要考虑按协议办,又要灵活应对,把损失减少到最低限度。

(三)与餐饮部门的合作

1.与餐饮部门合作的步骤

(1)首先实地查看旅游定点餐厅的地点、环境、卫生设施、停车场地、便餐和风味餐菜单等。满意后,根据国家旅游行政管理部门规定的用餐收费标准,与餐厅或饭店洽谈用餐事宜,并签订有关经济合同与协议书等。

(2)与财务部门协商印制或打印专用的餐饮费用结算单,见表6-7。

表6-7　　　　　　　　　　　　　餐饮费用结算单

收款单位:	用途:	日期:
旅游团名称:	人数:	陪同签名:
标准:	单价:	
人数:	陪餐人数:	
数量:	金额:	
合计金额(大写):	单位公章:	

备注:本单须经陪同签名,数量必须大写,涂改无效,无公章无效。

(3)将下列有关内容整理、列表、打印、分发给接待部,并报财务部备案。

①签约餐饮单位名称、电话、联系人的姓名、风味特色等。

②不同等级旅游者的便餐、风味餐最低价格标准等。

(4)根据接待计划或订餐单,将用餐地点、联系人姓名转告接待部门或导游人员,以便搞好接待工作。

(5)根据餐饮费用结算单与财务部门共同进行复核,并由财务部门定期统一向签约餐厅结账付款。

2.与餐饮部门合作的注意事项

(1)选择餐厅时,餐点不宜过多,应该少而精;而且要注意地理位置的合理,尽可能靠近机场、车站、码头、游览点、剧场等,避免因用餐而来回往返用车。订餐时,及时把旅游者的宗教信仰和个别旅游者的特殊要求转告餐厅,避免出现不愉快和尴尬的局面。计调在选择餐厅时,应着重考虑如下因素:餐厅卫生、地理位置、车位、洗手间、餐标、风味餐、结算方式等。

（2）提醒餐厅，结算用的餐饮费用结算单上，必须有陪同导游人员的签字，否则无效。

（3）计调人员在操作旅游团时，不能盲目地接受餐厅或接待旅行社给出的标准，要学会根据客源地或旅游者类别不同按照标准编制餐单。如老年团要饮食清淡，荤素搭配得当；北方旅游者偏重面食，可在主食上配置馒头、花卷等；南方旅游者偏好甜食；四川、湖南旅游者喜欢吃辣；不管是哪里的旅游者，如果在餐后添加一道水果，团餐的档次马上就会提升，注意到以上这些，即便再挑剔的旅游者也会心满意足。

（四）与旅游景区的合作

1.与旅游景区合作的步骤

（1）与旅游景区就以下内容进行洽谈，并签订协议书及经济合同书。

①旅游团门票优惠协议价事宜；

②大、小车进景区的费用；

③结账的期限。

（2）与签约单位协商印制专用的参观游览结算单，见表6-8。

表6-8 参观游览结算单

参观游览券存根	××旅行社参观游览券
团名：	旅游团名称：
人数：	旅游者人数（大写）：佰 拾 个
地点：	收款单位（公章）：
陪同：	陪同姓名：
日期：	日期： 年 月 日

（3）将以下有关签约单位的规定事宜整理列表，打印后分发给接待部并报审计、财务备案。

①签约单位的名称、电话、联系人；

②景区进门方向；

③去景区的行车线路、停车地点。

景区门票价格协议

甲方：××××旅行社

乙方：××××景区

经双方协商，关于××××景区门票价格作如下约定。

一、乙方景点门票基本价格如下。

景点	门市价	旅行社折扣价
A1		
A2		

1.1.2～1.5米儿童购买儿童票，1.2米以下儿童免票。

2.旅行社折扣价门票需提前一天预定，否则按门市价购票。

3.协议单位可挂账。

联系人： 电话： 传真：

二、甲方同一门票累计购票量达到 5 000 张,该种门票每张票价在旅行社折扣价基础上折让 5 元。

三、甲方同一门票累计购票量达到 10 000 张,该种门票每张票价在旅行社折扣价基础上折让 10 元。

四、累计期间为协议签订之日起至本年 12 月 31 日止。正常结算时间为下一年度 1 月 5 日至 10 日。

五、提前结算时,按当时的累计量返款。此后,重新累计。

六、以上协议,双方自愿达成,甲乙双方应共同遵守。

七、本协议一式两份,经双方法人签字加盖公章后即生效。

甲方:××××旅行社　　　　　　　乙方:××××景区

法人:　　　　　　　　　　　　　法人:

公章:　　　　　　　　　　　　　公章:

年　　月　　日　　　　　　　　年　　月　　日

2. 与旅游景区合作的注意事项

(1)结算用的参观游览券上必须有公章和导游人员的签字,否则无效。

(2)旅行社还应与游览单位附属的服务部门和相关服务公司建立合作关系,签订合作协议书,以方便旅游团的游览和导游人员服务工作。

(五)与旅游商店的合作

旅游购物属于旅游者的非基本需求,但在现代旅游过程中,没有购物活动的旅游是极少的。旅游者不仅把在旅游目的地所购物品作为美好的纪念,而且还将购物当做旅游活动的重要内容。为保证旅游者买到称心如意的商品,免遭坑骗,使购物成为旅游活动中丰富多彩、不可缺少的一部分,旅行社有必要与购物单位建立相对稳定的合作关系,让旅游者在合同商店购物,以保证旅游者的利益不受侵害。

1. 与旅游商店合作的步骤

(1)根据国家及地方旅游行政管理机构的有关规定,与旅游定点商店签订协议书,并洽谈以下合作事宜:

①对导游人员带旅游者前来购物的,给予业务提成;

②明确旅行社应尽的义务及经济收益上所占的比例。

(2)与财务部和接待部协商后,设计、印制购物结算单,并明确使用方法。

(3)将所签约的商店名称、导游人员带团购物手续、附属的有关规定打印后,分发给接待部。

2. 与旅游商店合作的注意事项

(1)计调人员应掌握各定点商店合作要点,如商店给予旅行社、司陪各方的提成比例、返佣

数额、结算方式、团队分类、停留时间等,做到心中有数。

(2)本着兼顾国家、集体、个人三方利益,又注意鼓励多劳多得的原则,制定内部分配政策和奖励措施。

(六)与娱乐单位的合作

旅游娱乐是旅游活动的重要组成部分之一,丰富多彩、健康向上的娱乐活动已成为旅游者在旅游生活中必不可少的重要内容,是参观游览活动的延续和补充。这就要求计调人员与剧场、戏院、各文艺团体等娱乐行业部门建立必要的合作关系,将健康向上、具有民族风格、代表民族精神的艺术奉献给旅游者。

1. 与娱乐单位的合作步骤

(1)与娱乐单位就以下事宜进行合作洽谈,并签订协议书。

①旅行社可以通过电话预订文艺节目票;

②旅行社还可以为旅游者进行包场演出;

③文艺单位送戏上门演出。

(2)将下列事宜整理、列表、打印后分发给接待部,并报审计、财务备案。

①签约娱乐单位的名称、地址、电话、联系人等;

②演出节目的种类和演出时间;

③每张票的价格。

(3)随时与娱乐单位保持联系,有新节目上演时,了解节目内容,索取节目简介并通报给接待部。

(4)根据接待计划或订票单,实施订票并把订票情况如实转告接待部或陪同。

(5)财务部按协议统一结账或一次一报、一团一清。

2. 与娱乐单位合作的注意事项

(1)旅行社要与各娱乐单位保持良好的协作关系,以丰富旅游产品的多样性。

(2)娱乐活动多安排在晚间,以丰富旅游者的旅游生活,提高情调,同时,司陪、接待旅行社又可获得酬劳。

(七)与保险公司的合作

旅游保险是旅游活动得到社会保障不可忽视的重要因素。因此,旅行社与实力强、信誉好的保险公司建立合作网络,也是非常必要的。

1. 与保险公司合作的步骤

(1)认真阅读国家旅游局关于旅游保险的相关规定和保险公司的有关规定。

(2)与保险公司就旅游者的旅游保险事宜签订协议书。

(3)将协议书上的有关内容进行整理打印,分发给外联部并通知其对外收取保险费。

(4)将每一个投保的旅游者接待通知及时发传真给保险公司,并请保险公司及时回复传真确认,以此作为投保依据。

(5)注意接收和保存保险公司的承保确认书。

2. 与保险公司合作的注意事项

（1）按照投保的准确人数每季向保险公司交纳

（2）当旅游途中发生意外事故或遇到自然灾害时，必须及时向在第一线的导游人员了解情况，必要时去现场考察并以最快速度通知保险公司。还应在三天之内向保险公司呈报书面材料，包括以下两部分内容。

①旅游者旅游保险事故通知书；

②旅游者保险索赔申请书。

（3）索赔时，须向保险公司提供有关方面的证明，包括以下三部分内容。

①医院的死亡诊断证明；

②民航或铁路部门的行李丢失证明；

③饭店或餐厅保卫部门的被盗证明信等。

（八）与接待旅行社的合作

旅行社向旅游者销售的旅游产品，通常有一至多个旅游目的地。采购异地接待服务的目的，是使旅游计划如期如愿实现。应该说，旅游产品的质量在很大程度上取决于各地接待质量，尤其是各旅行社的接待质量。因此，选择高质量的接待旅行社，是采购到优质接待服务的关键。

1. 与接待旅行社的合作步骤

（1）收到组团旅行社的接待计划后，仔细核对各团的每项要求，尽可能按计划要求落实执行。

（2）当组团旅行社在遇到困难向接待旅行社提出帮助要求时，接待旅行社要积极配合，协力解决。

2. 与接待旅行社合作的注意事项

旅游产品是跨地区的，这就需要旅行社与各旅游目的地的旅行社建立广泛的地接合作网络。接待旅行社的甄选要有严格的标准，计调人员在采购时应注意以下事项。

（1）接待旅行社的资质、实力、信誉；

（2）接待旅行社的体制、管理；

（3）接待旅行社的报价；

（4）接待旅行社的作业质量；

（5）接待旅行社的接待质量；

（6）接待旅行社的结算周期；

（7）接待旅行社的合作意愿。

第二节 计调客户管理

旅行社要获取更多利润,不仅要积极开拓新市场,更要稳固现有市场。旅游者是旅行社产品的消费者,其购买和享受的是无形的旅游服务,此类产品质量的高低、品质的优劣是旅游者经过亲身经历而给出评价的。旅游者对旅行社的产品满意,认可旅行社的服务,不仅会成为旅行社的忠诚客户,而且其良好的宣传也会为旅行社带来口碑效应,从而扩大旅行社的知名度与市场份额。如果旅游者具有一定的社会地位、广泛的人际关系,那么为旅行社带来的将是更多的商机与更大的利益。所以创建旅行社客户信息系统,合理地开发、利用、管理对旅行社来说十分必要。

一名合格的计调人员,是掌握足够丰富资源的人,能够在旅游者提出出游要求时,迅速、及时地完成旅游产品的组织、设计、报价;能够在出现意外状况时,迅速找到解决方案,寻求最恰当的替代品,及时化解危急事件;能够迅速地汇总信息,向旅行社决策层提供旅游消费动向、合作伙伴的变动趋势。因此对于计调人员来说,拥有一个完善的、全面的客户档案资料是必需的。

在计调工作中,如何建立客户档案呢? 首先要从分析客户类型入手,根据对客户类型的不同分析其特点,评价其合理性,然后就可以建立客户档案了。

一、旅行社客户的类型

客户是旅行社经营的重要的物质基础和社会资源,它不仅包含旅游者,同时还包含了为旅行社提供食、住、行、游、购、娱活动的企业。对旅行社而言,拥有最大的旅游客源非常重要,但是如何选择运输工具、选择哪些景区组成产品、选择什么饭店合作等一系列的问题,也一样重要。因此旅行社的客户应该是一个广义的概念。

旅行社的客户从广义上可以分为:旅游者、旅游供应商、传媒合作者等,它们对旅行社的业务发展有着重要的作用。旅游者是旅行社生存的根本,是旅行社的衣食父母。景区、宾馆、饭店、旅游车船公司等是为旅行社提供产品基本要素的供应商,它们的价位、服务质量的高低直接影响到旅行社产品的质量高低;广告公司、新闻媒体是重要的传播途径,对旅行社的市场营销产生影响。因此,在建立旅行社客户档案时,就要分门别类建立旅游者档案、旅游供应商档案、传媒合作者档案。

(一)旅游者

旅游者是旅行社产品的接受者和使用者,一般根据旅游者的出游率、购买力、忠诚度可以分为以下五类。

1. 出游率高、购买力高、忠诚度高

这类客户是旅行社的财富,旅行社应该花大力气开发与维护这些目标客户,专门针对该客户类型建立 VIP 档案。

2. 出游率高、购买力高、忠诚度低

这类客户既有可能是旅行社的财富，也有可能是旅行社的"敌人"。对于这类客户旅行社应努力开发与维系，用优秀的产品质量、周到细致的服务将他们培养成旅行社的忠诚客户。

3. 出游率低、购买力高、忠诚度高

这类客户是旅行社的希望。应分析其出游率低的原因，推出适宜其购买的旅游产品，增加其购买频率。

4. 出游率低、购买力低、忠诚度高

这类客户可以说是旅行社应努力争取的客户，也可以说是旅行社的潜在客户。随着条件的改善，有可能成为第一类或第三类客户。

5. 出游率低、购买力低、忠诚度低

这类客户可以说是最常见的客户，对旅行社而言，价值极低，可以直接淘汰。

（二）旅游供应商

旅游供应商是为旅行社提供旅游原材料的企业，通过采购这些原材料，旅行社就可以向旅游者提供包含食、住、行、游、购、娱六大要素在内的旅游产品了。因此供应商产品的价格、质量直接影响到旅行社旅游产品的质量高低。

1. 合作时间长、合作基础良好、产品类型多、产品质量高、产品报价优惠、产品市场认可度高

这类客户是旅行社要重点保持合作关系的供应商。当然市场上这类"全能型"供应商比较少，旅行社可以就某一供应商的某一类或几类产品做出说明或注释，作为该供应商的优势产品。

2. 合作时间长、合作基础良好、产品类型少、产品特色鲜明、产品报价优惠、产品市场认可度高

这类供应商同样是旅行社要关注的客户。它可以为旅行社提供某种或某类优秀的旅游产品，提高旅行社产品的竞争优势。

3. 合作时间长、合作基础良好、产品类型多、产品质量一般、产品报价优惠、产品市场认可度一般

这类客户是旅行社业务经营中遇见的最多的供应商客户。旅行社可以通过总结合作历史资料，分析出具备高合作忠诚度的客户，重点发展。

4. 合作时间短、产品类型多、产品质量高、产品报价优惠、产品市场认可度高

这类客户是旅行社要重点发展合作关系的供应商。通过加强联系，拓展业务领域，开发新的旅游产品，增强旅行社的竞争力。

5. 合作时间短、产品类型少、产品特色鲜明、产品报价优惠、产品市场认可度高

这类客户是旅行社要拓展合作关系的供应商。通过他们，旅行社可以开发新的特色

旅游产品,适应市场对旅游产品需求的变化。

(三)传媒合作者

旅行社推销自己的旅游产品有多种方式和渠道,利用大众传媒是其中的一种方式。大众传媒高效、价廉、覆盖面宽的特点,非常适用于旅游产品的销售。下面主要介绍几类传媒分类。

1.报价高、覆盖面小、读者群消费档次高

这类传媒,如专供高档会所的杂志、报刊等,一般面向社会的成功人士。它们适合那些专业旅游项目及高档豪华旅游产品的宣传。

2.报价适中、覆盖面广、读者群消费档次不一

这类传媒面向的读者面广,但是消费能力高低不同。其中大部分可以接受常规旅游产品。它们适合那些已经成熟的、市场认可度高的旅游产品的宣传,旅行社在常规产品上开展的某种主题旅游活动也可以利用这类传媒进行宣传。

3.报价低、覆盖面广、读者群消费档次不一、潜力大

这类传媒的代表是网络传媒,适合一些具有特色的旅游活动的推介,尤其适合自助游产品的推介。它可以扩大旅行社的知名度和业务范围。

二、建立客户档案

目前的旅游行业,旅行社、机票代理公司、各种等级的住宿如雨后春笋般地撒满全国各地。旅游产品的价格越来越低,而各家货架上的产品类型却大同小异,无甚区别,差异性渐趋为零。旅行社的数量由 20 世纪 80 年代的国旅、中旅、青旅三家发展到目前的上万家。旅游产品的毛利率也由过去的30％降低至如今的5％,有很多旅行社还达不到这个比例。在如此恶劣的竞争环境中,旅行社靠什么生存、发展呢? 靠客户,尤其是靠那些长期购买产品的终身客户。

建立客户档案是客户管理的基础。方式有两大类,一种是通过电脑办公软件进行;另一种是通过引进大的客户管理系统,如 CRM(客户关系管理系统)进行。前一种的管理成本低,适合中小旅行社;后一种投入大,适合大型旅游企业。

(一)建立客户档案的原则

建立客户档案,就是为了方便旅行社的使用与管理,应遵循科学性、系统性、延续性、客观性的原则,确保客户档案的真实有效。

1.科学性原则

客户档案的建立应该符合基本的规律,比如在进行分类时,一定要准确界定合作性质,本着一户一册的原则建立档案。档案的内容应该是客观、真实的,能够反映客户的真实情况。

2.系统性原则

客户档案的建立是一个系统性的活动,需要计调、外联部门的通力合作,同时导游人员也应给予积极配合。

客户档案本身也具有系统性特征。客户档案一般根据客户的类型分为旅游者、供应商、传媒合作者等,只有将这些客户都纳入客户档案系统,才能有机地为旅游业务服务。

3.延续性原则

客户档案一旦建立,就要及时给予维护,根据旅游市场和旅行社业务的变化,不断补充新内容,去除与发展形势不相适应的内容。

4.客观性原则

客户档案的建立要避免任何主观性的观点,应该客观、真实地反映客户的真实情况。

(二)客户档案的内容

1.旅游者档案的内容

在实际工作中,可以将旅游者细分为散客客户和企业客户两大类,分类建立客户资料,并进行维护更新。

(1)散客客户档案(信息库)的主要内容

①客户的基本信息。例如,姓名、性别、生日、工作单位,以及职务、联系方式(电话、传真、电子邮件、MSN 等)、通信地址、个人爱好等。

②历史消费记录。例如,参加过哪些旅行社的哪些旅游团。

③未来消费需求与取向。例如,有哪些出游计划和意向。

④产品信息来源。即通过哪些渠道了解到旅行社的产品信息。例如,从报纸、电视、电台的广告中或亲戚朋友的介绍等。

(2)企业客户档案(信息库)的主要内容

①客户的基本信息。例如,公司名称、企业性质、公司地址。

②联系人信息。指专门负责与旅行社进行旅游活动联系的人。例如,办公室主任、秘书、工会主席等。其信息主要指:姓名、手机号码、个人爱好等。

③历史消费记录。例如,组织过哪些与旅游有关的活动。

④未来消费需求与取向。例如,未来计划组织哪些与旅游有关的活动。

⑤产品信息来源。即通过哪些渠道了解到旅行社的产品信息。例如,从报纸、电视、电台广告中或亲戚朋友介绍等。客户档案越详细越全面越好。详细、全面的客户信息有利于对客户全面、周详的了解,以便更加贴切、有效地服务客户、留住客户。

2.供应商档案的内容

(1)企业的基本信息。包括企业的名称、地址、公司电话、传真、联系人姓名、电话等。

(2)产品信息。包括产品的种类,各类产品的价格、特色等。

(3)合作记录。包括以往合作的合同等。

3.传媒合作者档案的内容

(1)企业的基本信息。包括企业的名称、地址、公司电话、传真、联系人姓名、电话等。

（2）企业产品信息。包括产品的种类、各类产品的价格、特色。

（3）合作记录。包括以往合作的合同。

客户档案的建立是一项长期、系统的工作，需要用心去收集资料、细致地分类、精心地选择。

三、进行客户评估

建立起客户档案并不意味着工作的结束，怎样把这些文字资料变成真正的资源、怎样保护这些资料的安全，是一个非常重要的问题。旅行社既要建立完善的客户档案，对客户进行跟踪维护，通过贴心服务使之成为自己企业的终身客户；也要建立完善的客户资料管理制度，达到保护旅行社资源的目的。

旅行社的客户，不管是旅游者、旅游供应商还是传媒合作者，都是变动的。因此，一名合格的计调人员就要做到经常地对客户的档案进行检查，及时掌握客户的变化，分析造成变动的原因，及时上报给旅行社高层，以利于旅行社推出新的旅游产品、扩大新的服务范围、寻找更适合旅行社经营发展的合作者。当然也可以通过资料研究出哪些客户已经流失，哪些客户已长时间没有业务往来等，分析其原因，总结经验，避免旅行社遭受更严重的损失。

（一）客户资料更新的内容

1. 新增加的客户

比如新增加的供应商、新建立联系的企事业单位等。

2. 已经淘汰的客户

指的是那些长时间没有业务往来或与旅行社发展方向不一致的客户等。

3. 客户资料中的某些因素发生变化

比如有些客户近期业务量大增，有些客户的联系人发生变动，等等。

（二）客户资料的评估

计调人员除了应对客户资料进行及时更新、维护之外，还要定期地对客户资料进行汇总、分析，也就是对客户资料的定期评估。

客户评估，就是根据客户的销售量和忠诚度，进行分类，根据信息变动分析旅游者出游的变动趋势和客户的价值，及时上报旅行社领导，更好地开展旅游业务。

客户类型，无论是作为整体的团队客户还是作为个体的散客客户，根据他们的销售量和忠诚度，可将其分为以下几类。

1. 销售量小，忠诚度低

这类客户对企业毫无价值，应及时淘汰，不要手软。

2. 销售量小，忠诚度高

这类客户是需要全力扶持和培育的，他们是企业的未来。

3. 销售量大，忠诚度低

这类客户是需要掌控的。他们是企业潜在的敌人，很可能在不久的将来背离企业。

在企业的客户总量中,这类客户的比例要严格控制。

4. 销售量大,忠诚度高

这类客户是企业的财富,拥有的越久越有发展潜力,这是企业应该花大力气开发和维护的目标客户。

客户类型有很多种,分类方法也千差万别,但是无论按照哪一种方法分类,关键的问题,是要根据每个客户对企业重要性的不同,定期对他们进行评估。如同商场中对商品的定期"盘点"一样,对那些对企业有贡献的客户,应及时进行奖励,而对那些不符合企业要求的客户,则应及时淘汰。

四、巩固客户关系

(一)失去客户的原因

1.1%的客户过世了,不在了。对此旅行社毫无办法,只能面对现实。

2.3%的客户搬离了旅行社的服务范围。如去了另一座城市。旅行社的服务够不到他们了,或者说够到的成本实在是太高了。

3.5%的客户已不再是旅行社的目标客户了。他们的消费观念或消费水平已和旅行社相去甚远。

4.9%是由于旅行社把价格作为企业的核心竞争力,客户无法接受。

5.14%是由于硬件缺陷。客户无法接受产品或服务的某项缺陷而转向了竞争对手。

6.68%软件缺陷。旅行社的服务差,对客户不友好,使客户最终离开。

(二)巩固客户关系的具体方式

目前大大小小的旅行社层出不穷,企业间竞争激烈,客户关系的巩固对旅行社的经营起到了更加重要的作用。良好的客户关系是建立在真诚合作、及时沟通的基础上,通过程序化的客户关系巩固,不仅可以使客户档案保持不断更新的状态,而且可能使其与客户之间的联系越来越紧密,甚至形成战略合作伙伴关系。

1. 生日问候

根据客户信息档案,筛选出客户的生日,在每个月底、月初,适时邮寄生日贺卡,客户会非常感激,记住客户的生日是巩固客户关系的有效手段。

2. 节日问候

为增加与客户的熟悉度,旅行社应充分利用每一个可以利用的节日,适时地向客户表达企业的善意,增进与客户的感情,进而达到巩固客户的目的。节日的类型很多,比如说客户公司成立纪念日、传统节日等都可以成为表达感情、增进友谊的时机。尤其是在一些容易被人遗忘的节日,如端午节。问候的形式可以是电子邮件、电话、贺卡、花篮等形式。

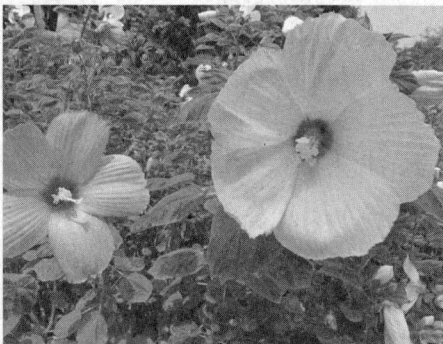

3.电子邮件

旅游结束后,计调人员可以通过电子邮件与对方保持联系。只有经常与对方进行有效的沟通,才能获得更多的机会。撰写邮件时,切忌用一大堆广告词语或者一些模式化的语句,这样会让对方感到不真诚,有推销自己之嫌,结果可能适得其反。使用电子邮件与对方沟通既方便,又突出了计调人员的工作特点,会使对方感到朴实亲切。

4.明信片

(1)问候性明信片

针对熟客,计调人员可以向旅游者寄送明信片。这种明信片应附有旅行社的社徽、地址、电话等内容,并由计调人员亲笔写上问候语或表示再次为其服务的良好愿望的语句。一旦旅游者接到明信片并与旅行社进行联络,旅行社便可利用这一机会向顾客推销新的旅游产品。

(2)促销性明信片

计调人员在考察旅游胜地时向顾客寄送有关旅游胜地的明信片。这是旅行社同顾客保持经常接触的行之有效的联络手段。一位美国旅行社的领队每次到风景名胜地考察,都要购买250张印有该景点的明信片,通过当地邮局将这些明信片寄给经过挑选的顾客。这样做,既可向顾客介绍该地的风景名胜,引起顾客到那里一游的兴趣,又使顾客觉得,到那里一游是不会吃亏的,因为旅行社工作人员都到那里去"度假"了。这种办法西方旅行社采用得比较普遍。

5.发送新产品目录

对于旅行社不断创新的旅游产品,客户不可能都会及时了解到,通过印刷新产品说明并在第一时间投递给客户,可以帮助客户了解产品情况,也可以使客户意识到旅行社时刻都在关注他。这种方法也是其他类型企业经常采用的一种巩固客户关系的方法。

当然在邮寄印刷品时,要注意:客户单位名称与联系人或客户姓名、地址一定要书写准确;印刷品要印制精美,内容言简意赅,附有一定的优惠条件;一次投递的印刷品数量不宜太多。

6.建立年度消费奖励制度

对在一年内为旅行社提供服务或购买旅行社产品达到一定金额的供应商和旅游者提供年度奖励,可以奖励在一定时间内免费享用一定数量的特色旅游产品,以此来强化客户关系。对于一般客户,则可以通过积分卡吸引客户长期消费。根据客户的消费情况,可以设计成不同等级的消费卡,这点可以借鉴目前市场上流行的商场消费积分卡。

(1)信守承诺,绝不欺骗

一般在设置积分卡时,总是会提供积分方式和相应的优惠政策。旅行社提供的优惠政策要与本公司的实际情况相吻合,不能超越企业承受能力,随便设置不可能达到的标准,以免丧失诚信,得不偿失。

(2)客户为本,真诚回报

旅行社在提供积分卡时,应充分考虑旅游者的出游目的、出游习惯,在提供服务时不能因为是奖励或赠与活动而降低服务质量。

7. 定期组织客户联谊会

在一定时间选择一些 VIP 客户组织联谊会或答谢会,或以旅行社为龙头、计调人员为主要承办人员组织一些联谊活动,一方面可以联络感情、巩固客户关系,另一方面也可以了解客户需求的变化,有针对性地及时调整产品。在组织联谊会或答谢会的过程中,要事先对客户进行认真分析,有针对性地制订活动内容,活动时间和场地要安排得当,活动方式要轻松、高雅、令人回味,可以采用冷餐会或鸡尾酒会+文艺节目+参与性趣味活动+抽奖或赠送纪念品的形式。联谊会是与客户交流的直接场合,可以缩短与客户的距离,为以后的合作打下良好基础。组织联谊会时,注意一定要准备充分,各环节衔接流畅,活动内容设计新颖,起到能够给旅游者留下很深印象的效果。活动的组织一定要有水平,要给客户留下很深的印象。被邀请的客户,不应该只是那些销售量大的客户,更要邀请那些有市场影响力和有过特殊贡献,以及最早支持本社的客户。

8. 建立回访制度

不要等到旅游者投诉才跟旅游者联系。团队结束后要主动对旅游者进行回访,认真倾听客户的意见和建议,并归纳记录,作为提高满意度和改进服务的依据。回访可使旅游者产生被重视的感觉,尤其是在旅游产品消费过程中,软性的服务占主导地位的情况下,通过及时、专业、有针对性的回访,甚至可以化干戈为玉帛,避免投诉。

在旅游产品消费过程中软性服务占主导地位,通过及时、专业、有针对性的回访,可以增加与客户的感情,也可以及时、有效地巩固客户关系。当然回访客户应遵循一定的原则,如回访频率不要太高、回访前要先联系,否则回访不仅起不到预期作用,还会适得其反。

(1)旅游结束后的回访

旅游活动结束后,是进行回访的一个良好时机。通过回访,可以了解旅游者对旅游行程安排、活动组织、旅游服务等的意见和建议,同时也可以送上对旅游者的祝福、表达对旅游者的感谢,增进与旅游者的关系。

(2)不定期回访

客服人员间关系的巩固是建立在密切联系和信息沟通基础上的,对此旅行社就需要选择合适的时机和一定的频率加强与客户的联系,如电话沟通、上门拜访、邀请座谈、寄送贺卡等形式。另外一些重大节日也是不错的契机。当然过于频繁联系有时候也会影响到客户正常的工作和生活,所以每隔一到两个月与客户进行一次联系比较恰当,如果上门拜访的话一定要事先电话预约,征得对方同意。

第三节 计调发团管理

一、计调发团管理概述

(一)发团管理的概念

发团,是指组团旅行社通过各种招徕手段形成的旅游团,委托给指定目的地接待旅行社,并由其负责完成合同中所规定的旅行游览活动的过程。发团的过程,就是组团旅行社将旅游团委托给旅游目的地接待旅行社的过程,并由接待旅行社代为安排该旅游团的一切旅游活动。发团旅行社对旅游团的管理和责任,将贯穿于旅游活动的始终。

旅行社发团管理,是指组团旅行社对这一过程的管理,包括旅游计划的制订、与接待旅行社洽谈、对旅游团旅行游览全程的质量监督和旅游结束后的总结控制等。

(二)发团管理在旅行社整体业务中的地位

1. 发团管理是将旅游产品推向市场、实现销售的重要环节

旅游团销售,是旅行社业务的主要组成部分。旅行社通过各种广告招徕旅游产品的购买者即旅游者,然后根据旅游者的需求提供相应的旅游产品,与旅游者签订旅游合同,确定出发时间、接待标准,以及旅游目的地接待旅行社等。这些是发团管理的前期工作,也是发团管理的重要组成部分。旅行社的发团工作,既是旅游活动从计划到实现的桥梁和纽带,也是旅行社整体业务的基石和重要环节。

2. 发团管理是旅游活动顺利进行的重要保障

组团旅行社通过发团管理,来监督和约束旅游目的地接待旅行社的接待活动,从而使旅游目的地的接待旅行社,能够保证按照约定的标准向旅游者提供服务,从而保障旅游者利益。旅行社通过发团管理来监控旅游行程,及时获得旅游者的相关信息,有利于帮助旅行社处理突发事件,从而保证旅游活动的顺利进行。

3. 发团管理是旅行社日常工作的重要组成部分

发团管理与旅游者的各项活动密不可分,发团管理的成功与否,直接影响到旅游者对旅游活动的满意度,影响到旅游者的回头率。因此也影响到旅行社的信誉和日后的产品销售。可以说,发团管理是旅行社进行的一种售后服务,是必不可少的,也是至关重要的,在旅行社整体业务中占有重要地位。

(三)发团的类型

1. 国内组团旅行社——国内接待旅行社

国内组团旅行社通过各种方式招徕组合成旅游团,将其发给国内旅游目的地接待旅行社接待。

2. 国内组团旅行社——国外接待旅行社

具有组织出境旅游资质的国内组团旅行社通过各种方式招徕组合成旅游团,将其发给国外相关旅行社接待。可以是根据旅游团目的地分别发给沿途接待旅行社接待,也可以是

直接发给境外某旅行社总负责,由该旅行社将团队再转发给境外其他相关旅行社接待。

3.国外组团旅行社——国内接待旅行社

国内旅行社在国外的分公司或办事机构通过各种方式招徕组合成旅游团,将其发给国内旅行社总公司或旅游目的地接待旅行社接待。

二、接待旅行社的选择

(一)接待旅行社的定义

接待旅行社,是直接为旅游者提供有关旅游目的地的线路、交通工具、餐饮、观光,以及其他旅游事项等信息和相关服务的旅行社。接待旅行社只是旅行社在接团时的一种临时角色,是相对于组团旅行社而言的,它不是固定的名称。接待旅行社受发团旅行社的委托,向到达本地的旅游者提供合同约定的各项旅游服务。

(二)发团旅行社与接待旅行社的关系

1.相互协作、互惠互利

发团旅行社一般情况下只有通过旅游目的地接待旅行社的协助,才能圆满完成旅游产品的销售。一般说来,接待旅行社对当地的旅游景区、交通、食宿等要素更加熟悉,也能很方便地购买这些旅游服务。所以,发团旅行社通过接待旅行社来组织和安排旅游者在旅游目的地的旅游活动,能减少负担,便于操作,而接待旅行社通过这种接待活动获取利润。发团旅行社和接待旅行社之间的精诚合作,能使旅游团的旅游活动计划顺利、有序地完成;反之,则有可能引起争议和矛盾,影响旅游活动和旅游者的利益。因此,发团旅行社和接待旅行社之间是一种协作和互惠的关系。

2.监督和被监督的关系

发团旅行社通过出团计划书与接待旅行社之间约定有关接待事项。如,交通工具的选择、食宿标准、行程中所包含的游览景点,以及付费方式等。因此,接待旅行社在团队接待过程中要受到发团旅行社的监督和约束,不能随意更改事先约定的有关接待事项。否则,发团旅行社可根据有关约定扣减团费或通过法律手段解决问题。

3.可以相互转化

发团旅行社和接待旅行社是相对而言的,同一家旅行社,既可做发团业务成为发团旅行社,也可做接团业务成为接待旅行社。一般说来,旅游客源地旅行社的主要角色是发团旅行社,而旅游资源条件比较好的、旅游目的地的旅行社很幸运,可以兼做发团和接团两种业务。因此,发团旅行社和接待旅行社不是截然分开的,而是可以相互转化的。

(三)接待旅行社选择的标准

旅游团能否按计划顺利完成旅游活动,在很大程度上取决于旅游目的地接待旅行社的接待情况。因此,对接待旅行社的选择十分重要。发团旅行社应根据旅游市场的需求及其变化趋势,有针对性地在旅游目的地旅行社中进行比较和挑选,选择合适的、符合条件的旅行社作为自己的合作伙伴。

那么,在旅游目的地众多的旅行社中,发团旅行社应该怎样选择接待旅行社,才能既圆满地完成旅游计划,又能取得良好的经济效益呢? 发团旅行社在选择接待旅行社时,应注意以下几点。

1. 考察旅行社的合法性

发团旅行社在选择接待旅行社时,要考察该旅行社是否按照合法程序设立,有无旅游行政主管部门颁发的旅行社业务经营许可证;旅行社的注册资金是多少,证件是否齐全,质量保证金是否缴纳等,还要明确该旅行社的性质、业务范围和许可证期限,导游人员是否持证;旅行社是否遵守旅游行业相关政策法规和惯例等情况,以免错将旅游团交给非法经营的旅行社,从而导致旅游者利益得不到保障,或者使发团旅行社经济利益受损。

2. 考察旅行社的经营管理模式

发团旅行社应注意考察接待旅行社采用何种经营管理模式。管理模式先进的旅行社,经营管理目标明确,在管理上实行负责制,有良好的激励机制、人性化的经营理念、良好的公众形象、蓬勃发展的朝气和潜力。而有些传统的旅行社,基本上是吃大锅饭,做多做少都一样,优秀的没有奖金,没完成任务也不用受罚,员工的积极性不高,领导也是频繁更换,整个旅行社处于半死不活的状态。另外,有一些私人承包的"野马"式旅行社,他们只是出钱租用某旅行社的名号,在经营管理上没有科学性,目光短浅,为了短期利益互相压价,随意增加旅游项目,乱收旅游者费用。对这类旅行社,发团旅行社更应避而远之。

3. 考察旅行社规模大小

一般说来,规模较大的旅行社在资金、人才、管理等方面,比规模小的旅行社更有优势,在旅游供给方面有更大、更成熟的网络,在业务操作方面更先进、熟练,效率更高。因此,选择规模较大的旅行社可以更好地保障旅游者利益,更让人放心。但是,规模小的旅行社也有自身的优势。如,经营方式比较灵活,在价格、线路、服务等方面可回旋的余地更大。而且,接待旅行社的选择也是一个双向选择的过程,因此,选择接待旅行社时,不能只盯着规模大、实力强的旅行社,而应根据发团旅行社自身的实际情况来选择合适的旅行社。

4. 考察接团记录

发团旅行社可查看接待旅行社的接团记录,从这些记录中可了解接待旅行社的接团经验、对各行程的熟悉程度、服务质量、旅游者评价、奖惩情况,以及是否严格按照发团旅行社拟定的接待标准和计划向旅游者提供服务、是否有良好的信誉等。通过对这些情况的了解、把握,发团旅行社可以从中挑选出接团经验丰富、熟悉接待线路、服务质量优、旅游者评价高、重合同、讲信用的旅行社作为接待旅行社。

5. 考察旅行社的商誉

商誉不好的接待旅行社会给组团旅行社带来很大的负面影响,因此考察接待旅行社的商誉是极其重要的。一个商誉良好的旅行社应该管理有序、操作规范,在旅游者心中有较好的声誉,在业界有良好的口碑,很少发生恶性投诉或债务纠纷,无不良诚信记录。

6.考察接待旅行社的业务能力

包括考察接待旅行社的主营产品、接团经验、服务质量、旅游者评价、年接团量等情况。重点考察接待旅行社主营产品是否与组团旅行社力推的产品一致,是否具备优质接待组团旅行社团队的能力。通过考察,筛选出接团经验丰富、服务质量优良、旅游者评价高、重合同有诚信的接待旅行社备选。

7.审核接待旅行社的报价是否合理

接待旅行社的报价直接关系到组团旅行社的产品成本和经济效益,因此,组团旅行社应在同等条件下选择报价低的接待旅行社作为合作伙伴。但不是报价越低越好,低价极可能导致低质,关键是看报价的合理性,要兼顾团队质量、市场情况、旅游淡旺季、团队特殊性以及双方旅行社合理的收益等因素,从中选择性价比高的报价方开展合作。

8.其他因素

发团旅行社在选择接待旅行社时,还要考虑接待旅行社的报价、接待旅行社对本旅行社及某项业务的依赖性、接待旅行社的发展潜力等因素。接待旅行社的报价直接关系到发团旅行社的成本和经济效益。有些旅行社专门从事某项业务,一般来说,这种旅行社很认真负责,也能够以很专业的操作为发团旅行社完成接待任务。而有的旅行社则经营很多项目,对某一发团旅行社的依赖性非常有限,故服务的积极性也很一般。在选择接待旅行社时,还应注重合作的长期性,以追求长期的最大经济效益为目标。有的接待旅行社一开始并不能很好地完成接待任务,但有合作诚意,有发展潜力,就应考虑将其发展为合作伙伴。

总之,发团旅行社对接待旅行社的选择应该慎之又慎,一个好的接待旅行社不仅能为旅游者提供良好的服务,还能为发团旅行社赢得良好的声誉和回头客源。接待旅行社选择失误,会导致旅游者和发团旅行社的利益受到损害。

(四)接待旅行社的选择程序

接待旅行社的选择是发团管理中的一个重要环节,对整个旅游活动的成功与否,起着关键性的作用。发团旅行社对旅游目的地接待旅行社要多方选择、重点培养,建立长期、稳定的合作关系。发团旅行社在掌握了众多接待旅行社的情况后,要根据本次旅游团的特点和要求,综合考虑各种因素,选择最合适的旅行社作为接待旅行社。如果一个旅游团的旅游目的地不止一个,那么,就会涉及两家以上的接待旅行社,所以,还考虑各接待旅行社之间的衔接和协作等因素。发团旅行社选择接待旅行社的主要方法如下。

1.发放表格

请被选对象填写旅行社基本情况表及导游人员情况表。

2.上门考察

组团旅行社可以组织专业人士赴各地访问备选接待旅行社,实地调查其规模、设备、办公场地、经营制度、纪律、人员素质和作业规范等情况,同时与备选接待旅行社所填表格进行核对;必要时可约见备选接待旅行社的主要负责人、业务员及导游人员,与之深入交谈,以了解该社的经营理念和业务能力。

3.发团考察

发团考察,是一种很实际的考察方式。通过与接待旅行社实际合作,可以获得切身感受和可靠的第一手资料。发团旅行社通过业务联系可得知对方的人员素质、办事效率,通过本社的全陪导游人员,可以了解接待旅行社的导游人员素质、业务水平、接待用车、用餐情况、业务网络的广泛程度等。发团旅行社还可组织专门的考察团,对接待旅行社各方面的情况进行详细的考察。

4.实地考察

发团旅行社可以委派本社经验丰富、资历较深的工作人员赴目的地实地考察,走访当地各接待旅行社,进行比较分析,挑选出满意的接待旅行社建立合作关系。

5.参加旅游行业组织,建立广泛的合作网络

发团旅行社可以积极参加一些旅游行业协会和组织,以获取全面、可靠的信息,结识更多的旅行社和相关的旅游企业,形成广泛的合作网络。这样,才不至于在发团之前匆忙地选择接待旅行社。

三、发团管理的流程

(一)编制旅游计划

1.建立团号

旅游行业人员流动相对频繁,每个旅游工作者都带有原有习惯留下的烙印。很多旅行社编制的团号五花八门,不合理与不规范的现象非常明显。如不改变书写不规范的团号,就无法正确使用网络化管理,引发诸如对账困难、操作繁杂、项目不明、容易混淆等问题。因此,规范的旅行社团号的设定便尤为重要。

(1)设置行程团号

旅游团的建档,首先应建立团号。命名应通俗易记、一目了然。例如:

CEF	110610	TSMH	15	VIP	A
A	B	C	D	E	F

A:三个英文字母代表这个团的英文缩写,CEF 代表中国家庭旅游团。

B:六位数代表该团预定出发日期为 2011 年 6 月 10 日。

C:英文字母代表前往目的地国家或地区的缩写。TSMH 分别代表泰国、新加坡、马来西亚和香港。

D:数字代表该旅游团出游的天数为 15 天。

E:英文缩写代表特别团的意思。VIP 代表贵宾团。

F：如果第一至第五项不变，而在第六项后出现 A 或 B 时，即表示该旅行社有两个以上的旅游团。

（2）旅游团人数的表示方法

人数在规范团号中应如何书写是个很严谨的问题，如果太过随意可能会带来很大的麻烦。

标准规范的人数写法应该如何表示呢？成人有多少人，就用相应的阿拉伯数字表示，1 人就是"1"，10 人就是"10"；儿童写作 1/2，如 4 个儿童写做"4/2"；婴儿在旅游费用的核算中通常是不产生费用的，故用 1/0 表示。则 30 个成人、4 个儿童（其中 1 个是不满 2 周岁的婴儿）、1 个全陪正确规范的写作方式为：30＋3/2＋1/0＋1。

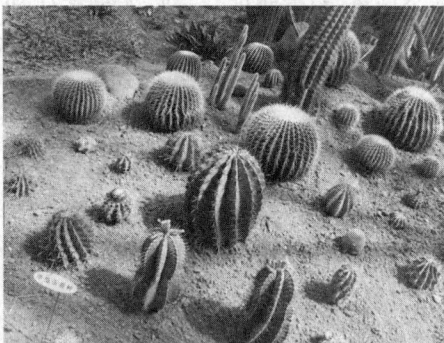

2.编制出队项目明细表，将团队基本情况资料归档

将团队的各项具体事宜制作成团队项目明细表，把团队的基本情况、各种资料归档，便于今后查找和做统计工作。

3.计划登录

将旅游团的团号、人数、国籍、陪同数、抵离时间、住宿饭店、餐厅、参观景点、接待旅行社、接团时间及地点、其他特殊要求等逐一登记在团队动态表中。

（二）发出预报计划

1.计划发送

团队经旅游者确认并交付团费后，发团旅行社就开始作业。首先，是向各地的接待旅行社以传真、电话、邮件等形式预报计划。预报的目的，是为了使接待旅行社将此团纳入该社的计划，要接待旅行社及早订房、订票。预报应尽可能在团队到达前 30 天发出。具体内容包括：团号、旅行团人数、团员构成、行程、抵离时间、食宿要求、标准等。特别应标明离开的交通工具、车次、航班及其他内容，并要求接待旅行社在 3～5 天内予以回复。

计调人员向各有关单位发送计划书，逐一落实如下项目。

（1）用房。根据团队人数、要求，以传真方式向协议饭店或指定饭店发送订房计划书并要求对方书面确认。如遇人数变更，及时做出更改件，以传真方式向协议饭店或指定饭店发送，并要求对方书面确认；如遇饭店无法接待，应及时通知旅游者，经同意后调整至同级饭店。

（2）用车。根据人数、要求安排用车，以传真方式向协议车队发送订车计划书并要求对方书面确认。如遇变更，及时做出变更通知，以传真方式向协议车队发送，并要求对方书面确认。

（3）用餐。根据团队人数、要求，以传真或电话通知向协议餐厅发送订餐计划书。如遇变更，及时做出变更通知，以传真方式向协议餐厅发送，并要求对方书面确认。

（4）返程交通。仔细落实并核对计划，向票务人员下达订票通知单，注明团号、人数、航班（车次）、用票时间、票别、票量，并由经手人签字。如遇变更，及时通知票务人员。

（5）接待旅行社。以传真方式向协议接待旅行社发送团队接待通知书并要求对方书面确认。如遇变更,及时做出变更通知,以传真方式向协议接待旅行社发送,并要求对方书面确认。预报的目的,是为了使接待旅行社将此团纳入该社的接待计划,要接待旅行社及早订房、订票。预报应尽可能在团队到达前30天发出。通常用传真或电传形式预报计划,紧急情况也可先用电话预报,后发传真。

2. 计划变更

(1)组团旅行社方面的原因

组团旅行社未能按计划招徕到足够的旅游者人数,在旅游团预定的出发日期前不能成团或在旅游团启程时原参团的人因各种原因(生病、死亡、家庭变故等)而临时退团,使旅游团原定人数减少或者旅游团出发前有人加入旅游团而使旅游团原计划的人数增加。还有旅游团性质发生变化,如,原计划的散客包价旅游团因新的旅游者加入而变成团体包价旅游团,原计划的豪华团变为经济团等。

上述原因使得接待旅行社在安排旅游团的饭店客房、餐食和旅行交通工具等方面均须作出相应调整。

(2)接待旅行社方面的原因

①目的地交通情况变化使旅行社制订的旅游计划发生变更,如,民航部门因气象条件恶劣或机械故障,决定推迟航班的起飞时间或取消航班的飞行,使旅行社无法按照原定计划组织旅游者前往下一站旅行,因而被迫改变旅游计划。

②接待旅行社工作上的差错或失误引起的旅游计划的变更,如导游人员对旅游活动安排不当或疏忽导致旅游团误机等。

(3)旅游团方面的原因

旅游团在旅游过程中,个别旅游者因突发状况而中止旅行或要求提前退团引起旅游团人数的变化,也需旅行社对旅游团的住房、交通工具等进行调整。

(4)不可抗力的原因

不可抗力,包括气候突变(如暴风雪、沙尘暴等)、自然灾害(如洪水、地震、泥石流等)、疫病流行、政治动乱和恐怖活动等。它们常迫使旅行社变更其原先制订的旅游计划。如果旅游行程或旅游人数有变化,应及时书面告知接待旅行社并要求对方书面确认。

第四节 计调接团管理

一、接团管理的内容

接待计调人员务必制订好工作计划,确保团队操作的得心应手。具体准备应从以下几方面着手。

(一)建立房源档案

国内旅游团主要以二星级、三星级饭店为主,适当寻找一些有特色或特价的四星级、五星级饭店;国际入境团偏重四星级、五星级高档次饭店。计调人员收集团队房信息,可由导游人员、同业、网络、订房中心提供，也可由饭店推荐或是朋友介绍。同时要注意查看、对比、甄选、签约，制定主攻方向，建立协作关系，最关键的是诚信。

（二）建立车队档案

联系车队时，应以享有客运行驶、省际交通营运资质的大中型车队为主，辅以私人车队。收集车队信息，可从景点停车场、团队饭店停车处、导游人员推荐、同行提供等处获得。同时要查看车型、车况、司机的驾车年限、行车线路的熟悉度等。

（三）建立景区档案

景区档案的建立，应以本地区常规景点为主，周边景区为辅。

（四）建立团餐档案

国内旅游团接待以低价团餐为主，入境团以特色风味团餐及就餐人员不多的定点团队用餐餐厅为佳。

（五）建立购物店档案

购物店应分地区归类，按客源归档，以实用易销产品为主。

（六）建立交通档案

交通档案的建立主要以机票、火车票为主，适当收集一些具有票务优势的专业人员信息，以备急用。

（七）建立导游人员档案

导游人员档案的建立主要以专职导游人员为主，适当找些新导游人员以备急用。

（八）建立协作档案

协作单位主要以周边城市的协作旅行社为主，应选择质量好、价格低并能调配资金流动的旅行社。

（九）建立保险资料档案

保险资料主要以国内各大保险公司、保险险种、保险范围为主。

二、接团管理的原则

旅游者是旅行社的生命线，旅行社只有从旅游者的利益和要求出发，以一切可能的手段满足其愿望和要求，才能赢得旅游者的信任和光顾，从而保证经济效益。反之，如果旅行社企图通过欺诈、不公平交易等手段来赚取不义之财，虽然在短期内可以获得一些经济利益，但是却可能永远地失去商业信誉，失去顾客，从而断送了业务生命。为了维护旅游者的合法权益，旅行社在服务质量方面有一些自律的基本要求。

（一）安全性

旅行社向旅游者提供的旅游产品应有安全保障。国务院 2009 年发布的《旅行社条例》第三十九条规定，"旅行社对可能危及旅游者人身、财产安全的事项，应当向旅游者作出真实的说明和明确的警示，并采取防止危害发生的必要措施。发生危及旅游者人身安全的情形的,旅行社及其委派的导游人员、领队人员应当采取必要的处置措施并及时报告旅游行政管理部门;在境外发生的,还应当及时报告中华人民共和国驻该国使领馆、相关驻外机构、当地警方。"

(二)适应性

适应性是指旅行社提供的旅游产品能适应旅游者需求特性的总和。旅游产品符合旅游者的愿望,突出地方和民族特色,满足不同消费层次的需求,为旅游者喜闻乐见。

(三)合理性

旅行社提供的旅游产品应内容丰富、行程合理、组织连接性强,在旅游行程的安排上应留有一定的余地。

(四)经济性

经济性是指旅行社提供的旅游产品属性与旅游费用之比。旅游服务是一种消费品,旅游者希望用较低的费用得到较大的愉悦满足,旅行社则希望以较小的成本获得较高的收益,市场竞争结果将使旅游服务的性价相符。性价比越高,越经济,旅游者得到的实惠越多。

(五)履约性

旅行社对所提供的产品应确保完全履约,发生意外情况时有应急对策。

(六)信誉度

旅行社的信誉度是公众对旅行社的评价。旅行社信誉主要是通过履行旅游合同的结果逐渐形成的。若能如实履行合同的约定,自然会有可信度,长期坚持下去,就会树立起良好的信誉,并且成为吸引旅游者的重要因素。

三、接团管理的流程

接团工作的开始,往往是旅游者真正意义上旅游的开始。此后,旅行社将从多方面为旅游者提供服务,旅游者与旅行社的接触也随之增加。旅游者将根据旅行社为其提供的各类服务的质量,对旅行社做出评价。因此,接团工作的好坏,直接关系到旅行社的知名度和美誉度,进而影响到旅行社的经济效益与社会效益。为此,旅行社必须严格按照服务流程进行接团管理,同时,协调好与相关单位的合作关系,以顺利完成接团任务。

(一)准备阶段

接团计划,是旅行社落实各项旅游服务的文字依据,是组团旅行社与接待旅行社的财务依据。做好接团管理首先要管理好接团计划。

1.制订接团计划

当接待旅行社接到组团旅行社发来的预报计划传真后,首先应根据团队的基本情况和要求制订出一份周详的接待计划,包括游程安排、团队成员背景资料和团队基本情况及要求三部分。其中,游程安排须写明全程游览线路,出入境日期、地点、车次或航班,出境机票的票种,国内旅游点之间使用的交通工具种类及抵离时间、地点,各地主要游览项目等。团队成员背景资料,应显示每个团员的姓名、性别、年龄、职业、宗教信仰等。团队基本情况及要求,应包括组团旅行社名称,旅游团名称、代号和电脑序号,领队姓名,国别和语种,收费标准或团队类别等级,各住宿地饭店名称,团队成员的特殊要求和结算方式等。

计划制订后要进行分类,确定不同的工作重点。例如,若是为进行医疗保健、宗教朝圣、商务会议等目的来旅游的专业旅游团,除做好一般的旅游活动安排之外,还要尽早和有关部门取得联系,安排好专业活动的时间、地点、用车,甚至要做好为会议团编印会议通知、在饭店或机场设服务台等事宜。

2. 合理安排旅游日程

接待旅行社要注意进行合理的日程安排,导游人员在具体接团过程中,可以作适当变更,安排日程时要注意以下几点。

(1)日程安排要留有余地,有张有弛,一种活动量大的项目之后,要安排另一种较为轻松的游览项目或提供一段休息时间,以使旅游者体力、精力得到恢复,提高游兴,也可避免因过度劳累而患病等问题。

(2)充分考虑旅游团自身的特点,若是旅游团中以老年人居多,应注意不要安排过多项目,节奏要放慢;年轻人多的旅游团则可多安排一些项目,每个景点停留的时间可不必太长,如果旅游团有特殊要求,还要进行一些不同的项目安排。如接待宗教朝圣的旅游者,去寺庙或教堂的活动安排要偏重。

(3)适当为旅游者空出一些自由活动的时间。如下午或晚上时间,这样可以让旅游者能更深入地了解当地居民生活。注意不要安排旅游者到治安条件不好、复杂混乱的地方自由活动。

3. 做好预订工作

按照接团计划向票务处发送机、车、船票的订票通知单;按计划要求预订各团队的住房,并与饭店核对订房计划;按团队抵离时间安排市内用车;按计划要求合理安排团队的订餐、购物和活动;按团队要求安排文艺节目及其他娱乐活动。最后将所有经过落实的计划汇总,向有关接待部门下达接待通知。如接待计划发生变更,应按业务流程逐一下达变更通知。

4. 安排合适的接待人员

接待计划制订好以后,应根据旅游者的国籍、年龄、特殊要求等,精心配备合适的导游人员,若选择不当,则可能造成接待中的失误。所以计调人员须全面了解导游人员的性格、能力、外语水平、身体状况等情况。如果接待学术团,应选择在相关领域有一定知识、经验丰富的导游人员,使导游人员与旅游者有更多相同的话题,让旅游者在旅游过程中更加轻松愉快。对一些重点团队,计调人员更不能掉以轻心,一定要选派接待经验丰富的导游人员;对特别重要的团队,除选派优秀导游人员外,旅行社各级主管还可直接参与接待。针对不同的对象,适当挑选接待人员,有利于更好地为旅游者提供服务。

5.适时检查与监督

计调人员还要注意对接团计划进行检查或抽查;特别对重点团队及新手制订的接待计划更要注意改进不足之处,及时落实房、餐等预订;同时还要对准备工作做得不充分及经验不足的导游人员进行督促与指导,以利接团工作的顺利进行。

(二)接团阶段

接团阶段是旅行社接团管理工作中最重要的部分,由于导游人员独自在外带团,流动作业,旅行社往往很难对接团质量加以有效控制,而一些问题与事故的发生也往往产生于这一阶段。所以接团阶段的管理,是整个接团管理中最困难的一部分。旅行社接待部门应重视加强对这一阶段的管理。其主要内容包括以下几个方面。

1.抽查或检查接团工作的落实情况

接团工作独立性强,接团人员特别是导游人员,应具有较高的独立工作能力与应变能力。接团人员尤其是对业务不够熟悉的新导游人员,在遇到计划变更和发生事故等情况时,要及时向旅行社请示汇报,使问题得到及时正确的处理。旅行社要制定合适的请示汇报制度,既给接团人员以一定的权力,保证工作及时完成,又要有一定的限制,以免由于个人能力所限而造成处理不当。

2.抽查监督接团计划的落实情况

计调人员可以随时与接团人员或者相关景点、饭店联系,了解检查接团工作的进展情况,以保证服务质量。还可亲自到旅游景点或饭店等地检查导游人员的接团情况,向旅游者了解接团质量与计划的安排,以获取各种反馈信息。这种方法可直接、快速地了解接团计划的落实情况,有利于改进接团服务质量。

3.及时处理出现的问题和事故

接团过程中,由于种种原因,常会出现一些责任性或非责任性事故,如漏接、错接、误机、旅游者丢失证件、财物,走失或患病、死亡等。旅行社一方面要制定标准化服务规定,避免事故发生;另一方面,事故发生后计调人员要帮助接团人员处理这些问题,涉及计划变更的,旅行社要做好退订,办理分离签证等手续,并及时通知下一站接待旅行社,以维护旅游者利益,尽可能减少损失。

(三)结束阶段

结束阶段的管理,主要是对接团的经验和教训加以总结,以提高工作效率和服务水平。

1.建立健全接团总结制度

为了提高今后的服务质量,旅行社应建立完善的接团总结制度。如要求导游人员写出接团工作汇报,内容包括团队基本情况、旅游者特点及表现、接团中发生问题的原因及处理方法、工作中的收获与经验教训、留有什么有待解决的问题等。发生重大事故,计调人员要将有关事故的全部调查材料及善后处理措施、意见等整理成文并归档,以备查询。计调人员还应对陪同日志和接待记录表进行抽查,及时了解接待情况,以便发现问题,采取补救措施。

2.及时收集反馈信息

旅行社可分发给导游人员接待质量调查表,请旅游者填写,收集旅游者对接待服务中食、住、行、游、购、娱等活动的意见和建议,了解旅游者对服务质量的直接感受及旅游需求,对旅行社制订的计划及服务水平加以改进。

3.处理旅游者的表扬与投诉

表扬,是旅游者对接待人员工作的肯定,旅行社可以对优秀接待人员及其事迹进行宣扬,在工作人员中树立榜样,促进服务人员素质的提高。投诉,则是旅游者对服务质量表示的不满,正确处理投诉,不仅可以补救工作失误,取得旅游者谅解,而且可以教育工作人员。对犯有严重错误的导游人员,旅行社还要做出必要的处罚。

旅行社接团工作涉及范围非常广泛,不仅要依靠计调人员,还需要交通、餐饮、景点乃至保险公司、海关等其他单位的合作。这些单位共同构建了旅游接待的网络,是整个旅游接团服务中不可或缺的组成部分。

第五节 计调投诉管理

由于我国目前的旅游产品结构,主要以全包价团队旅游产品为主,旅行社为旅游者提供的,是一个包含了食、住、行、游、购、娱六大服务要素的综合旅游产品,旅游者通过购买旅行社的旅游产品来满足自己的旅游需求。当旅游者认为所付出的费用和得到的旅游服务质量不成正比时,即旅游者得到的旅游体验和他原来的旅游期望值出现较大差异时,就会产生投诉。由于全包价旅游产品涉及的环节众多,在旅游服务过程中只要任何一个环节的服务出现问题,都会导致旅游者的投诉,旅游投诉也成为旅行社界最头疼的问题之一。

一、处理好旅游投诉的重要意义

旅游者的投诉不仅意味着自己的某些旅游需求没有得到满足,而且投诉也是旅游者对旅行社服务产品质量和管理工作质量的一种劣质评价。作为一个旅行社企业的从业者,任何员工都不希望自己的工作被旅游者投诉,这是人之常情。有时旅游者投诉的并不是旅行社的直接服务,而是旅行社代为采购的旅游要素。虽然旅行社对此没有直接责任,但却是对旅行社采购管理体系提出的更高的要求。没有不被旅游者投诉的旅行社,即使中国乃至世界上最著名的旅行社也都遭遇过旅游者的投诉。成功的旅行社善于把投诉的消极影响转换成积极作用,通过处理投诉来改善企业的服务质量控制体系,防止投诉的再次发生。因此,要正确认识旅游者的投诉行为,采用积极的心态来看待这个让业界同仁头疼的问题,不仅要看到投诉对企业的消极影响和由此带来的损失,更重要的是把握投诉对旅行社隐含的积极的一面,变被动为主动,变消极应付为主动预防。

(一)投诉是提高旅行社服务质量控制体系的推动力

旅游投诉,简而言之就是对人或物的投诉,对人的投诉,主要体现在对直接提供旅游服务的工作人员服务态度和服务能力的投诉;对物的投诉,则主要体现在旅行社所采购的旅游要素未达到承诺的规格或者存在着功能性的缺失,如饭店标准和旅游产品中承诺的规格不符、卫生状况不达标、餐饮质量不好、旅游车空调不能启动等,都属于典型的对物的投诉。从旅游产品销售人员、接受旅游者报名的接待人员、组团旅行社全陪或领队、接待旅行社导游人员等旅行社工作人员,到旅游要素的饭店服务人员、餐馆服务人员、景点讲解人员、旅游交通用车的司机、旅游购物商店的服务员、旅游娱乐场所的服务人员等,在旅游者旅游全过程中为旅游者提供直接服务的工作人员的工作态度、工作效率、服务质量和效果等,都可能直接引发旅游者投诉行为的产生。

旅游者投诉,客观上是旅行社服务质量控制体系的晴雨表。通过投诉,旅行社可以及时发现自己不易发现的工作漏洞。如果投诉集中在本企业服务人员身上,则说明需要对旅游销售人员、接待人员和导游人员等进行服务意识的培训;如果投诉集中在合作伙伴或采购服务要素服务人员的服务态度上,则需要考虑是否应该更换合作伙伴;如果投诉集中在饭店、餐馆、旅游购物商店等旅游要素的功能性不足上,则需要反思企业采购体系的控制过程。总而言之,通过对投诉的处理,可以鞭策旅行社及时堵塞漏洞、对症下药,解决可能是长期以来一直存在着的严重影响企业声誉的工作质量问题。即使是碰到了部分旅游者的有意挑剔、无理取闹,旅行社仍可以从中吸取教训,为提高经营管理质量积累经验,使质量控制体系不断完善,服务接待工作日臻完美。

(二)投诉是旅行社挽回自身声誉的机会

旅游者在旅游过程中对享受到的服务不满、抱怨、遗憾、生气、动怒时,可能会投诉,也可能不愿投诉。不愿投诉的旅游者可能是不习惯以投诉方式表达自己的意见,他们宁愿忍受当前的境况;另一种可能是认为投诉方式并不能帮助他们解除、摆脱当前不满的状况,得到自己应该得到的利益。还有一种可能是怕麻烦,认为投诉将浪费自己的时间,使自己损失更大。这些旅游者尽管没有去投诉,但他们会通过其他途径发泄不满,例如,旅游者可能自我告诫,以后出游时再也不找这家旅行社,或向亲朋好友诉说这次令人不快的旅游经历。这就意味着旅行社不但永远失去了这个旅游者,而且可能会造成一系列负面的连带效应。

二、旅游投诉表达方式

(一)向导游人员投诉

这类旅游者认为,自己受到了不公正的待遇,旅行社未能满足自己的要求和愿望,希望得到某种程度的补偿或者希望在未完成的旅游服务过程中能有所改进,以挽回自己的损失。如某北方旅行社旅游团在上海旅游时,向导游人员投诉说饭菜质量较差,根本吃不饱。导游人员及时向接待旅行社反映了旅游者的意见,在后面的行程中增加了面食品种,菜肴的质量也有所提高,而且由部门经理出面向旅游者敬酒。旅游者对旅行社的快速反应非常满意。

(二)向组团旅行社投诉

选择这种投诉渠道,往往是因为旅游者在旅游过程中向导游人员或全陪反映的问题没有得到有效的答复,投诉内容往往与饭店、餐馆、购物商店及用车等旅游要素的功能性缺失有关。在这些旅游者看来,既然问题在旅游途中没有得到解决,旅游结束之后组团旅行社一定要给以恰当的说法和合适的补偿。如果接待旅行社没有采取及时的补救措施,旅游结束后旅游者一定会向组团旅行社投诉,请求给以餐费补偿。那么,组团旅行社肯定要追究接待旅行社的责任,从应该支付给接待旅行社的团款中扣除相关款项,作为给旅游者的赔偿金,而且从改进旅游服质量的角度出发,组团旅行社会考虑更换合作伙伴。

(三)向社团组织投诉

此类旅游者具有较强的维权意识,在向接待旅行社和组团旅行社投诉后,没有得到有效的答复,或者旅行社给予的赔付标准低于自己的心理预期,便向消费者协会投诉,有时还利用新闻媒体的力量向旅行社施加压力,希望利用社会舆论的作用促使旅行社以积极的态度去解决当前的问题,以求得到自己预期的补偿。

(四)向主管部门投诉

旅游者向旅行社投诉得不到理想的答复,绝大多数旅游者便会向旅游质检所投诉,希望旅游质检所根据自己的投诉请求,从旅行社质量保证金中给予自己理想的补偿。旅游质检所接到投诉后会进行相应的调查,确认旅游者投诉是否属实,并有权根据《旅行社质量保证金赔偿试行标准》给予旅游者相应的补偿。

(五)向法律机关起诉

据不完全统计,旅游者很少采用法律诉讼的方式进行投诉,只有在发生了严重的服务质量事故,并在通过上述四种途径进行投诉均得不到自己预期的赔偿标准时,才会运用法律诉讼的方式起诉旅行社。例如,某旅游团在我国南方某景点旅游时,由于雨天路滑,发生了交通事故,造成几十位旅游者受伤,由于旅行社和旅游汽车公司提出的补偿方案不能满足旅游者的要求,旅游者便聘请律师将旅行社和旅游汽车公司送上法庭,通过法律途径获得了自己预期的赔偿标准。

综上所述,站在维护旅行社声誉的角度去看待旅游者的投诉方式,便不难发现,旅游者直接向旅行社投诉是对旅行社声誉影响最小的一种方式。此时,旅行社若能接受旅游者投诉,则能抑制有损旅行社声誉的信息在社会上传播,以免使政府主管部门和公众对旅行社产生不良印象。从保证旅行社长远经营的角度出发,旅行社(尤其是接待旅行社)接受旅游者投诉,能防止因个别旅游者投诉而影响到旅行社与重要组团旅行社客户的业务关系,防止因不良信息传播而造成对旅行社行业客户及旅游者的误导。直接向旅行社投诉的旅游者不管其投诉的原因、动机如何,都给旅行社提供了及时做出补救、保全声誉的机会和做出周全应对准备的余地。正确认识旅游者投诉对旅行社经营管理的积极作用,可为正确处理旅游者投诉奠定基础。总之,"闻过则喜"应成为旅行社接待旅游者投诉的基本态度。

三、投诉的基本类型

在具体的旅游投诉处理过程中,旅游者一般首先是向接待旅行社的导游人员和组团旅行社的全陪或领队投诉,如果投诉得不到解决,才会向旅行社的管理人员投诉。因此,接待旅行社和组团旅行社的导游人员或领队,要对以往处理各种旅游者投诉的案例进行及时总结、合理分类,尤其需要了解投诉旅游者的心理活动,以便运用投诉处理技巧妥善处理投诉,尽量为旅行社减少损失。根据旅游者投诉的不同内容,一般可以分为如下几种类型。

(一)对旅行社工作人员服务态度的投诉

不同消费经验、不同个性、不同心境的旅游者对旅行社服务人员(销售人员、接待人员、导游人员等)服务态度优劣的敏感度和甄别评价虽然不尽相同,但评价标准不会有太大差异。对受尊重需要比较强烈的旅游者往往以服务态度欠佳作为投诉内容。一般情况下,旅游接待人员待客不主动,会使旅游者产生被冷落和怠慢的感受。旅游者往往选择换另外一家旅行社报名参团旅游,只有少数旅游者会向旅行社投诉。对旅行社工作人员服务态度的投诉,主要集中体现在对导游人员的投诉上。例如,导游人员带领旅游者进入景点之后,让旅游者自行游览,不作讲解或讲解简单,不能让旅游者满意;当旅游者向导游人员提出改进服务的要求时,导游人员的态度粗暴无礼,或辱骂旅游者;导游人员在旅游者游览途中无故甩团等。

(二)对旅游过程中服务效率低下的投诉

在旅游旺季,尤其是旅游黄金周期间,旅游者很容易对旅游过程中的服务效率进行投诉。例如,由于接待工作压力大,旅游者在餐厅不能准时用餐;旅游者抵达饭店后迟迟不能入住；旅游者在旅游目的地或景点游览结束后，等候旅游用车的时间太长；航班延误导致旅游者不能按时启程等，都属于对旅游服务效率的投诉。

(三)对旅游要素货不对路，或出现硬件功能性故障的投诉

由于黄金周等旺季旅游期间，饭店、旅游车等旅游要素供应紧张，有时旅行社没有征得旅游者的同意，便擅自降低饭店星级或旅游用车标准，旅游者发现货不对路即提起投诉，或者因饭店设施设备使用不正常、不配套，如客房空调控制、排水系统失灵，旅游车的空调系统不能正常工作或在赶往景点的途中抛锚等，影响了旅游者旅游体验的实现，也是旅游者投诉的主要内容。

(四)对服务方法欠妥的投诉

因服务方法欠妥，而对旅游者造成伤害或使旅游者蒙受损失。如，旅游团住宿的饭店夜间大堂地面打蜡时，不设护栏或标志，致使旅游者摔倒；导游人员为了取悦旅游者，讲一些低级趣味的笑话导致旅游者反感；导游人员为了让旅游者购买纪念品，在旅游购物商店停留时间过长等。

(五)对旅行社违约行为的投诉

当旅游者发现自己的旅游行程和签约时的旅游行程不同，旅游目的地的著名景点未安排游览，却安排了不少自费游览项目或更换了住宿饭店等，旅游者就会产生被欺骗、被愚弄、不公平的愤怒心情，而导致投诉。

(六)对旅游商品质量的投诉

旅游者到异地旅游，一般都要购买部分具有当地特色的商品，作为纪念品珍藏，或作为礼品馈赠亲友。因此旅游购物是旅游者非常重要的一项活动。旅行社为旅游者安排的大多是出售当地特色商品的商店，部分旅游购物商店为了获得稳定的旅游者来源，给导游人员以巨额回扣，这就使出售的商品无法得到相应的质量保证，往往会出售一些假冒伪劣商品。旅游者回国后，经过鉴定知道了自己购买了假冒伪劣的旅游商品，必然会心生怨气，对旅行社进行投诉。

(七)旅行社原因导致的其他类型的投诉

由于旅行社没有及时提醒，导致旅游过程中旅游者物品丢失；导游人员或旅游接待人员不熟悉业务，一问三不知；散客拼团时，由于批发商对各零售商(组团旅行社)缺乏价格控制力，导致零售价格差异很大，旅游者对同一旅游产品的价格差异不满；对旅行社管理人员对投诉的处理有异议等。

四、投诉产生的原因分析

旅游者的投诉往往是由旅行社工作上的过失或旅行社与旅游者之间的误解、不可抗力或某些旅游者别有用心等原因造成的。

（一）旅行社方面的基本原因

（1）旅行社管理方面的原因。例如，旅行社内部管理混乱，员工业务水平低，工作不称职，不负责任，岗位责任混乱，经常出现工作过失；部门之间缺乏沟通和协作精神，管理人员督导不力；对旅游者不够尊重等。

（2）由于不可抗力或航空、铁路、旅游车公司等大交通单位临时毁约，或者由于不可抗力因素，致使航班取消，导致旅游者无法出行。

（3）接待旅行社在旅游旺季时接待的旅游者数超过了自己的接待能力，导致接待质量下降。

（4）饭店、餐馆、旅游汽车公司、景区等旅游要素单位，履约合同不够严谨，造成旅游产品手册中的旅游内容不能实现等。

（二）旅游者方面的原因

旅游者方面的原因，表现为对旅游的期望值较高，一旦现实与期望相去较远时，则会产生失望感；对旅行社产品宣传内容的理解与旅行社有分歧；旅游者未听从导游人员的劝告，由于擅自行动而掉队，导致旅游行程未能如期完成；当然也不排除个别旅游者别有用心，对旅行社工作过于挑剔等。

（三）旅游产品设计和旅游接待服务流程的原因

1. 组团旅行社的原因

（1）组团旅行社销售人员的产品说明夸大其词，不负责任地许诺，使旅游者想象的与实际感受到的服务有差距。

（2）组团旅行社销售人员粗心大意，不按接待旅行社确认的服务标准和内容介绍给旅游者。

（3）除合同规定的服务内容外，组团旅行社临时要求增加额外的无偿服务。

（4）组团旅行社财务状况不好，恶意拖欠款，引起接待旅行社扣团之类的恶性纠纷发生等。

（5）组团旅行社的全陪不能正常维护旅游者利益，或与接待旅行社导游人员的沟通出现问题，导致服务质量下降。

（6）组团旅行社工作失误，出现机票差错，造成误机，导致旅游者无法出游。

（7）组团旅行社将机、船、车的到达时间弄错，造成接待旅行社发生漏接、错接事故。

（8）组团旅行社没有听从接待旅行社无法接待或出现不可抗力的劝阻、警告，强行出团。

2. 接待旅行社的原因

接待旅行社承担着旅游者在旅游目的地的所有旅游接待任务，涉及旅游的六大要素，主要的投诉一般都是发生在接待旅行社身上。因此，接待旅行社的质量控制问题就显得非常重要。因接待旅行社工作失误或上下衔接不畅而导致的投诉原因，见表6-9。

表 6-9　　　　　　　　　旅游者对旅行社投诉原因汇总表

投诉阶段	投诉原因
接送团队时	①漏接、漏送及错接团队 ②旅游车在途中发生突然故障,或发生出乎预料的严重堵车等交通状况 ③导游人员迟到或提前送团,造成旅游者没人管
入住饭店时	①饭店标准与计划不符,旅游者拒绝入住 ②无房,漏订饭店,或饭店无故取消房间,旅游者不能入住饭店
团队用车时	①无车 ②接待用车与计划不符 ③车况不好、冷气不够、音响效果差 ④意外事故,如车祸、抛锚等 ⑤司机态度不好,不负责任 ⑥司机套车 ⑦合资、进口、国产、豪华、新旧程度等概念产生的歧义冲突
用餐时	①不能按时用餐 ②数量不足,质量差 ③不合旅游者口味 ④风味餐价格过高,尤其是海鲜餐变成"冰鲜餐"
参观游览时	①漏景点 ②导游人员不讲解或旅游者对导游人员的讲解不满意 ③游览时间不够 ④旅游者走失 ⑤旅游者受伤
旅游购物时	①购物时间过长 ②旅游者不愿意购物而被强迫购物 ③增加计划外购物点
回收意见表时	①导游人员向旅游者回收的意见表的数量不足整团人数的30％ ②旅游者对导游人员有意见时,导游人员只收回与其关系好的旅游者的意见表 ③有的旅游者填写意见表全都是满意,但是回家后就找组团旅行社的麻烦,投诉接待服务质量
借用外社导游人员时	①外社导游人员不了解本社的制度和操作程序 ②不负责任,急功近利 ③抢客户
接待连线团时	①由于上段接待旅行社的原因造成旅游者不满,而未引起本社足够的重视 ②没有提供更好的服务和安慰工作
意外事故发生后	①导游人员没有及时处理和报告 ②旅行社领导不重视,未及时、妥善地处理事故
投诉发生时	①导游人员不及时报告或隐瞒真相 ②接待旅行社推诿责任、不重视、不处理

3. 外部合作引起的投诉(表 6-10)

表 6-10　　　　　　　　　旅游者对接待单位投诉原因汇总表

被投诉部门	投诉原因
航空公司	①航班时刻随意调整 ②错订、漏订机位 ③预订机位不及时确认 ④随意取消机位
游船公司	①未经旅行社同意随意更换旅游者的舱位 ②提前抵达目的地后,驱赶旅游者下船
火车站	①预订的车票,临时取消 ②铺位的分配引起纠纷,一个团队全是上铺
景区景点	①节日期间不开放 ②提前关闭 ③门票临时涨价 ④强行出售套票
旅游购物	购物商店出售质次价高的旅游纪念品
饭店	①取消预订房间 ②临时上涨房价 ③随意调换不同等级的客房 ④不按时供应热水 ⑤物品损坏没有及时维修和更换 ⑥卫生条件差,有蚂蚁、蟑螂等 ⑦旅游者遗失物品和物品被盗
社会治安	①旅游者被抢劫 ②旅游者斗殴 ③旅游者违纪或违法
不可抗力因素	①因遇恶劣的气候,如台风、暴雨、大雾,影响飞机、船舶的抵离,进而影响团队的行程,或提前、或推迟、或滞留 ②运输单位罢工或破产

五、旅游投诉处理的原则和流程

(一)旅游投诉处理的原则

1. 宾客至上原则

处理投诉的时候应该秉承宾客至上的原则,对旅游者的投诉持欢迎态度,迅速接受旅游者的投诉。旅游者对旅行社的服务不满意,产生投诉是正常的。他们来投诉,就是希望旅行社管理人员能够帮助他们解决问题。此时,旅行社接受投诉的计调人员,应该认真听取旅游者的意见,表现出愿意为旅游者排忧解难的诚意,对他们的失望和痛心好言安慰、深表同情;对他们的失控言行豁达礼让、充分理解,争取完满解决问题。对于绝大多数投诉的旅游者来说,投诉的目的,并不一定就是要获得物质上的补偿。在处理投诉过程中,计调人员能以最佳的服务态度对待投诉人,这对通情达理的旅游者而言,某种程度上应该说也是一种补偿。

2. 双赢原则

计调人员在处理投诉时,身兼两种角色。首先,他们是旅行社的代表,代表旅行社受理投诉,因此不可能不考虑本企业的利益。但是,只要他们受理了旅游者的投诉,也就同时成了投诉人的代表。他们既代表旅行社,同时也代表投诉人去调查旅游者投诉事件的真相,给旅游者以合理的解释,为旅游者追讨损失赔偿。旅游者直接向旅行社投诉,这种行为反映了旅游者相信旅行社能公正、妥善地解决当前问题。为回报旅游者的信任,以实际行动鼓励旅游者这种到企业投诉的行为,旅行社工作人员必须以不偏不倚的态度,公正地处理投诉。很多旅行社企业往往认为,旅游者投诉就是要获得经济上的补偿,往往以消极的态度处理投诉,能拖就拖,希望让旅游者的投诉不了了之。这样的做法往往会激怒旅游者,促使投诉升级,一部分旅游者可能会采取向旅游质监所或消费者协会投诉的方式来发泄自己的不满,这种投诉一旦生效,旅行社的经济损失可能会更大;而且,这部分旅游者以后再也不会购买被投诉旅行社的产品,还会劝告其亲朋好友也不要购买,导致旅行社的口碑受损。因此,旅行社在处理投诉时应该坚持企业和旅游者双赢的原则。

3. 投诉有效原则

计调人员接受旅游者投诉后,要认真听取客户的投诉情况,并立刻调查核实,坚持以事实为基础,以《旅行社质量保证金赔偿试行标准》为依据,把投诉处理的结果尽快通知旅游者。如果属于旅游者和旅行社之间的误会,应该向旅游者作出详细的说明;如果是旅行社的工作失误,就需要给予旅游者一定的经济补偿,要和旅游者达成赔付协议,赔理、赔笑、赔钱,让旅游者因不满而来,因满意而归,不把投诉问题带回到客源地。这是对接待旅行社处理投诉的基本要求。只有这样,才能稳固接待旅行社与组团旅行社之间的合作关系。

(二)投诉处理的流程

(1)感谢旅游者的投诉,迅速受理,绝不拖延,尽量缩短投诉人等待的时间。

(2)要倾听旅游者的投诉,对旅游者的遭遇表示同情,绝不争辩。旅游者在投诉时多带有强烈的感情色彩,具有发泄性质。因此,计调人员要平息旅游者的怨气,在其盛怒之下,需要好言安抚,采取低姿态稳定旅游者情绪,尽量劝其理智地分析问题。如果是投诉人的理解错误,应该耐心解释,给旅游者一个台阶下,切勿冷嘲热讽。

(3)澄清问题,用开放式的思维模式引导旅游者讲述事实,提供材料。旅游者讲述中,计调人员应善于理顺问题的脉络,准确把握问题的关键;旅游者讲完后甚至可以要求旅游者写出书面材料,以证实旅游者提出的问题,绝不可回避问题。

(4)调查核实,收集资料,搞清事实,分析定责,以事实为依据,以《旅行社质量保证金赔偿试行标准》为准绳。如果计调人员在自己权限内无法与旅游者就投诉处理结果达成一致,应让投诉人与主管领导接触。

(5)征求投诉人意见,提出补偿措施,达成补偿协议,由双方签字确认,再次感谢客户给予旅行社一个改进服务的机会。

(6)迅速采取补偿行动,如有必要可以主动送款上门。

(7)建立旅游者投诉记录,分析存在的不足,并立即改善。

(8)投诉处理结束后,应在一个月内上门回访,消除旅游者不良的心理影响。

六、旅游投诉处理的注意事项

处理投诉时,由于面对的是旅游者情绪化的反应,所以计调人员应时刻注意保持冷静和理智,尤其是面对一些具有特殊背景的旅游者的无理要求时,更应该控制自己的情绪,适当运用一定的语言技巧,尽量争取使投诉得到圆满解决。

(一)掌握投诉处理的技巧

旅游者投诉并非是对计调人员有意见,而是对旅行社提供的旅游服务不满意。但在投诉人情绪不稳定的情况下,有时会把矛头指向计调人员。如果计调人员进行还击,往往会演变成相互之间的人身攻击,不利于投诉的有效解决。所以计调人员在处理投诉时要注意说话不触及个人,不进行人身攻击,即使旅游者说了难听的话,也应保持冷静。

(二)征求旅游者的意见

征求意见,是为了让旅游者感到自己的人格受到了尊重,意见得到了重视。征询意见的目的是要了解旅游者的实际想法,为妥善处理投诉问题营造良好的协商氛围。

(三)礼貌的重复

当顽固型旅游者坚持其无理的赔付要求时,计调人员应该告诉旅游者,我能做什么,而不是我不能做什么,要不断地重复这一点。

(四)处理投诉时自我情绪的控制

在接受旅游者投诉时,尤其是碰到顽固型旅游者的投诉时,计调人员容易出现疲劳、烦躁、沮丧的心理状况,这时应该及时地调整自己的情绪,要控制住局面,使旅游者放松,缓和他的激动心情,以便于投诉的有效解决。

思 考 题

一、名词解释

计调采购业务　集中采购　发团管理　接团管理

二、简答论述

1.简述旅行社建立采购协作网络的原则。

2.简述旅行社常见的客户管理方式。

3.简述旅行社集中采购的方法。

4.论述正确处理"保证供应"和"降低成本"的关系。

三、实训项目

撰写旅游预报计划、变更通知、正式计划。

1.实训目的

让学生熟悉发团业务的工作流程以及发团过程中相关文本的拟定和使用。

2.实训地点

实训室或机房。

3.实训步骤

(1)以情景模拟的形式进行;

(2)设计组团旅行社计调人员、接待团计调人员若干;

(3)组团旅行社计调人员据此拟定旅游预报计划,并发往接待旅行社,接待旅行社计调人员据此拟定接待计划;

(4)报告景点变更情况,计调人员拟定相应的变更通知;

(5)做出相应的正式计划;

(6)要求撰写速度、文本规范。

四、分析案例

王小姐利用周末参加了一家旅行社组织的"周末郊区观光两日游"活动,并与旅行社签订了旅游合同,双方约定住宿标准为三星级饭店。星期六的游览活动结束后,导游人员将旅游团安排在一家饭店入住。王小姐进入房间后发现,客房设施陈旧,水龙头里流出的水都是浑浊的,房间似乎很久都没人住了,散发着霉味。王小姐当即找到旅行社导游人员,认为入住的饭店不是三星级,要求更换。导游人员坚持所安排的饭店是三星级,并拉着王小姐来到饭店大堂,让王小姐查看悬挂在大堂墙上的由国家旅游局颁发的三星级饭店的标牌。但是,王小姐仍然对饭店的星级表示怀疑,并向旅行社投诉。

请问:

1.旅行社采购服务产品时应该在合同中约定哪些内容?

2.计调人员采购住宿服务时应该注意哪些问题?

附　录

旅行社条例

第一章　总　则

第一条　为了加强对旅行社的管理,保障旅游者和旅行社的合法权益,维护旅游市场秩序,促进旅游业的健康发展,制定本条例。

第二条　本条例适用于中华人民共和国境内旅行社的设立及经营活动。

本条例所称旅行社,是指从事招徕、组织、接待旅游者等活动,为旅游者提供相关旅游服务,开展国内旅游业务、入境旅游业务或者出境旅游业务的企业法人。

第三条　国务院旅游行政主管部门负责全国旅行社的监督管理工作。

县级以上地方人民政府管理旅游工作的部门按照职责负责本行政区域内旅行社的监督管理工作。

县级以上各级人民政府工商、价格、商务、外汇等有关部门,应当按照职责分工,依法对旅行社进行监督管理。

第四条　旅行社在经营活动中应当遵循自愿、平等、公平、诚信的原则,提高服务质量,维护旅游者的合法权益。

第五条　旅行社行业组织应当按照章程为旅行社提供服务,发挥协调和自律作用,引导旅行社合法、公平竞争和诚信经营。

第二章　旅行社的设立

第六条　申请设立旅行社,经营国内旅游业务和入境旅游业务的,应当具备下列条件:

(一)有固定的经营场所;

(二)有必要的营业设施;

(三)有不少于30万元的注册资本。

第七条　申请设立旅行社,经营国内旅游业务和入境旅游业务的,应当向所在地省、自治区、直辖市旅游行政管理部门或者其委托的设区的市级旅游行政管理部门提出申请,并提交符合本条例第六条规定的相关证明文件。受理申请的旅游行政管理部门应当自受理申请之日起 20 个工作日内作出许可或者不予许可的决定。予以许可的,向申请人颁发旅行社业务经营许可证,申请人持旅行社业务经营许可证向工商行政管理部门办理设立登记;不予许可的,书面通知申请人并说明理由。

第八条　旅行社取得经营许可满两年,且未因侵害旅游者合法权益受到行政机关罚款以上处罚的,可以申请经营出境旅游业务。

第九条　申请经营出境旅游业务的,应当向国务院旅游行政主管部门或者其委托的省、自治区、直辖市旅游行政管理部门提出申请,受理申请的旅游行政管理部门应当自受理申请之日起 20 个工作日内作出许可或者不予许可的决定。予以许可的,向申请人换发旅行社业务经营许可证,旅行社应当持换发的旅行社业务经营许可证到工商行政管理部门办理变更登记;不予许可的,书面通知申请人并说明理由。

第十条　旅行社设立分社的,应当持旅行社业务经营许可证副本向分社所在地的工商行政管理部门办理设立登记,并自设立登记之日起 3 个工作日内向分社所在地的旅游行政管理部门备案。

旅行社分社的设立不受地域限制。分社的经营范围不得超出设立分社的旅行社的经营范围。

第十一条　旅行社设立专门招徕旅游者、提供旅游咨询的服务网点(以下简称旅行社服务网点)应当依法向工商行政管理部门办理设立登记手续,并向所在地的旅游行政管理部门备案。

旅行社服务网点应当接受旅行社的统一管理,不得从事招徕、咨询以外的活动。

第十二条　旅行社变更名称、经营场所、法定代表人等登记事项或者终止经营的,应当到工商行政管理部门办理相应的变更登记或者注销登记,并在登记办理完毕之日起 10 个工作日内,向原许可的旅游行政管理部门备案,换领或者交回旅行社业务经营许可证。

第十三条　旅行社应当自取得旅行社业务经营许可证之日起 3 个工作日内,在国务院旅游行政主管部门指定的银行开设专门的质量保证金账户,存入质量保证金,或者向作出许可的旅游行政管理部门提交依法取得的担保额度不低于相应质量保证金数额的银行担保。

经营国内旅游业务和入境旅游业务的旅行社,应当存入质量保证金 20 万元;经营出境旅游业务的旅行社,应当增存质量保证金 120 万元。

质量保证金的利息属于旅行社所有。

第十四条　旅行社每设立一个经营国内旅游业务和入境旅游业务的分社,应当向其质量保证金账户增存 5 万元;每设立一个经营出境旅游业务的分社,应当向其质量保证金账户增存 30 万元。

第十五条　有下列情形之一的,旅游行政管理部门可以使用旅行社的质量保证金:

(一)旅行社违反旅游合同约定,侵害旅游者合法权益,经旅游行政管理部门查证属实的;

(二)旅行社因解散、破产或者其他原因造成旅游者预交旅游费用损失的。

第十六条　人民法院判决、裁定及其他生效法律文书认定旅行社损害旅游者合法权益,旅行社拒绝或者无力赔偿的,人民法院可以从旅行社的质量保证金账户上划拨赔偿款。

第十七条 旅行社自交纳或者补足质量保证金之日起三年内未因侵害旅游者合法权益受到行政机关罚款以上处罚的,旅游行政管理部门应当将旅行社质量保证金的交存数额降低 50%,并向社会公告。旅行社可凭省、自治区、直辖市旅游行政管理部门出具的凭证减少其质量保证金。

第十八条 旅行社在旅游行政管理部门使用质量保证金赔偿旅游者的损失,或者依法减少质量保证金后,因侵害旅游者合法权益受到行政机关罚款以上处罚的,应当在收到旅游行政管理部门补交质量保证金的通知之日起 5 个工作日内补足质量保证金。

第十九条 旅行社不再从事旅游业务的,凭旅游行政管理部门出具的凭证,向银行取回质量保证金。

第二十条 质量保证金存缴、使用的具体管理办法由国务院旅游行政主管部门和国务院财政部门会同有关部门另行制定。

第三章 外商投资旅行社

第二十一条 外商投资旅行社适用本章规定;本章没有规定的,适用本条例其他有关规定。

前款所称外商投资旅行社,包括中外合资经营旅行社、中外合作经营旅行社和外资旅行社。

第二十二条 设立外商投资旅行社,由投资者向国务院旅游行政主管部门提出申请,并提交符合本条例第六条规定条件的相关证明文件。国务院旅游行政主管部门应当自受理申请之日起 30 个工作日内审查完毕。同意设立的,出具外商投资旅行社业务许可审定意见书;不同意设立的,书面通知申请人并说明理由。

申请人持外商投资旅行社业务许可审定意见书、章程,合资、合作双方签订的合同向国务院商务主管部门提出设立外商投资企业的申请。国务院商务主管部门应当依照有关法律、法规的规定,作出批准或者不予批准的决定。予以批准的,颁发外商投资企业批准证书,并通知申请人向国务院旅游行政主管部门领取旅行社业务经营许可证,申请人持旅行社业务经营许可证和外商投资企业批准证书向工商行政管理部门办理设立登记;不予批准的,书面通知申请人并说明理由。

第二十三条 外商投资旅行社不得经营中国内地居民出国旅游业务以及赴香港特别行政区、澳门特别行政区和台湾地区旅游的业务,但是国务院决定或者我国签署的自由贸易协定和内地与香港、澳门关于建立更紧密经贸关系的安排另有规定的除外。

第四章 旅行社经营

第二十四条 旅行社向旅游者提供的旅游服务信息必须真实可靠,不得作虚假宣传。

第二十五条 经营出境旅游业务的旅行社不得组织旅游者到国务院旅游行政主管部门公布的中国公民出境旅游目的地之外的国家和地区旅游。

第二十六条　旅行社为旅游者安排或者介绍的旅游活动不得含有违反有关法律、法规规定的内容。

第二十七条　旅行社不得以低于旅游成本的报价招徕旅游者。未经旅游者同意，旅行社不得在旅游合同约定之外提供其他有偿服务。

第二十八条　旅行社为旅游者提供服务，应当与旅游者签订旅游合同并载明下列事项：

（一）旅行社的名称及其经营范围、地址、联系电话和旅行社业务经营许可证编号；

（二）旅行社经办人的姓名、联系电话；

（三）签约地点和日期；

（四）旅游行程的出发地、途经地和目的地；

（五）旅游行程中交通、住宿、餐饮服务安排及其标准；

（六）旅行社统一安排的游览项目的具体内容及时间；

（七）旅游者自由活动的时间和次数；

（八）旅游者应当交纳的旅游费用及交纳方式；

（九）旅行社安排的购物次数、停留时间及购物场所的名称；

（十）需要旅游者另行付费的游览项目及价格；

（十一）解除或者变更合同的条件和提前通知的期限；

（十二）违反合同的纠纷解决机制及应当承担的责任；

（十三）旅游服务监督、投诉电话；

（十四）双方协商一致的其他内容。

第二十九条　旅行社在与旅游者签订旅游合同时，应当对旅游合同的具体内容作出真实、准确、完整的说明。

旅行社和旅游者签订的旅游合同约定不明确或者对格式条款的理解发生争议的，应当按照通常理解予以解释；对格式条款有两种以上解释的，应当作出有利于旅游者的解释；格式条款和非格式条款不一致的，应当采用非格式条款。

第三十条　旅行社组织中国内地居民出境旅游的，应当为旅游团安排领队全程陪同。

第三十一条　旅行社为接待旅游者委派的导游人员或者为组织旅游者出境旅游委派的领队人员，应当持有国家规定的导游人员证、领队证。

第三十二条　旅行社聘用导游人员、领队人员应当依法签订劳动合同，并向其支付不低于当地最低工资标准的报酬。

第三十三条　旅行社及其委派的导游人员和领队人员不得有下列行为：

（一）拒绝履行旅游合同约定的义务；

（二）非因不可抗力改变旅游合同安排的行程；

（三）欺骗、胁迫旅游者购物或者参加需要另行付费的游览项目。

第三十四条　旅行社不得要求导游人员和领队人员接待不支付接待和服务费用或者支付的费用低于接待和服务成本的旅游团，不得要求导游人员和领队人员承担接待旅游团的相关费用。

第三十五条　旅行社违反旅游合同约定,造成旅游者合法权益受到损害的,应当采取必要的补救措施,并及时报告旅游行政管理部门。

第三十六条　旅行社需要对旅游业务作出委托的,应当委托给具有相应资质的旅行社,征得旅游者的同意,并与接受委托的旅行社就接待旅游者的事宜签订委托合同,确定接待旅游者的各项服务安排及其标准,约定双方的权利、义务。

第三十七条　旅行社将旅游业务委托给其他旅行社的,应当向接受委托的旅行社支付不低于接待和服务成本的费用;接受委托的旅行社不得接待不支付或者不足额支付接待和服务费用的旅游团。

接受委托的旅行社违约,造成旅游者合法权益受到损害的,作出委托的旅行社应当承担相应的赔偿责任。作出委托的旅行社赔偿后,可以向接受委托的旅行社追偿。

接受委托的旅行社故意或者重大过失造成旅游者合法权益损害的,应当承担连带责任。

第三十八条　旅行社应当投保旅行社责任险。旅行社责任险的具体方案由国务院旅游行政主管部门会同国务院保险监督管理机构另行制定。

第三十九条　旅行社对可能危及旅游者人身、财产安全的事项,应当向旅游者作出真实的说明和明确的警示,并采取防止危害发生的必要措施。

发生危及旅游者人身安全的情形的,旅行社及其委派的导游人员、领队人员应当采取必要的处置措施并及时报告旅游行政管理部门;在境外发生的,还应当及时报告中华人民共和国驻该国使领馆、相关驻外机构、当地警方。

第四十条　旅游者在境外滞留不归的,旅行社委派的领队人员应当及时向旅行社和中华人民共和国驻该国使领馆、相关驻外机构报告。旅行社接到报告后应当及时向旅游行政管理部门和公安机关报告,并协助提供非法滞留者的信息。

旅行社接待入境旅游发生旅游者非法滞留我国境内的,应当及时向旅游行政管理部门、公安机关和外事部门报告,并协助提供非法滞留者的信息。

第五章　监督检查

第四十一条　旅游、工商、价格、商务、外汇等有关部门应当依法加强对旅行社的监督管理,发现违法行为,应当及时予以处理。

第四十二条　旅游、工商、价格等行政管理部门应当及时向社会公告监督检查的情况。公告的内容包括旅行社业务经营许可证的颁发、变更、吊销、注销情况,旅行社的违法经营行为以及旅行社的诚信记录、旅游者投诉信息等。

第四十三条　旅行社损害旅游者合法权益的,旅游者可以向旅游行政管理部门、工商行政管理部门、价格主管部门、商务主管部门或者外汇管理部门投诉,接到投诉的部门应当按照其职责权限及时调查处理,并将调查处理的有关情况告知旅游者。

第四十四条　旅行社及其分社应当接受旅游行政管理部门对其旅游合同、服务质量、旅游安全、财务账簿等情况的监督检查,并按照国家有关规定向旅游行政管理部门报送经营和财务信息等统计资料。

第四十五条　旅游、工商、价格、商务、外汇等有关部门工作人员不得接受旅行社的任何馈赠,不得参加由旅行社支付费用的购物活动或者游览项目,不得通过旅行社为自己、亲友或者其他个人、组织牟取私利。

第六章 法律责任

第四十六条 违反本条例的规定,有下列情形之一的,由旅游行政管理部门或者工商行政管理部门责令改正,没收违法所得,违法所得 10 万元以上的,并处违法所得 1 倍以上 5 倍以下的罚款;违法所得不足 10 万元或者没有违法所得的,并处 10 万元以上 50 万元以下的罚款:

(一)未取得相应的旅行社业务经营许可,经营国内旅游业务、入境旅游业务、出境旅游业务的;

(二)分社的经营范围超出设立分社的旅行社的经营范围的;

(三)旅行社服务网点从事招徕、咨询以外的活动的。

第四十七条 旅行社转让、出租、出借旅行社业务经营许可证的,由旅游行政管理部门责令停业整顿 1 个月至 3 个月,并没收违法所得;情节严重的,吊销旅行社业务经营许可证。受让或者租借旅行社业务经营许可证的,由旅游行政管理部门或者工商行政管理部门责令停止非法经营,没收违法所得,并处 10 万元以上 50 万元以下的罚款。

第四十八条 违反本条例的规定,旅行社未在规定期限内向其质量保证金账户存入、增存、补足质量保证金或者提交相应的银行担保的,由旅游行政管理部门责令改正;拒不改正的,吊销旅行社业务经营许可证。

第四十九条 违反本条例的规定,旅行社不投保旅行社责任险的,由旅游行政管理部门责令改正;拒不改正的,吊销旅行社业务经营许可证。

第五十条 违反本条例的规定,旅行社有下列情形之一的,由旅游行政管理部门责令改正;拒不改正的,处 1 万元以下的罚款:

(一)变更名称、经营场所、法定代表人等登记事项或者终止经营,未在规定期限内向原许可的旅游行政管理部门备案,换领或者交回旅行社业务经营许可证的;

(二)设立分社未在规定期限内向分社所在地旅游行政管理部门备案的;

(三)不按照国家有关规定向旅游行政管理部门报送经营和财务信息等统计资料的。

第五十一条 违反本条例的规定,外商投资旅行社经营中国内地居民出国旅游业务以及赴香港特别行政区、澳门特别行政区和台湾地区旅游业务,或者经营出境旅游业务的旅行社组织旅游者到国务院旅游行政主管部门公布的中国公民出境旅游目的地之外的国家和地区旅游的,由旅游行政管理部门责令改正,没收违法所得,违法所得 10 万元以上的,并处违法所得 1 倍以上 5 倍以下的罚款;违法所得不足 10 万元或者没有违法所得的,并处 10 万元以上 50 万元以下的罚款;情节严重的,吊销旅行社业务经营许可证。

第五十二条 违反本条例的规定,旅行社为旅游者安排或者介绍的旅游活动含有违反有关法律、法规规定的内容的,由旅游行政管理部门责令改正,没收违法所得,并处 2 万元以上 10 万元以下的罚款;情节严重的,吊销旅行社业务经营许可证。

第五十三条　违反本条例的规定,旅行社向旅游者提供的旅游服务信息含有虚假内容或者作虚假宣传的,由工商行政管理部门依法给予处罚。

违反本条例的规定,旅行社以低于旅游成本的报价招徕旅游者的,由价格主管部门依法给予处罚。

第五十四条　违反本条例的规定,旅行社未经旅游者同意在旅游合同约定之外提供其他有偿服务的,由旅游行政管理部门责令改正,处1万元以上5万元以下的罚款。

第五十五条　违反本条例的规定,旅行社有下列情形之一的,由旅游行政管理部门责令改正,处2万元以上10万元以下的罚款;情节严重的,责令停业整顿1个月至3个月:

(一)未与旅游者签订旅游合同;

(二)与旅游者签订的旅游合同未载明本条例第二十八条规定的事项;

(三)未取得旅游者同意,将旅游业务委托给其他旅行社;

(四)将旅游业务委托给不具有相应资质的旅行社;

(五)未与接受委托的旅行社就接待旅游者的事宜签订委托合同。

第五十六条　违反本条例的规定,旅行社组织中国内地居民出境旅游,不为旅游团安排领队全程陪同的,由旅游行政管理部门责令改正,处1万元以上5万元以下的罚款;拒不改正的,责令停业整顿1个月至3个月。

第五十七条　违反本条例的规定,旅行社委派的导游人员和领队人员未持有国家规定的导游人员证或者领队证的,由旅游行政管理部门责令改正,对旅行社处2万元以上10万元以下的罚款。

第五十八条　违反本条例的规定,旅行社不向其聘用的导游人员、领队人员支付报酬,或者所支付的报酬低于当地最低工资标准的,按照《中华人民共和国劳动合同法》的有关规定处理。

第五十九条　违反本条例的规定,有下列情形之一的,对旅行社,由旅游行政管理部门或者工商行政管理部门责令改正,处10万元以上50万元以下的罚款;对导游人员、领队人员,由旅游行政管理部门责令改正,处1万元以上5万元以下的罚款;情节严重的,吊销旅行社业务经营许可证、导游人员证或者领队证:

(一)拒不履行旅游合同约定的义务的;

(二)非因不可抗力改变旅游合同安排的行程的;

(三)欺骗、胁迫旅游者购物或者参加需要另行付费的游览项目的。

第六十条　违反本条例的规定,旅行社要求导游人员和领队人员接待不支付接待和服务费用、支付的费用低于接待和服务成本的旅游团,或者要求导游人员和领队人员承担接待旅游团的相关费用的,由旅游行政管理部门责令改正,处2万元以上10万元以下的罚款。

第六十一条　旅行社违反旅游合同约定,造成旅游者合法权益受到损害,不采取必要的补救措施的,由旅游行政管理部门或者工商行政管理部门责令改正,处1万元以上5万元以下的罚款;情节严重的,由旅游行政管理部门吊销旅行社业务经营许可证。

第六十二条　违反本条例的规定,有下列情形之一的,由旅游行政管理部门责令改正,停业整顿1个月至3个月;情节严重的,吊销旅行社业务经营许可证:

(一)旅行社不向接受委托的旅行社支付接待和服务费用的;

(二)旅行社向接受委托的旅行社支付的费用低于接待和服务成本的;

(三)接受委托的旅行社接待不支付或者不足额支付接待和服务费用的旅游团的。

第六十三条　违反本条例的规定,旅行社及其委派的导游人员、领队人员有下列情形之一的,由旅游行政管理部门责令改正,对旅行社处2万元以上10万元以下的罚款;对导游人员、领队人员处4000元以上2万元以下的罚款;情节严重的,责令旅行社停业整顿1个月至3个月,或者吊销旅行社业务经营许可证、导游人员证、领队证:

(一)发生危及旅游者人身安全的情形,未采取必要的处置措施并及时报告的;

(二)旅行社组织出境旅游的旅游者非法滞留境外,旅行社未及时报告并协助提供非法滞留者信息的;

(三)旅行社接待入境旅游的旅游者非法滞留境内,旅行社未及时报告并协助提供非法滞留者信息的。

第六十四条　因妨害国(边)境管理受到刑事处罚的,在刑罚执行完毕之日起五年内不得从事旅行社业务经营活动;旅行社被吊销旅行社业务经营许可的,其主要负责人在旅行社业务经营许可被吊销之日起五年内不得担任任何旅行社的主要负责人。

第六十五条　旅行社违反本条例的规定,损害旅游者合法权益的,应当承担相应的民事责任;构成犯罪的,依法追究刑事责任。

第六十六条　违反本条例的规定,旅游行政管理部门或者其他有关部门及其工作人员有下列情形之一的,对直接负责的主管人员和其他直接责任人员依法给予处分:

(一)发现违法行为不及时予以处理的;

(二)未及时公告对旅行社的监督检查情况的;

(三)未及时处理旅游者投诉并将调查处理的有关情况告知旅游者的;

(四)接受旅行社的馈赠的;

(五)参加由旅行社支付费用的购物活动或者游览项目的;

(六)通过旅行社为自己、亲友或者其他个人、组织牟取私利的。

第七章　附　则

第六十七条　香港特别行政区、澳门特别行政区和台湾地区的投资者在内地投资设立的旅行社,参照适用本条例。

第六十八条　本条例自2009年5月1日起施行。1996年10月15日国务院发布的《旅行社管理条例》同时废止。

国内旅游组团合同范本

（试 行）

合同编号：
甲方：（旅游者或单位）
住所或单位地址：
电话：
乙方：（组团旅行社）
地址：
电话：

甲方参加由乙方组织的本次旅游的有关事项经平等协商,甲、乙双方自愿签订合同如下：

第一条（旅游内容）本旅游团团号为：_____。

旅游线路为：_____

旅游团出发时间为　年　月　日,结束时间为　年　月　日,共计天　夜。

前款所列旅游线路、行程安排详见旅游行程表。旅游行程表经甲、乙双方签字作为本合同的组成部分。

第二条（服务标准）本旅游团服务质量执行国家旅游局颁布实施的《旅行社国内旅游服务质量》标准（或由甲、乙双方约定）。

第三条（旅游费用）本旅游团旅游费用总额共计　元人民币。签订本合同之日,甲方应预付　元人民币,余款应于出发前　日付讫。

第四条（项目费用）甲方依照本合同第三条约定支付的旅游费用,包含以下项目。

1. 代办证件的手续费：乙方代甲方办理所需旅行证件的手续费。

2. 交通客票费：乙方代甲方向民航、铁路、长途客运公司、水运等公共交通部门购买交通客票的费用。

3. 餐饮住宿费：旅游行程表内所列应由乙方安排的餐饮、住宿费用。

4. 游览费：旅游行程表内所列应由乙方安排的游览费用,包括住宿地至游览地交通费、非旅游者另行付费的旅游项目第一道门票费。

5. 接送费：旅游期间从机场、港口、车站等至住宿旅馆的接送费用。

6. 旅游服务费：乙方提供各项旅游服务收取的费用（含导游人员服务费）。

7. 甲、乙双方约定的其他费用：前款第 2 项的交通客票费,如遇政府调整票价,该费用的退、补依照《中华人民共和国合同法》第六十三条办理。第 3 项的餐饮住宿费,如甲方要求提高标准,经乙方同意安排的,甲方应补交所需差额。

第五条（非项目费用）甲方依照本合同第三条约定支付的旅游费用,不包含以下项目。

1. 各地机场建设费。

2. 旅途中发生的甲方个人费用：如交通工具上的个人餐饮费；个人伤病医疗费；行李超重费；旅途住宿期间的洗衣、电话、电报、饮料及酒类费；私人交通费；自由活动费用；寻回个人遗失物品的费用与报酬及在旅程中因个人行为造成的赔偿费用等。

3. 甲方自行投保的保险费：航空人身意外保险费及甲方自行投保的其他保险的费用。

4. 双方约定的由甲方自行选择的由其另行付费的游览项目费用。

5. 其他非第四条所列项目的费用。

第六条（出发时间地点）甲方应于　　年　　月　　日　　时　　分于　　（地点）准时集合出发。甲方未准时到约定地点集合出发，也未能中途加入旅游团的，视为甲方解除合同，乙方可以按照本合同第八条的约定要求赔偿。

第七条（人数约定）本旅游团须有　　人以上签约方能成团。如人数未达到，乙方可以于约定出发日前　　日（不低于 5 日）通知到甲方，解除合同。

乙方解除合同后，按下列方式之一处理：

1. 退还甲方已缴纳的全部费用，乙方对甲方不负违约责任。

2. 订立另一旅游合同，费用如有增减，由乙方退回或由甲方补足。

乙方未在约定的时间通知到甲方的，应按照本合同第九条约定赔偿甲方。

甲方提供的电话或传真须是经常使用或能够及时联系到的，否则乙方在本条及其他条款中需要通知但通知不到甲方的，不承担由此产生的赔偿责任。

第八条（甲方退团）甲方可以在旅游活动开始前通知乙方解除本合同，但须承担乙方已经为办理本次旅游支出的必要费用，并按如下标准支付违约金。

1. 在旅游开始前第 5 日以前通知到的，支付全部旅游费用扣除乙方已支出的必要费用后余额的 10％。

2. 在旅游开始前第 5 日至第 3 日通知到的，支付全部旅游费用扣除乙方已支出的必要费用后余额的 20％。

3. 在旅游开始前第 3 日至第 1 日通知到的，支付全部旅游费用扣除乙方已支出的必要费用后余额的 30％。

4. 在旅游开始前 1 日通知到的，支付全部旅游费用扣除乙方已支出的必要费用后余额的 50％。

5. 在旅游开始日或开始后通知到或未通知不参团的，支付全部旅游费用扣除乙方已支出的必要费用后余额的 100％。

第九条（乙方取消）除本合同第七条约定的情形外，如因乙方原因，致使甲方的旅游活动不能成行而取消的，乙方应当立即通知甲方，并按如下标准支付违约金：

1. 在旅游开始前第 5 日以前通知到的，支付全部旅游费用的 10％。

2. 在旅游开始前第 5 日至第 3 日通知到的，支付全部旅游费用的 20％。

3. 在旅游开始前第 3 日至第 1 日通知到的，支付全部旅游费用的 30％。

4. 在旅游开始前 1 日通知到的，支付全部旅游费用的 50％。

5.在旅游开始日及以后通知到的,支付全部旅游费用的100%。

第十条(合同转让)经乙方同意,甲方可以将其在本旅游合同上的权利、义务转让给具有参加本次旅游条件的第三人,但应当在约定的出发日前　　日通知乙方。如有费用增加,由甲方负担。

第十一条(甲方义务)甲方应当履行下列义务。

1.甲方所提供的证件及相关资料必须真实有效。

2.甲方应确保自身身体条件适合参加旅游团旅游,并有义务在签订本合同时将自身健康状况告知乙方。

3.甲方应妥善保管随身携带的行李物品,未委托乙方代管而损坏或丢失的,责任自负。

4.甲方在旅游活动中应遵守团队纪律,配合导游人员完成本次旅游行程。

5.甲方应尊重目的地的宗教信仰、民族习惯和风土人情。

第十二条(乙方义务)乙方应当履行下列义务。

1.乙方应当提醒甲方注意免除或限制其责任的条款,按照甲方的要求,对有关条款予以说明。

2.乙方应当按照有关规定购买保险,并在接受甲方报名时提示甲方自愿购买旅游期间的个人保险。

3.乙方代理甲方办理旅游所需的手续,应妥善保管甲方的各项证件,如有遗失或毁损,应立即主动补办,并承担补办手续费,因此导致甲方的直接损失,乙方应承担赔偿责任。

4.乙方应为甲方提供导游人员服务;无全陪的旅游团体,乙方应告知甲方旅游目的地的具体接洽办法和应急措施。

5.甲方在旅游中发生人身伤害或财产损失事故时,乙方应做出必要的协助和处理。如因乙方原因导致甲方人身伤害或财产损失,乙方应承担赔偿责任。

6.乙方应当按照旅游行程表安排甲方购物,不得强制甲方购物,不得擅自增加购物次数。当甲方发现所购物品系假冒伪劣商品,如购物为甲方要求的,乙方不承担任何责任;如购物为行程内安排的,乙方应当协助甲方退还或索赔;如购物为乙方在行程外擅自增加的,乙方应赔偿甲方全部损失。

7.非因乙方原因,导致甲方在旅游期间搭乘飞机、轮船、火车、长途汽车、地铁、索道、缆车等公共交通运输工具时受到人身伤害和财产损失的,乙方应协助甲方向提供上列服务的经营者索赔。

第十三条(合同变更)经甲、乙双方协商一致,可以以书面形式变更本合同旅游内容。由此增加的旅游费用应由提出变更的一方承担,由此减少的旅游费用,乙方应退还甲方。如给对方造成损失的,由提出变更的一方承担损失。

第十四条(擅自变更合同)乙方擅自变更合同违反约定的,应当退还甲方直接损失或承担增加的旅游费用,并支付直接损失额或增加的旅游费用额一倍的违约金。

甲方擅自变更合同违反约定的,不得要求退还旅游费用。因此增加的旅游费用,由甲方承担。给乙方造成损失的,应当承担赔偿责任。

第十五条(旅游行程延误)因乙方原因,导致旅游开始后行程延误的,乙方应当征得甲方书面同意,继续履行本合同并支付旅游费用5%的违约金;甲方要求解除合同终止旅游的,乙方应当安排甲方返回并退还未完成的旅程费用,支付旅游费用5%的违约金。

甲方因延误旅游行程支出的食宿和其他必要费用,由乙方承担。

第十六条(弃团)乙方在旅程中弃置甲方的,应当承担弃置期间甲方支出的食宿和其他必要费用,退还未完成的行程费用并支付旅游费用一倍的违约金。

第十七条(中途离团)甲方在旅程中未经乙方同意自行离团不归的,视为单方解除合同,不得要求乙方退还旅游费用。如给乙方造成损失,甲方应承担赔偿责任。

第十八条(不可抗力)甲、乙双方因不可抗力不能履行合同的,部分或者全部免除责任,但法律另有规定的除外。

乙方延迟履行本合同后发生不可抗力的,不能免除责任。

第十九条(扩大损失)甲、乙一方违约后,对方应当采取适当措施防止损失的扩大;没有采取适当措施致使损失扩大的,不得就扩大的损失要求赔偿。

甲、乙一方因防止损失扩大而支出的合理费用,由违约方承担。

第二十条(委托招徕)乙方委托其他旅行社代为招徕时,不得以未直接收取甲方费用为由免责。

第二十一条(其他)本合同其他事项。

1.

2.

3.

……

第二十二条(争议解决)本合同在履行中如发生争议,双方应协商解决,协商不成,甲方可以向有管辖权的旅游质量监督管理所投诉,甲乙双方均可向法院起诉。

第二十三条(合同效力)本合同一式两份,双方各执一份,具有同等效力。

第二十四条(合同生效)本合同从签订之日起生效,至本次旅行结束甲方离开乙方安排的交通工具时为止。

附:旅游行程表

甲方: 乙方(盖章):

身份证号码: 负责人:

电话或传真: 电话或传真:

通信地址: 通信地址:

年   月   日   年   月   日

出境旅游合同

甲方：＿＿＿＿＿＿＿＿＿＿＿＿＿（旅游者或团体）

电话：＿＿＿＿＿＿＿＿＿＿

乙方：＿＿＿＿＿＿＿＿＿＿＿＿＿（组团旅行社）

电话：＿＿＿＿＿＿＿＿＿＿

甲方自愿购买乙方所销售的出境旅游产品，为保障双方权利和义务，本着平等协商的原则，现就有关事项达成如下协议。

第一条　促销与咨询

1.乙方保证其具有国家认可的出境游组团资格。

2.乙方广告及其宣传品内容属实。

3.甲方为我国法律、法规所规定的允许出境游地的大陆公民。

4.甲方要就出境旅游产品情况作详尽的了解。

第二条　销售与成交

1.甲方向乙方表明旅游需求、购买意向。

2.乙方对订单中的日程、标准、项目、旅游者须知如实介绍、报价。

3.对旅游产品费用所含项目，双方达成共识。

4.甲方确定所购买的旅游产品并交齐所需费用。

5.乙方出具发票、成交订单等文件。

6.乙方要向甲方交代并提供书面形式的出发时间、地点及提醒注意事项。

7.双方约定由于甲方或乙方责任未成行的处理方式。

8.乙方提供的旅游者须知将被视为本合同的一部分，签订合同前甲方要仔细阅读。

第三条　成交订单

1.内容

团号＿＿＿＿＿＿＿＿＿＿＿＿

姓名＿＿＿＿＿＿性别＿＿＿＿＿年龄＿＿＿＿＿

境外共计＿＿＿＿＿＿＿晚＿＿＿＿＿＿＿天（航班、车、船、前往目的地及返境内时间包括在行程天数之内）

出发、返回地点、时间＿＿＿＿＿＿＿＿＿＿＿＿

行走路线及游览点＿＿＿＿＿＿＿＿＿＿＿＿

交通工具＿＿＿＿＿＿＿＿＿＿＿＿＿

住宿次数、标准＿＿＿＿＿＿＿＿＿＿＿

购物次数、内容＿＿＿＿＿＿＿＿＿＿＿

娱乐次数、内容＿＿＿＿＿＿＿＿＿＿＿

保险项目、金额＿＿＿＿＿＿＿＿＿＿＿

导游人员及其他费用＿＿＿＿＿＿＿＿＿＿＿

注明:不包含的费用＿＿＿＿＿＿＿＿＿＿＿

2. 以上订单一经成交,甲、乙双方诺守约定,不得擅自更改。

3. 甲方在旅游产品提供期间应服从乙方的统一安排要求,乙方旅游产品符合国家标准和行业标准。

乙方广告、宣传制品将被视为本合同的一部分,对乙方具约束力。

第四条 违约责任

1. 乙方在下列情形下承担赔偿责任

①因乙方过失或故意未达到合同规定的内容,造成甲方直接经济损失。

②乙方旅游产品的提供未达到国家或行业标准的规定。

③乙方代理甲方办理旅游所需手续时,遗失或损毁甲方证件的。

④因乙方违规操作,使甲方遭受损失的。

2. 甲方在下列情况下责任自负或承担赔偿责任

①甲方违约,自身损失自负,给乙方造成损失的,要承担赔偿责任。

②甲方违反我国或前往目的地国家(地区)的法律、法规,产生的后果由甲方自负。

③由于甲方给乙方的联系渠道的误差,导致乙方有关旅游信息未及时传达到甲方的。

④超出本合同约定的订单内容,进行个人活动而造成损失的责任自负。

3. 不承担违约责任的情形

①因不可抗力,造成甲、乙双方不能履约的,已成行时,应提供不能履约的证据,未成行时,应及时通知对方。

②非甲、乙双方的责任,导致的双方各自的损失的。

③本合同双方已经就可能出现的问题约定处理措施的。

④乙方在旅游质量问题出现后已采取下列措施的,应减轻或免除责任。

A. 非过失、故意的违约。

B. 对发生的违约已采取了预防性措施。

C. 乙方及时采取了善后处理措施。

D. 由于甲方自身过错造成的质量问题。

第五条 争议的解决

本合同在履行中如发生争议,双方应协商解决,甲方可向有管辖权的旅游质监所提出投诉和赔偿请求,甲、乙双方可向法院起诉。

第六条 本合同一式两份,合同双方各执一份,具有同等效力。

第七条 本合同自签订之日起生效。

旅游者须知

尊敬的旅游者:

欢迎您参加出境旅游!依据我国法律、法规的规定,您在旅游活动中享有下列权利,并应当履行下列义务。

一、您的权利

1.您享有自主选择旅行社的权利。我国出境旅游实行特许经营制度,因此,您有权要求旅行社出示出境旅游经营许可证明,并与旅行社协商签订旅游合同,约定双方的权利和义务。

2.您享有知悉旅行社服务的真实情况的权利。您有权要求旅行社向您提供行程时间表和赴有关国家(地区)的旅游须知,提供旅行社服务价格、住宿标准、餐饮标准、交通标准等旅游服务标准、接待旅行社名称等有关情况。

3.您享有人身、财物不受损害的权利。您有权要求旅行社提供符合保障人身、财物安全要求的旅行服务,要求旅行社为您办理符合旅游行政管理部门规定的出境意外伤害保险。

4.您享有要求旅行社提供约定服务的权利。您有权要求旅行社按照合同约定和行程表安排旅行游览,为旅行团委派持有领队证的专职领队人员,代表旅行社安排境外旅游活动,协调处理旅游事宜。

5.您享有自主购物和公平交易的权利。境外购物纯属自愿。购物务必谨慎。您有权要求旅行社带团到旅游目的地国旅游管理局指定的商店购物;有权拒绝超计划购物,拒绝到非指定商店购物;拒绝旅行社强迫购物要求。

6.您享有自主选择自费项目的权利。您有权拒绝旅行社、导游人员或领队推荐的各种形式的自费项目,有权拒绝自费风味餐等。参加自费项目纯属个人自愿,有可能是接待旅行社和导游人员通过组织自费项目获取利润,损害您的利益。

7.您享有依法获得赔偿的权利。在出境旅游活动过程中,旅行社未经旅行团同意,擅自变更、取消、减少或增加旅游项目,强迫购物、参加自费旅游项目,未履行合同义务给您的合法权益造成损害,您有权向旅游行政管理部门投诉或向人民法院起诉,依法获得赔偿。

8.您享有人格尊严、民族风俗习惯得到尊重的权利。旅游者的人格尊严不受损害,习惯受到损害,您有权得到法律的救助。

9.您享有对旅行社服务进行监督的权利。您有权检举、控告旅行社侵害旅游者权益的行为,有权对保护旅游者权益工作提出批评、建议。您有权将组团旅行社发给您的征求意见表,寄给组团旅行社所在地的省级旅游部门,如必要也可以直接寄给国家旅游局质量监督管理所。

二、您的义务

1.您有维护祖国的安全、荣誉和利益的义务。在出境旅游中,不得有危害祖国的安全、荣誉和利益的行为。

2.您有合法保护自己权益的权利,也有不得侵害他人权利的义务。当您在行使权利的时候,不得损害国家的、社会的、集体的利益和其他旅游者的合法的权利。

3.您必须遵守国家的法律、法规,在出境旅游中,要保守国家秘密,遵守公共秩序,遵守社会公德,服从旅游团体安排,不得擅自离团活动,不得非法滞留不归。

4.您应当遵守合同约定,自觉履行合同义务。非经旅行社同意,不得单方变更、解除旅游合同。但法律、法规另有规定的除外。

5.您应当遵守旅游目的地国家(地区)的法律,尊重当地的民族风俗习惯,不得有损害两国友好关系的行为。

6.您应当自尊、自重、自爱,维护祖国和中国公民的尊严和形象,不得有损害国格、人格的行为,不得涉足不健康的场所。

7.您应当努力掌握旅行所需的知识。了解旅行社的运营程序,提高自我保护意识。

8.您要保存好旅游行程中的有关票据、证明和资料。以便当您的合法权益受到侵害时,作为投诉依据。

9.您所携带的行李物品,应当符合国家法律规定。携带货币出境,外币不得超过5 000美元或其他等值外币,人民币不得超过 20 000 元。不准携带违禁品出入境。

三、旅游咨询与投诉

各国旅游投诉和信息查询电话:略。

散客旅游合同

甲方(旅游者):_____

乙方(旅行社):_____

根据《中华人民共和国合同法》以及相关法律规定,经甲乙双方平等协商,自愿签订此旅游合同。

甲方在旅游期间是否同意拼团:同意_____不同意_____。

一、旅游的线路、具体景点、时间、分项费用及应用标准_____。

二、费用总额:_____收据票号:_____。合同一经签订请支付全款,收款收据必须加盖旅行社财务专用章。

三、乘坐的旅游车型是:国产系列 □ 进口系列 □。

四、旅游购物点是(除途中休息,原则上一天一次):_____

五、旅游意外险:购 □ 身份证号_____否 □。

六、门票是否由旅行社代购:是 □ 否 □。

七、导游人员级别是:初级□ 中级□ 高级□ 特级□。

八、由于不可抗力因素,旅行社应退还未发生的费用,减去有关部门规定退票损失费,增加费用由旅游者承担,旅行社应协助旅游者尽可能减少费用开支。任意扩大损失,由扩大方自负责任。

九、在行程中景点数量不变的情况下,由于天气、交通堵塞等原因,乙方根据实际情况机动调整游览景点的先后顺序,但必须事先明确告知旅游者,取得旅游者的认同。

十、本合同在履行中如发生争议,双方协商解决,协商不成,甲方可向签订所在地旅游质监所咨询、投诉。

十一、如一方违约,必须赔付对方违约金_____元。

十二、本合同一式两份,旅行社一份,旅游者一份,此合同原则一人一签,同一批可合签,但必须附旅游者姓名、身份证号。

甲方(旅游者签字):_____

联系手机:_____

乙方(旅行社合同专用章):_____

联系手机:_____

电话:_____

旅行社租车协议书

甲方：_____旅行社有限公司

乙方：车主_____，驾驶员_____

一、甲乙双方本着遵规守法为原则，互惠互利，诚信服务为宗旨，特签订此协议。

二、乙方同意甲方租赁其_____车_____台，车牌号为_____，此车允许载客数为_____人。

三、本次租车费用为人民币，大写_____整，该车行驶中产生的费用（如过路过桥费、加油费、停车费等）均由乙方负责，此次包车甲方为乙方提供_____位司机的食宿（以行程中所含食宿数量为准），乙方按合同完成任务后，甲方于_____月_____日前付清全部租车款，结算时乙方必须提供合同及全额车费发票。

四、驾驶员要按照《中华人民共和国道路交通安全法》中所规定的准驾车型驾驶车辆。

五、乙方承诺做到：

1. 机动车辆必须是经公安、交通部门年审检验合格并符合行业标准的车辆，报账车况良好，并已足额办理了承运人责任险、第三者责任险。

2. 驾驶车辆时，听从导游人员的指挥，保证乘车旅游者的人身及财产安全。

3. 下车、入住和参观景点时，要提醒旅游者贵重物品随身携带。

4. 本人离开车辆时，要拔下钥匙、拉死手刹、关好门窗，确保车内财产安全。

5. 备一些塑料袋，以防旅游者晕车及其他不便时使用，随时保持车内卫生，创造一个良好的乘车环境。

6. 在行驶中如发生交通事故，导致旅游者受伤，应积极主动抢救伤者，并先预垫付医疗及相关费用。待责任确认后，按责任比例向旅游者承担赔偿责任

7. 乙方提供的车辆中途因车辆本身的故障造成抛锚，由乙方尽快更换相应的车辆，或由双方协商解决，因此产生的直接费用由乙方负责。

8. 当行驶证与驾驶证不符时，应有车主的授权书。

9. 乙方应在出车前做好车辆安全检查工作，并按照甲方要求的时间、地点准时发车。

六、如乙方违反上述承诺，甲方除有权拒付租车费外，还有权要求乙方赔偿给其造成的一切经济损失。

七、机动车保险单复印件附后。

八、车主授权书附后。

九、在行程过程中，甲方人员及旅游者应遵守乘车规定，不能随意离开座位、身体任何部位不能伸出车窗。不能影响驾驶员的行驶安全，否则由此造成的后果乙方不负责任。

十、如因人力不可抗拒原因，如塌方、泥石流、不可预见的断路、非本车交通事故的堵车等造成行程不能完成或行程延误，所造成损失由甲方负责。

十一、若因乙方原因造成安全事故、抛锚、漏接、车辆手续不全被查扣等,造成甲方人身伤害或财产损失,则按《中华人民共和国交通事故处理办法》由乙方负责协调处理并承担相应赔偿责任;因乙方过错造成旅游团延误行程或误机(车、船)的,由乙方负责赔偿。

十二、此协议一式两份,有效期为一年,双方必须遵守,如单方取消合同,违约方赔付另一方租车费50%的损失。如因甲方原因,提前终止包车,原订车费照常支付,但乙方可适当减免未形成的费用(指过路过桥费、燃油费)。

十三、双方补充条款:

(1)旅游者禁止携带危险品乘车。

(2)_____

(3)_____

行程:

_____

_____

_____

甲方:_____旅行社   乙方:(车主)_____(驾驶员)_____

盖章: 盖章:

　年　　　月　　　日　　　　　　年　　　月　　　日

旅行社包车确认单

合同编号：

甲方经办人		电话		传真		
乙方经办人		电话		传真		
包车时间	年 月 日至 年 月 日,共 天 夜					
集合时间	年 月 日 时		集合地点			
行驶线路			包车数量			

车辆	车辆型号		正座 个,边座 个		空调	□有□无
	车牌号			车辆保险号		
	车辆营运证号			包车客运标志牌号		
	驾驶员 姓名	身份证号				
		从业资格证号				
		驾驶证号		电话		

包车费用		定金(或其他担保)		超程或超时费	
付款方式			付款时间		
合同变更记录					
特别约定					

甲方(签章)：　　　　　　　　　乙方(签章)：

签订日期：　　年　月　日　　　签订日期：　　年　月　日

旅行社与饭店合作协议

协议编号：

甲方：

乙方：

一、客房套餐（每房每晚，货币单位：人民币）

房 型	门市价	法定 节假日价	散客预订价		旅行社价（团队价）	
			周日至周四	周五至周六	周日至周四	周五至周六
高级客房	1 888	1 288	788	998	683	883
豪华客房	2 688	1 588	948	1481	842	1 183
豪华套房	3 688	2 688	1 580	2 056	1 425	1 745

备注：

1.无需加收服务费；

2.房间入住当天可享受饭店免费赠送的欢迎水果；

3.享受免费本地报纸，房间宽带上网及擦鞋服务；

4.以上房价均含双份早餐（中西式自助早餐）；

5.加床的费用为_____元；

6.12岁以下儿童与父母同住，不需加床者不另外收费；

7.国家法定节假日包括：春节、五一、十一、元旦等；

8.退房时间为12：00PM前，入住时间为14：00PM后；

9.此价格有效期至_____年_____月_____日止，期间价格如有变化，以双方预订确认为准。

二、订房条款

（一）团队预订（5间以上成团，含5间）

1.司陪：按16间房可提供1间收费司陪房的标准执行，司陪房价格为_____元/（间·晚），每团最多不超过2间，如安排团队在饭店用餐，司陪餐免费（享受同旅游者预定菜式），所有司陪必须出示司陪证件，最多不超过4人。

2.预订程序：乙方将预订单传真给甲方市场销售部，列明旅游者名单、人数、房型、数量、抵/离店时间、联系人、联系方式等，甲方确认回传后方可生效。

3.预订取消：如乙方须取消已确认的订房，需在五个工作日前以传真通知甲方，否则甲方将按以下标准收取赔偿金：

（1）提前七天以上（含七天）取消房间可不收取订房违约费用；

（2）五个工作日内取消，乙方须支付甲方所预订客房总费用的_____％作为赔偿；

（3）三个工作日内取消，乙方须支付甲方所预订客房总费用的总额作为赔偿。

4.预订未到：乙方须照常支付所预订房费的总额。

5.乙方所有团房预定必须在甲方确认后两个工作日内将预定房费总额的_____%作为定金,汇至甲方账户,否则甲方不保留已确认的订房。

6.旅行团进入饭店区内,必须向团员解释说明,遵守度假村的管理制度以及浸泡温泉的注意事项,否则由此出现的安全事故,由旅行团自行负责。

7.接待60岁以上的老年人及身体状况欠佳、行动不便者,浸泡温泉时须签署《安全责任书》,并遵守相关条款,否则由此出现的安全事故,由旅行团自行负责。

（二）散客预订（5间房以下,不含5间房）

1.预订程序:乙方将预订单传真给甲方市场销售部,列明旅游者名单、人数、房型、数量、抵/离店时间、联系人、联系方式、付款方式等,甲方确认回传后方可生效。

2.预订取消:如乙方须取消已确认的订房,至少需要提前一天书面传真通知饭店预订部,并在得到饭店方确认后方可取消预订,国家规定节假日房间预订需要提供担保。

三、餐饮（货币单位:人民币）

中餐:

大厅最低消费:　　　元/桌,每桌10人;

旅行团最低消费:　　　元/桌,每桌10人;

西餐:

早餐自助餐:　　　元/位

用餐备注:婴儿免费、儿童半价、成人全价。

四、结算方式

旅行社提前缴纳订房订金,特价房间或散订房需提前汇款或与办事处结算。

五、有效期

本协议自签订之日起至　　年　　月　　日止。期间价格如有变动,会提前书面通知。如因一方违约或因不可抗拒的因素影响,导致此合约无法继续履约时,则双方终止合作。本协议转让无效。

六、饭店地址

略。

七、饭店官方网站

略。

七、本协议一式两份,双方各执一份,均具同等效力,本协议解释权属甲方,未尽事宜双方协商。

单位名称:　　　　　　　　　　单位名称:

销售负责人:　　　　　　　　　负责人:

联系电话:　　　　　　　　　　联系电话:

传　真:　　　　　　　　　　　传　真:

QQ:　　　　　　　　　　　　　QQ:

MSN:　　　　　　　　　　　　　MSN:

盖章确认　　　　　　　　　　　盖章确认

日　期:　　年　　月　　日　　日　期:　　年　　月　　日

旅行社与餐馆"关于旅行团(者)用餐"协议书

_____旅行社(以下简称甲方)与_____餐馆(以下简称乙方)就旅行团(者)用餐事宜,经双方友好协商一致达成如下协议。

一、旅游者便餐用餐标准:

1.标准等:_____元/人。

2.豪华等:_____元/人。

3.经济等:_____元/人。

4.乙方须保证旅游者够吃,如菜不够吃,添菜不另收费。

二、旅游者风味用餐标准

最低标准:_____元/人(酒水在外)。

三、陪同、司机用餐标准

1.地陪、司机:_____元/人(便餐),_____元/人(风味)。

2.全陪与旅游者一同用餐,按旅游者标准计付;与地陪一同用餐,按地陪标准计付。

四、酒水

便餐酒水提供啤酒_____元/瓶;汽水_____元/瓶,矿泉水_____元/瓶。除上述饮料外,饮用其他酒水,其费用旅游者现付。风味酒水,除上述饮料外,可提供红、白葡萄酒及中档白酒。

五、结算

1.甲方陪同以餐饮结算单向乙方结算每餐费用。

2.甲方财务人员每次凭陪同填写的结算单核对发票向乙方结账付款。

六、报损

1.三小时前退餐,不收损失费;

2.三小时内退餐,收取50%费用;

3.订餐后未去用餐,收取100%费用(饮料不计)。

七、本协议有效期自_____年_____月_____日至_____年_____月_____日。

八、本协议正式文本一式两份,甲、乙双方各执一份,签字或盖章后生效。

甲方:_____旅行社(盖章)   乙方:_____餐馆(盖章)

_____年_____月_____日   _____年_____月_____日

旅行社与保险公司优惠协议书

甲方：_____

乙方：_____

一、国际机票专属优惠

甲方购买国际机票即赠送_____元全程飞安险。

二、国内旅游专属优惠

乙方为甲方办理履约保险_____元，责任保险_____元，附加医疗_____元。（一般旅行社仅为旅客办理履约保险_____元，责任保险_____元，附加医疗_____元）

三、国外旅游专属优惠

甲方组团人数达_____人（含）以上，委托乙方所办理之旅游团体：

A. 乙方为甲方办理履约保险_____元，责任保险_____元，附加医疗_____元。（一般旅行社仅为旅客办理履约保险_____元，责任保险_____元，附加医疗_____元）

B. 赠国际电话卡一张。（一般旅行社并无此项优惠）

甲方参加旅行团体之人数未达_____人，报名参加乙方或其他旅行社所组之旅游团体即赠送_____元全程飞安险。（一般旅行社并无此项优惠保险）

四、本合约之甲方须提供身份证明文件复印件。

五、本合约依政府司法机关之相关法令订立，一式两份，甲、乙双方各执一份。以诚信为最高处理原则，上述之各条款甲、乙双方共同遵守。如有未尽事宜，由各方协商，另订补充条款。

甲方（盖章）：_____ 　　　　乙方（签字）：_____

代表人（签字）：_____ 　　　电话：_____

_____年_____月_____日 　　　　_____年_____月_____日

参 考 文 献

1.陈乾康,阚敏.旅行社计调与外联实务.北京:中国人民大学出版社,2006

2.熊晓敏.旅行社 OP 计调手册.北京:中国旅游出版社,2007

3.周晓梅.计调部操作实务.北京:旅游教育出版社,2006

4.李幼龙.旅行社业务管理.北京:中国纺织出版社,2009

5.沈晓君.旅游业务操作师.北京:中国劳动社会保障出版社,2009

6.米学俭,尚永利,王国瑞.旅游计调操作标准教程.北京:旅游教育出版社,2010

7.叶丽娅,王彪.旅行社计调师.北京:旅游教育出版社,2010

8.梁智,刘春梅.旅行社经营管理精选案例解析.北京:旅游教育出版社,2007